Acordos comerciais internacionais

NEUSA MARIA PEREIRA BOJIKIAN

Acordos comerciais internacionais:

O Brasil nas negociações do setor de serviços financeiros

Direitos de publicação reservados à:
Fundação Editora da UNESP (FEU)
Praça da Sé, 108
01001-900 – São Paulo – SP
Tel.: (0xx11) 3242-7171
Fax: (0xx11) 3242-7172
www.editoraunesp.com.br
www.livrariaunesp.com.br
feu@editora.unesp.br

CIP – Brasil. Catalogação na fonte
Sindicato Nacional dos Editores de Livros, RJ

B67a

Bojikian, Neusa Maria Pereira
Acordos comerciais internacionais: o Brasil nas negociações do setor de serviços financeiros/Neusa Maria Pereira Bojikian – São Paulo: Editora UNESP: Programa San Tiago Dantas de Pós-Graduação em Relações Internacionais, 2009.
273p.

Inclui bibliografia
ISBN 978-85-7139-988-4

1. Comércio exterior. 2. Tratados comerciais. 3. Integração econômica internacional. 4. Finanças internacionais. 5. Instituições financeiras. I. Programa de Pós-Graduação em Relações Internacionais San Tiago Dantas. II. Título.

09-5378. CDD: 382.9
CDU: 339.54

Beneficiário de auxílio da FAPESP – Brasil

Editora afiliada:

Para Flávio, André e Bruno,
por todo amor, carinho
e respeito.

Agradecimentos

A todos que contribuíram de uma ou de outra forma para a realização deste trabalho, manifesto minha gratidão.

Ao Prof. Dr. Sebastião Carlos Velasco e Cruz, orientador, amigo, agradeço pelo apoio indispensável e pelos esforços empreendidos para que este trabalho chegasse a seu final.

Ao Prof. Dr. Pedro Paulo Zahluth Bastos pelo encorajamento e especial orientação, para que o trabalho acadêmico se transformasse neste livro.

Ao Prof. Dr. Luis Fernando Ayerbe, professor, amigo, agradeço pela atenção e carinho.

Ao prof. Dr. Tullo Vigevani, pelo exemplo de generosidade.

A todos os professores, equipe, especialmente Giovana Cristina Vieira, e colegas do Programa San Tiago Dantas.

À Editora UNESP, por ter acreditado no projeto e tê-lo transformado em um produto acabado.

Finalmente, agradeço ao apoio imprescindível da Fundação de Amparo à Pesquisa do Estado de São Paulo.

SUMÁRIO

Lista de siglas

ADR	American Depositary Receipt
ANDIMA	Associação Nacional das Instituições de Mercado Aberto
ALCA	Área de Livre Comércio das Américas
BATNA	Best Alternative to a Negotiated Agreement
BACEN	Banco Central do Brasil
BIS	Banco Internacional de Compensações
CC5	Carta-Circular 5
CDB	Certificado de Depósito Bancário
CEE	Comunidade Econômica Europeia
CEO	Chief Executive Officer
CGD	Center for Global Development
CGPC	Conselho de Gestão da Previdência Complementar
CMN	Conselho Monetário Nacional
CNSP	Conselho Nacional de Seguros Privados
DTVM	Distribuidora de Títulos e Valores Mobiliários
EUA	Estados Unidos da América
FED	Federal Reserve System
FGC	Fundo de Garantia de Créditos
FLWG	Financial Leaders Working Group
FMI	Fundo Monetário Internacional
FSB	Fórum Serviços Brasil
GATS	Acordo Geral Sobre Comércio de Serviços
GATT	Acordo Geral de Tarifas e Comércio
IED	Investimentos Estrangeiros Diretos
IIE	Institute for International Economics
IOF	Imposto sobre Operações Financeiras
IRB	Instituto de Resseguros do Brasil
IPI	Imposto sobre Produtos Industrializados
NAFTA	North American Free Trade Agreement
NIC	Newly Industrialized Countries

NMF	Nação-Mais-Favorecida
MDIC	Ministério do Desenvolvimento, Indústria e Comércio
Mercosul	Mercado Comum do Sul
Mercosul-UE	Mercado Comum do Sul e União Europeia
MGI	The McKinsey Global Institute
MP	Medida Provisória
OECD	Organisation for Economic Co-Operation and Development
OCDE	Organização para a Cooperação e Desenvolvimento Econômico
OMC	Organização Mundial do Comércio
OMPI	Organização Mundial de Propriedade Intelectual
ONU	Organização das Nações Unidas
PIB	Produto Interno Bruto
PROEF	Programa de Fortalecimento das Instituições Financeiras Federais
PROER	Programa de Estímulo à Reestruturação e ao Fortalecimento do Sistema Financeiro Nacional
PROES	Programa de Incentivo à Redução da Presença do Estado na Atividade Bancária
S.A.	Sociedades Anônimas
SFN	Sistema Financeiro Nacional
SIV	Special Investiments Vehicles
SPC	Secretaria de Previdência Complementar
SUSEP	Superintendência de Seguros Privados
TRIPs	Related Aspects of Intellectual Property Right
TRIMs	Trade-Related Investment Measures
UE	União Europeia
UNCTAD	Conferência das Nações Unidas sobre Comércio e Desenvolvimento
USTR	Escritório do Representante de Comércio dos EUA
WTO	World Trade Organization

PREFÁCIO

Acordos comerciais internacionais: o Brasil nas negociações do setor de serviços financeiros. O livro de Neusa Maria Pereira Bojikian situa-se no cruzamento entre duas intrigas aparentemente contraditórias. A primeira, mais conhecida do público brasileiro, leva o nome de liberalização financeira. Durante todo o período de crescimento administrado pelo Estado desenvolvimentista, o Brasil conviveu com um sistema financeiro altamente reprimido – o termo é forte, mas por isso mesmo os críticos da época o preferiam. As taxas de juro eram tabeladas, as linhas de crédito dirigidas multiplicavam-se; o câmbio era fortemente controlado – o que dava origem ao mercado paralelo do dólar, cujo comportamento, mais ou menos discrepante das taxas oficiais vigentes, sinalizava para os agentes do mercado, a cada momento, a maior ou menor competência do governo no manejo da economia; o mercado de ações e de títulos, públicos e privados, estava vedado aos investidores externos, e, de maneira geral, as transações financeiras com o exterior passavam pelo crivo exigente do governo. A partir do início da década passada, tudo isso mudou. Começando pela remoção dos obstáculos à integração das atividades financeiras e pela redução gradual dos controles sobre o mercado de câmbio, no final do governo Fernando Henrique Cardoso o processo de liberalização financeira estava praticamente completo. E nos seis anos e meio de governo Lula, esse processo não conheceu nenhum recuo. Pelo contrário, a autonomia do Banco Central é maior do que nunca, mesmo se não inscrita em lei, e o consenso institucionalizado nega às autoridades monetárias os instrumentos de intervenção a que outros países recorrem para lidar com variações súbitas e pronunciadas no fluxo de capitais de curto prazo, com efeitos imprevistos e indesejáveis sobre a taxa de câmbio. Tal a primeira narrativa.

A segunda, algo menos familiar, transcorre em outro cenário e tem outros protagonistas. Podemos começá-la nos reportando ao primeiro documento de política comercial produzido pelo governo Reagan, em julho de 1981, que tornava explícito o objetivo de entabular negociações internacionais sobre o "comércio de serviços". Mas poderíamos recuar um pouco mais, e relatar os esforços da coalizão empresarial que se constituiu, alguns anos antes, para convencer o governo dos Estados Unidos a se mover de forma consequente em direção àquele fim. O êxito dessa aliança pode ser medido pela declaração pública antes referida, e pela campanha que as autoridades norte-americanas desencadearam pouco depois pela abertura de nova rodada de negociação no GATT, com a inclusão na agenda de "novos temas", entre eles "serviços". No final, seu empenho foi recompensado: em 1986, a reunião ministerial de Montevidéu abriu oficialmente a Rodada Uruguai do GATT, com base em um acordo delicado que permitia a discussão paralela dos "novos temas" – GATS, TRIMs, e TRIPs. Mas esse resultado não foi obtido facilmente. Foram precisos anos para que os Estados Unidos e seus aliados conseguissem vencer as resistências do bloco dos países em desenvolvimento, liderado pelo Brasil e pela Índia.

Certamente, essa não foi a única motivação, mas não seriam necessárias outras. Quando levamos em conta as características do nosso sistema financeiro na época, a oposição do governo brasileiro à abertura de negociações sobre serviços é facilmente compreensível. Com efeito, qual o propósito de entrar em uma barganha cuja finalidade explícita era a de banir do rol das práticas internacionais aceitáveis a utilização de instrumentos de política de importância vital para o regime em vigor no país?

Mas o raciocínio embutido nessa pergunta retórica nos leva a antecipar a ocorrência de uma mudança posterior no posicionamento brasileiro. Avançada a liberalização financeira, alterado em profundidade o regime que regula o setor no País, não haveria porque resistir às demandas dos parceiros. Pelo contrário, o compromisso internacional com regras liberais estáveis ampliaria a oferta de crédito, reduzindo ao mesmo tempo o seu custo, facilitaria a integração do Brasil na economia globalizada e representaria um passo a mais (definitivo?) na direção da modernidade. Ou não?

Pareceria que sim – pelo menos do ponto de vista abraçado pelos gestores da política de liberalização adotada no País.

No entanto, não foi isso que se verificou. Embora tenha sido obrigado a participar de negociações complexas sobre o tema, o Brasil reagiu sempre às pressões para ancorar as mudanças já implantadas no sistema financeiro em compromissos internacionais que as tornariam (quase) definitivas. Como explicar esse aparente paradoxo?

O caminho consiste em mostrar que não se trata na realidade de um paradoxo. É por ele que segue a autora deste livro, conduzindo o leitor com mão segura e olhar agudo. Empregando instrumentos de análise forjados nos estudos sobre negociações internacionais, e mobilizando copiosa informação sobre as negociações a respeito de serviços financeiros no âmbito do GATT/OMC e em outras frentes – ALCA; Mercosul; Mercosul-União Europeia –, bem como sobre o processo de abertura financeira no Brasil,

Neusa Bojikian mostra convincentemente porque a opção pela "liberalização administrada" (adoção de medidas desse teor, com a prerrogativa de alterá-las, em caso de necessidade, por decisão do Executivo) se impôs às autoridades brasileiras como uma escolha racional, nas circunstâncias em que viviam.

Mas a autora faz mais. No capítulo final, ela enfrenta o desafio de refletir sobre as conclusões alcançadas em seu estudo, à luz dos acontecimentos precipitados pela crise financeira internacional ainda em curso, sem calar os seus juízos de natureza normativa. Convém passar-lhe a palavra.

> Pelos termos e condições dos acordos internacionais, os países que se comprometeram de forma ampla não podem proibir as operações financeiras com qualquer tipo de derivativo ou títulos "tóxicos". Por esses mesmos termos e condições, esses países não podem impor uma restrição, no sentido de manter em separado bancos comerciais e bancos de investimento. Esses mesmos termos e condições ainda proíbem os governos de limitarem os tamanhos das instituições financeiras, mesmo que essa limitação também seja imposta às empresas nacionais."

> Pode-se dizer que a resistência [...] às pressões para a consolidação da abertura financeira antes mesmo dessa grande crise [...] acabou poupando o Brasil de um verdadeiro desastre.

Por isso também, não é exagero afirmar que, embora tenha tratado com rigor um tema difícil, comumente visitado por especialistas, o livro de Neusa Bojikian tem alcance amplo e alto interesse para o grande público.

Sebastião Velasco
Julho, 2009

Apresentação

Este livro foi elaborado a partir do meu projeto de pesquisa em nível de mestrado em Relações Internacionais do Programa de Pós-Graduação em Relações Internacionais San Tiago Dantas, da Universidade Estadual de São Paulo (UNESP), Universidade Estadual de Campinas (Unicamp) e Pontifícia Universidade Católica de São Paulo (PUC-SP). Portanto, parte do que está escrito aqui já foi apresentado em minha dissertação, defendida em 2006, na Universidade Estadual de Campinas, sob o título *Liberalização Econômica e Acordos Comerciais Internacionais: O Brasil nas Negociações do Setor de Serviços Financeiros.*

Quando saí do interior de Minas Gerais para vir estudar e trabalhar em São Paulo tinha uma meta muita bem definida: trabalhar na área internacional. Minha primeira experiência profissional foi justamente em serviços bancários, mais especificamente na área de câmbio e importação. Ali conheci uma parte das operações financeiras referente ao comércio internacional. Depois migrei para a indústria de tecnologia da informação, onde também estive envolvida com a área internacional, especialmente com aquisições de produtos e serviços importados de diferentes países, tendo vivenciado inclusive o período de reserva de mercado de informática.

Com o passar do tempo, senti que, apesar da prática adquirida no mercado, eu ainda precisava conhecer um pouco da teoria, precisava entender a lógica que estava por trás daquelas receitas prontas que vinham parar em minhas mãos. Já tinha feito alguns cursos práticos de negociação, inclusive negociação internacional. Entretanto, isso ainda não era o suficiente. Foi aí que comecei a me interessar pelos trabalhos acadêmicos sobre negociações econômicas internacionais. As minhas perguntas basicamente eram: como os países conduzem suas relações econômicas e financeiras? Como tomam decisões de política comercial? Como definem interesses nas negociações internacionais? Como se articulam as políticas doméstica e internacional?

No exercício de delimitar o tema para uma pesquisa concreta interessei-me principalmente pelo setor de serviços financeiros. Havia uma questão pronta: por que esse setor é aberto na prática, mas o governo brasileiro não consolida essa mesma abertura no âmbito das negociações comerciais internacionais?

E a partir daí eu não parei mais de pesquisar sobre negociações internacionais e, mais especificamente, sobre o setor em referência.

Considerando que há muito a fazer ainda, espero sinceramente que este livro possa servir de base para muitos outros trabalhos.

Introdução

A década de 1990 testemunhou mais do que profundas mudanças geopolíticas. Caracterizou-se por significativas transformações econômico-financeiras que sugeriam maior integração dos processos produtivos, intensificação do comércio mundial e maior flexibilidade para o investimento estrangeiro. Contribuiu para todas essas transformações o notável desenvolvimento dos recursos tecnológicos.

Na ânsia por reduzir custos de produção, as indústrias saíram à procura dos países que tinham a oferecer, na melhor relação custo-benefício, mão de obra, matéria-prima e energia. Surge o conceito de cadeia global de suprimentos, os sistemas integrados de gestão.

No comércio, o intenso movimento de multilateralização, que se inicia após a Segunda Guerra Mundial, é coroado com a institucionalização da OMC – Organização Mundial do Comércio – com o objetivo definido de garantir o cumprimento das normas que disciplinassem o comércio internacional. A OMC vem para suceder o GATT – Acordo Geral de Tarifas e Comércio –, que nunca foi um organismo formalmente constituído. Ainda no comércio, ganham força, paralelamente ao sistema multilateral, os blocos econômicos regionais, com o objetivo principal de dar maior impulso às relações comerciais entre seus membros.

Nas finanças, as transformações se traduzem em uma maior integração entre os mercados e em um extenso processo de desregulamentação, verificado tanto em países desenvolvidos como nos países em desenvolvimento. Resulta em um movimento contínuo de grande intensidade do capital internacional, onde investimentos, pagamentos e transferências bancárias são feitos instantaneamente.

Os países deveriam prover reformas que garantissem suas respectivas inserções, através do maior grau de abertura da economia e da desregulamentação dos diversos setores. No Brasil, após as iniciativas acionadas ainda no Governo Collor de Mello (1990-1992), seguiu-se na década de 1990 uma série de reformas que traduziam a adesão do país aos princípios do livre mercado. Essas reformas puderam ser percebidas em várias frentes, como nos processos de privatização, liberalização comercial e reformas administrativas. Especificamente o ano de 1994 foi marcado por pelo menos três importantes fatos econômicos no Brasil: finalização do acordo de reestruturação da dívida externa, sob os termos do Plano Brady; implementação do Plano Real, plano de estabilização econômica; e término da Lei de Informática. Esses três fatores, somados à política de privatização posta em prática pelo Governo, causaram impactos e modificações na estrutura do SFN – Sistema Financeiro Nacional – ao longo dos anos 90, firmando o processo de abertura e desregulamentação do mercado financeiro interno.

Tendo sido estabelecidas significativas reformas, em relação à estrutura da economia brasileira, passou-se a esperar do Brasil um comportamento mais próximo do que mandava o livro-texto da liberalização do comércio internacional. Contudo, a despeito de tais reformas, no âmbito dos fóruns comerciais internacionais, o Brasil foi e ainda continua sendo um dos países mais insistentes na crítica às distorções e às assimetrias existentes.

O papel de destaque do Brasil nas coalizões de países em desenvolvimento nos fóruns comerciais internacionais representa, em grande medida, o descompasso entre as reformas econômicas implementadas no período e a resistência em aceitar proposições previamente configuradas acerca da liberalização do comércio. Desde a década de 1960, o Brasil tem estado na liderança de coalizões que procuram fortalecer a capacidade de negociação dos países em desenvolvimento e que buscam uma agenda multilateral na qual o desenvolvimento esteja no centro do debate.

Primeiro no G-77[1] quando, durante as Rodadas Kennedy (1964-1967) e Tóquio (1973-1979) de Negociações Multilaterais Comerciais, teve um papel significativo, na medida em que conseguiu articular algumas demandas, como tratamento diferenciado dispensado aos países em desenvolvimento. Depois, na década de 1980, dividiu com a Índia a liderança do G-10,[2] o qual fez forte oposição à inclusão dos novos temas – serviços; propriedade intelectual (Trade-Related Aspects of Intellectual Property Right – TRIPs); e investimentos (Trade-Related Investment Measures – TRIMs) – na Rodada Uruguai de Negociações Multilaterais Comerciais (1986-1993). Posteriormente, destacou-se como demandante nas negociações agrícolas, como membro da coalizão de Cairns,[3] cujo interesse comum era avançar na liberalização agrícola na OMC por meio da redução tarifária e da redução

[1] O G-77 foi criado em 1964 como base política da UNCTAD – Conferência das Nações Unidas sobre Comércio e Desenvolvimento.

[2] O G-10 incluía Argentina, Brasil, Cuba, Egito, Índia, Nigéria, Nicarágua, Tanzânia, Peru e a ex-Iugoslávia.

[3] O Grupo de Cairns é constituído por Argentina, Austrália, Bolívia, Brasil, Canadá, Chile, Colômbia, Costa Rica, Guatemala, Indonésia, Malásia, Nova Zelândia, Paraguai, Filipinas, África do Sul, Tailândia e Uruguai.

dos subsídios agrícolas. E sua atuação no G-20,[4] criado em 2003, durante a V Conferência Ministerial da OMC, em Cancún, é um exemplo recente do papel de destaque do Brasil nos fóruns comerciais internacionais. Na verdade, o Grupo foi formado com o intuito de oferecer resistência a deliberações que não refletissem o estipulado para o mandato da Rodada Doha de Negociações Multilaterais Comerciais e os interesses dos países em desenvolvimento, especialmente na questão agrícola.

Na reunião "miniministerial", que reuniu o Comitê de Negociações Comerciais, em julho de 2008, em Genebra, Suíça, o desempenho do Brasil alcançou de novo grande destaque. O *Wall Street Journal*, referindo-se também ao papel-chave do Brasil, disse que "novos gigantes" já são capazes de "flexionar os músculos" no tabuleiro geopolítico internacional[5].

E, de modo geral, o Brasil, assim como outros países em desenvolvimento, critica a imparcialidade das normas e suas respectivas implementações definidas no âmbito da OMC, ainda que certamente admita o valor da existência dessa instituição, quanto ao grau de estabilidade e previsibilidade que esta possa oferecer. No âmbito dos fóruns regionais de negociações comerciais internacionais, especificamente sobre a ALCA – Área de Livre Comércio das Américas – o Brasil também tem se revelado um ator crítico às proposições das partes que não levem em conta os interesses do país.

Portanto, quando tomados em comparação o plano das reformas econômicas internas, já fixadas, e o plano das negociações comerciais internacionais, não parece haver um alinhamento entre os fatos. E isso se manifesta de forma ainda mais acentuada no setor de Serviços Financeiros, no qual uma expressiva reforma foi executada durante a década de 1990. Várias medidas foram tomadas para atrair capital, tanto na forma de investimentos diretos, com a abertura do mercado interno ao acesso das instituições financeiras estrangeiras, quanto por meio de fluxos de fundos de investimentos e da ampliação do acesso das empresas e dos bancos nacionais às fontes externas de financiamento. No entanto, o Brasil manteve-se e ainda mantém-se, em geral, bastante moderado nos momentos de consolidar esta abertura no âmbito das negociações comerciais internacionais.

Assim, tendo em vista aquilo que surge do confronto das ideias, ou mesmo das propostas, com a realidade, este estudo propõe-se a examinar por que um país que se dispõe a fazer reformas profundas em sua estrutura

[4] O G-20 é um grupo de países em desenvolvimento criado na ocasião da V Conferência Ministerial da OMC, realizada em Cancún, em setembro de 2003, que tem como foco a agricultura, tema central da Agenda de Desenvolvimento de Doha. Os países que o compõem são: África do Sul, Argentina, Bolívia, Brasil, Chile, China, Cuba, Egito, Filipinas, Guatemala, Índia, Indonésia, México, Nigéria, Paquistão, Paraguai, Tailândia, Tanzânia, Uruguai, Venezuela e Zimbábue.

[5] Estadao.com.br, 30 jul. 2008. Disponível em: http://www.estadao.com.br. O artigo original do *The Wall Street Journal* – Global Trade Talks Fail As New Giants Flex Muscle – encontra-se disponível em: http://online.wjs.com

econômica, como a verificada na dimensão financeira durante a década de 1990, adota uma postura tida como conservadora no momento de apresentar ofertas concretas nas negociações comerciais internacionais nesse período e segue com essa mesma postura na década de 2000, inclusive no momento em que se configura a mais recente crise financeira.

Mais especificamente, a proposta deste estudo é examinar: por que a abertura financeira verificada na prática no Brasil não corresponde ao grau de compromisso de liberalização apresentado pelo Brasil na OMC, no Mercosul – Mercado Comum do Sul –, na ALCA, e nas negociações entre Mercosul e UE – União Europeia? Verifica-se que o Brasil tem uma predileção pela abertura administrada; por qual razão? Por que um país que se viu tão pressionado por diferentes atores sociais e econômicos para que consolidasse essa abertura, não o fez? Entender essas disposições é o objetivo desta obra.

Algumas hipóteses orientam essa investigação:

(i) O caráter competitivo das negociações comerciais internacionais. O Brasil usa as mesmas estratégias e táticas dos principais países desenvolvidos nas negociações comerciais internacionais, sobretudo a competição. Nas negociações competitivas as partes são diametralmente opostas e estão em competição. Normalmente, as partes são consideradas como adversárias e, portanto, assumem uma linha de conduta mais resistente. A despeito de todos os benefícios de uma negociação de natureza integrativa, na medida em que prevalece a ideia de que, se todos ganham, é secundário saber quem leva a maior vantagem, nas negociações comerciais internacionais verificam-se elementos competitivos evidentes entre os negociadores. O Brasil não é diferente dos outros, principalmente os países desenvolvidos, mas, acima de tudo, percebe-se como credor das rodadas de negociações anteriores à Rodada Uruguai. Os negociadores brasileiros afirmam que não buscam o ganho máximo, mas o ganho melhor possível; entretanto, enfatizam que é preciso rever os termos dos acordos passados, porque, do contrário, estariam contribuindo para aumentar os desequilíbrios já existentes no comércio internacional.

(ii) A preocupação com o fator de estabilidade econômico-financeira. A despeito da predominância das ideias neoliberais em matéria de liberalização financeira, verificada sobretudo a partir da década de 1980 até recentemente, os negociadores brasileiros têm grande receio em relação aos efeitos da liberalização do comércio de Serviços Financeiros sobre o equilíbrio das contas externas. A liberalização do comércio transfronteiriço é fator de grande preocupação entre esses negociadores, justamente pelo impacto que pode causar no controle da Conta de Capital. Além disso, percebe-se também uma preocupação com as possíveis implicações da liberalização desse comércio em relação ao influxo de capital destinado a investimentos diretos do setor financeiro.

(iii) Os constrangimentos de ordem jurídica interna. Um grande problema que impacta a liberalização do Setor Financeiro deve-se ao fato que o Sistema Financeiro Nacional é regido por normas constitucionais. Para reduzir esse obstáculo, o Governo precisaria desconstitucionalizar algumas dessas normas. Entretanto, isso envolve um processo complexo de aprovação no Congresso Nacional. Efetivar qualquer oferta de liberalização que implique ter que enfrentar mudanças nas leis internas, principalmente quando isso envolve o caráter de constitucionalidade, significa passar por intermináveis dinâmicas governantes.

(iv) Cuidado com a preservação do *policy space*. Ao resistirem à proposta de harmonização de regras imposta por outros Estados e a fazer concessões a determinados setores ou agentes econômicos, os negociadores brasileiros demonstram que pretendem preservar o direito exclusivo do Estado de intervir nas questões internas, de exercer controle sobre sua esfera doméstica. Preservar a autonomia para se vir, a qualquer hora, implementar políticas públicas ou mesmo regulamentar ou desregulamentar setores, em função de objetivos de desenvolvimento socioeconômico. O Brasil pode querer intervir eventualmente na economia, combinando políticas setoriais tradicionais e políticas de capacitação tecnológica. Essas políticas envolvem critérios de favorecimento a determinados setores da economia tendo em vista alcançar objetivos estratégicos, isto é, requer *policy space*; entretanto, os acordos comerciais internacionais são de tal forma abrangentes que retiram dos Estados a possibilidade de se intervir nesse sentido.

O livro está estruturado em cinco partes, além da Introdução e da Conclusão. Parte 1: compreende os capítulos: Negociações Internacionais; Negociações nos Fóruns Comerciais Internacionais. Esses dois capítulos abordam aspectos conceituais em matéria de negociação e as características específicas das negociações empreendidas nos fóruns comerciais internacionais.

Parte 2: abrange os capítulos: Serviços no Sistema Multilateral de Comércio; O Brasil no Debate sobre a Liberalização do Comércio de Serviços; Serviços Financeiros no Sistema Multilateral, que, em resumo, traça a história dos eventos que se iniciaram no plano das ideias, no começo da década de 1970, e culminaram com uma decisão, em 1986, dos Ministros de Comércio dos países-membros do GATT, para lançar serviços como um dos temas das negociações da Rodada Uruguai de Negociações Multilaterais Comerciais (1986-1993). Destaca-se nessa parte o clima de conflito que se instalou desde o início do debate sobre a liberalização do comércio de serviços e, posteriormente, sobre a liberalização do comércio de Serviços Financeiros. O objetivo é examinar a posição do Brasil em torno dessas questões.

Parte 3: compreende o capítulo: A Abertura Financeira no Brasil na Década de 1990. O objetivo dos países desenvolvidos, em especial dos EUA, ao procurar levar a liberalização financeira para o âmbito dos fóruns comerciais, era tornar uma situação verificada na prática em uma situação de direito, disciplinada multilateralmente, isto é, acordada no âmbito do fórum multilateral do comércio de serviços. Mas que situação era essa? Procura-se aqui explorar isso, isto é, o que significou a abertura financeira no Brasil nesse período, como foi isso, em que contexto se deu, qual a natureza dessa abertura.

Parte 4: contempla os capítulos: O Brasil nas Negociações do Setor de Serviços Financeiros: OMC; O Brasil nas Negociações do Setor de Serviços Financeiros: ALCA; O Brasil nas Negociações do Setor de Serviços Financeiros: Mercosul; O Brasil nas Negociações do Setor de Serviços Financeiros: Mercosul-UE – e que busca analisar a posição, os interesses, as estratégias e táticas de negociação do Brasil e das partes demandantes, como EUA e UE, sobre o setor de Serviços Financeiros nos diversos fóruns de negociações comerciais e ainda verificar em que medida as ofertas brasileiras se diferenciam da situação real de abertura do setor financeiro verificada na Parte 3.

Parte 5: abrange os capítulos: A Crise do Sistema Financeiro Internacional de 2008; A Crise Financeira e os Acordos Comerciais Internacionais que, em essência, procuram avaliar a natureza da atual crise financeira; colocar em perspectiva a discussão sobre uma eventual nova regulamentação do sistema financeiro; e, principalmente, examinar as negociações para a liberalização do setor de serviços financeiros no âmbito dos fóruns comerciais internacionais no contexto da crise e o paradoxo que isso representa, já que visa, em última instância, à desregulamentação do sistema financeiro.

PARTE 1

NEGOCIAÇÕES INTERNACIONAIS: ASPECTOS CONCEITUAIS

1 NEGOCIAÇÕES INTERNACIONAIS

NEGOCIAÇÃO: OBJETO DE ESTUDO SISTEMATIZADO

O estudo da negociação, para além de um processo em que se focam estritamente os atributos subjetivos e as habilidades das partes envolvidas em um dado contexto, só veio a ser explorado há poucas décadas. Contou e ainda conta, para tanto, com o subsídio de várias áreas do conhecimento, dentre estas: Matemática, Economia, Ciências Políticas, Relações Internacionais, Psicologia, Sociologia, Administração de Empresas, Antropologia.

Muitas das contribuições, como a Teoria dos Jogos, o realismo político, os fatores intervenientes, os processos de decisão coletiva, o fator intercultural, buscam identificar os elementos-chave que possam contribuir para definições, abordagens analíticas e avaliação dos processos de negociação.

Definição

Há várias definições de negociação, tendo em conta diferentes perspectivas. Eleger uma única é sempre um desafio.

Para Fisher; Ury e Patton (1994, p.15), "Negociação é um meio básico de conseguir o que se quer de outrem. É uma comunicação bidirecional concebida para chegar a um acordo, quando você e o outro lado têm alguns interesses em comum e outros opostos".

Nas considerações de Thompson (2001, p.2) trata-se de "um processo de tomada de decisão interpessoal, pelo qual duas ou mais pessoas concordam em como alocar recursos escassos".

Nas análises de Lax e Sebenius (1986, p.7), negociação envolve: interdependência; percepção de conflito; potencial oportunismo; e possibilidade de acordo.

Depreende-se dessa pequena amostra de uma infinidade de definições, que negociação é a forma como se lida com uma situação, a qual envolve interdependência de resultado, conflito de interesses e interesses mútuos.

Negociação internacional: o contexto ambiental

Em que se distingue a negociação internacional da negociação em geral? Seria correto dizer que as negociações são internacionais quando envolvem partes de diferentes nacionalidades? De acordo com Dupont (2002, p.375), sim. Mas isso não é o bastante para destacar essencialmente as diferenças.

Na verdade, o que se verifica é que as negociações internacionais são influenciadas por diversos fatores. Para Dupont (2002, p.375), incluem entre esses fatores as diferenças institucionais, legais e culturais. Nas análises de Salacuse (1988, p.5-13) sete fatores tornam as negociações internacionais um grande desafio: ambiente negocial; cultura; burocracias e organizações estrangeiras; sistemas legais e governos estrangeiros; diferentes moedas; instabilidade e mudanças inesperadas. E para Phatak e Habib (1996, p.30-8), somam-se a estes os investidores estrangeiros.

Levando em conta essas referências teóricas antes citadas, podem-se destacar os seguintes fatores:

(i) Diferentes ambientes: nas análises de Salacuse (1988, p.5), a distância que separa os negociadores influencia sobremaneira no planejamento e na condução do processo. Normalmente, uma ou mais partes precisam deslocar-se até o território da outra, e isso requer esforço para superar as potenciais barreiras do "estrangeirismo".

(ii) Aspecto cultural: embora possa-se pensar que "negócio é negócio" em qualquer parte do mundo, os especialistas tendem a destacar as diferenças culturais como um fator que exerce forte influência sobre o processo da negociação internacional. Além das diferenças idiomáticas, as culturas diferem em termos de crenças, valores, percepções de mundo. Requer-se atenção para não transpor os limites do aceitável e reconhecer os aspectos rituais; isso contribuirá para que se possa construir relacionamentos de reciprocidade.

(iii) Ideologias: os negociadores internacionais também se deparam com um ambiente de múltiplas ideologias. Os governantes e os agentes econômicos dos diversos países têm ideias e conceitos diferentes sobre direitos individuais, direito coletivo, investimento privado, investimento público, lucro, objetivo da empresa. Há países em que o direito coletivo tem primazia sobre o direito do indivíduo, os investimentos públicos são vistos como uma forma de melhor alocar os recursos. Isso influencia nos termos e condições propostas, assim como nos resultados das negociações. Sendo assim, conforme observaram Phatak e Habib (1996, p.4), os conflitos de natureza ideológica requerem que os negociadores encontrem um fundamento comum e enquadrem a linguagem e o conteúdo do acordo em um padrão que seja aceitável para todas as partes envolvidas.

(iv) Burocracias e organizações estrangeiras: as políticas, normas, procedimentos e processos das diversas organizações públicas ou privadas espalhadas pelo mundo diferem em vários aspectos. Os processos de licitação pública podem seguir padrões diferentes. É preciso ter consciência das diferenças e estar preparado para lidar com eventuais barreiras.

(v) Orientações políticas: as orientações políticas dos países envolvidos em uma negociação internacional podem coincidir, mas também podem estar seguindo direções diferentes. Uma parte pode estar seguindo num dado momento uma orientação baseada na promoção das exportações, outra pode estar perseguindo uma política de desenvolver determinados setores internamente, necessitando para tanto impor certas restrições à liberalização econômica.

(vi) Regimes jurídicos: as negociações internacionais envolvem o contato das partes com regimes jurídicos diferentes. Há diferenças marcantes em termos de tradições legais ou códigos de contrato de lei e execuções. Nas análises de Costa (2006, p.8),

> é fácil entrever por meio de uma negociação internacional o mosaico de leis que tem vocação a se aplicar. Sem dúvida nenhuma, a negociação de uma transação comercial internacional representa, para uma das partes pelo menos, uma conexão estreita com um direito privado nacional, que na maior parte das vezes lhe é totalmente desconhecido.

(vii) Sistemas econômicos: um outro fator que caracteriza as negociações internacionais são os diferentes sistemas econômicos em que os negociadores operaram. Ainda que, em 2007, somente três economias no mundo puderam ser categorizadas como planificadas – Cuba, Coreia do Norte e Mianmar (Birmânia) –, em muitas delas, inclusive desenvolvidas, consideradas como economias de mercado, há vários tipos de intervenção do governo. Alguns setores econômicos são monopólios do Estado. Há casos em que setores da economia, como telecomunicações, bancos e energia, são frequentemente mantidos sob controle do governo. Em alguns casos, a participação de estrangeiros pode ser permitida somente por meio de *joint ventures,* que podem ser entendidos como empreendimentos conjuntos com empresas domésticas.

(viii) Sistemas monetários: conforme observou Salacuse (1998, p.6), diferentemente das negociações domésticas, as negociações internacionais acontecem em um ambiente de múltiplas moedas e de regimes cambiais diferentes. Algumas moedas e alguns regimes cambiais são mais estáveis do que outros. E, nesse caso, a análise que se faz aqui é que o negociador deve estar atento a essas diferenças e a eventuais mudanças nas políticas monetárias governamentais, que podem fazer surgir efeitos drásticos nos resultados das negociações.

(ix) Instabilidade e mudanças: os riscos são inerentes às negociações e as mudanças fazem parte do ambiente político e corporativo. No entanto, as mudanças de ordem internacional podem trazer implicações mais complexas na medida em que fogem ao controle imediato dos negociadores. Mudanças de governo, crises políticas, manifestações civis, violência podem trazer consequências diretas para os acordos internacionais. As mudanças recentemente tomadas pelos governos da Bolívia e do Equador que impactaram diretamente os interesses de empresas brasileiras, que estavam operando nesses países sob termos e condições contratuais, são um exemplo.

(x) Regras de investimento: na análise que se faz aqui, esse fator refere-se em especial às regras de investimento externo, às quais os investidores externos especificamente envolvidos na negociação estarão subordinados. Esses investidores podem estar protegidos por acordos intergovernamentais, os chamados APIs – Acordos de Proteção a Investimentos –, em que se preveem regras acordadas entre os governos dos países envolvidos na negociação. Em outros casos, os investimentos externos podem estar sujeitos a condicionalidades caso-a-caso ou setor-a-setor.

(xi) Partes interessadas: Phatak e Habib (1996, p.5) denominam esse fator como *"External Stakeholders"*. Nos termos dos autores,

> as várias pessoas e organizações que têm interesse ou participação na negociação são *external stakeholders*. Exemplos incluem: concorrentes, clientes, sindicatos, instituições empresariais organizadas, como as câmaras de comércio e indústria, acionistas da empresa. (Tradução livre)

Nas análises dos autores, os competidores podem se opor a uma negociação na medida em que seus resultados possam ir contra seus respectivos interesses. Os sindicatos também podem ir contra ou a favor de uma negociação em função de seus interesses.

Análise estrutural da negociação: avanço no entendimento de poder

Segundo Zartman (2002, p.71),

> negociação é um processo através do qual os oponentes chegam a um acordo, mas esse processo não pode ocorrer, nem pode ser analisado com base apenas em seus próprios termos. Isso começa com uma certa distribuição das características dos atores que se tornam variáveis independentes através das quais o processo e sua análise são conduzidos. (Tradução livre)

O autor propõe um modelo de análise dos resultados da negociação, o qual denomina análise estrutural. Esse modelo coloca em evidência as características estruturais dos atores, isto é, das partes envolvidas na negociação, as quais fornecerão as chaves para se explicar os resultados. Nos termos do autor (p.72),

> análise é estrutural quando se relaciona a explicação dos resultados à distribuição ou disposição de elementos-chave – inicialmente, os números e atributos de poder das partes – e examina os conceitos resultantes e suas implicações. (Tradução livre)

Nas observações de Zartman, é o elemento poder que determina o movimento das partes de posições adversárias para posições conjuntas. Com isso, o autor ressalva as dificuldades impostas a esse modelo de análise, tendo em vista que poder é uma variável causal, com sua natureza conceitual inexplicável. O segundo problema é que a análise estrutural é encontrada entre os pressupostos de simetria e assimetria de poder. Para ele, embora a simetria, no sentido de igualdade, tanto em termos de participantes como em termos de resultado, seja difícil de calcular, a implicação geral é positiva. Afirma que as partes negociam mais produtivamente quando elas se sentem iguais (p.73-4). Elas vão alcançar os resultados mais satisfatórios quando elas veem tanto o resultado como o processo em termos justos. Ainda nas análises do autor, as conclusões a respeito de simetria sugerem que as partes irão fazer o melhor individual e coletivamente, quando elas passam de uma negociação de caráter competitivo ou distributivo para uma negociaçao de caráter cooperativo ou integrativo. Os subitens finais deste capítulo identificam as principais características das negociações competitivas e cooperativas.

Análise estrutural da negociação: poder como capacidade relativa de fornecer o que a outra parte quer

Ao colocar em evidência o atributo de poder, a análise estrutural contribui para um entendimento mais abrangente do que vem a ser poder e suas fontes. Para além do entendimento de poder como capacidade de mobilizar recursos, de exercer pressão, alguns estudos sugerem que o poder deve ser entendido da perspectiva da capacidade relativa de cada parte oferecer o que o outro quer. Trata-se do poder baseado nos desejos, nas necessidades (Shell, 2001; Zartman, 2002). Segundo Shell (2001, p.113-4), a parte que possui a maior necessidade, material ou mesmo psicológica, estará em desvantagem.

Nesses estudos, o acordo é visto da perspectiva de um prêmio que pode ser concedido a ambas as partes, as quais se diferenciam em termos do quanto necessitam desse acordo. Essa ideia está implícita na seguinte definição: "O poder de influência é possuir algo que a outra parte deseja. Ou, melhor ainda, que necessita. Ou, melhor de todos, que simplesmente não pode viver sem" (Trump, apud Shell, 2001, p.126).

Segundo Zartman (2002, p.75), esse novo entendimento permite que se possa analisar a assimetria mesmo em casos aparentemente simétricos. No caso das negociações em que, a princípio, as partes são simétricas em termos de poder de veto, isso pode ser revertido na medida em que as partes necessitarem mais ou menos do acordo.

Zartman identifica duas maneiras de se avaliar o grau de necessidade em relação ao acordo: (i) de uma forma direta, com base na intensidade das demandas, revelada nos esforços empenhados nas negociações; (ii) por meio das alternativas ao acordo disponíveis a cada parte.

A primeira maneira pode ser ilustrada com o caso do México na ocasião das negociações para conformar o North American Free Trade Agreement (NAFTA). Conforme observaram Cameron e Tomlin (2000, p.104), fazer um acordo de livre comércio com os EUA foi uma meta insistentemente perseguida pelo governo do México no final da década de 1980. Esse possível acordo era visto pelo governo do México como um recurso necessário, na medida em que poderia atrair os investidores internacionais e fortalecer as relações entre o governo mexicano e o setor privado. México, no papel de *demandeur* nessas negociações, conforme avaliação dos autores, propôs-se a fazer substanciais concessões para ser admitido em um acordo que já existia entre EUA e Canadá.

Melhor alternativa ao acordo

A outra maneira de se avaliar o grau de necessidade em relação ao que representa o acordo faz emergir alguns conceitos abordados entre os especialistas em negociação: *Best Alternative to a Negotiated Agreement* (BATNA) (Fisher, Ury e Patton (1994); *Security Point* (Zartman, 1987); *Threat Point* (Rapoport, 1964).

Pode-se dizer que todos esses conceitos na essência significam a mesma coisa. Podem ser traduzidos como "Melhor Alternativa a Nenhum Acordo", uma referência em relação à qual as propostas de acordo deverão ser medidas (Fisher, Ury e Patton, 1994).

As partes devem pensar cuidadosamente o que podem fazer se deixarem de concluir o acordo. Baseadas, principalmente, no poder das alternativas ao acordo, as partes vão se movimentar ou não na direção de um resultado conjunto.

Nas análises de Shell (2001, p.125), entretanto, apesar de existir sabedoria no conceito do poder de influência decorrente das BATNAs, ainda que boas alternativas, fora da mesa de negociação, possam aumentar a confiança da parte que as possui, tais alternativas não exercem poder de fato, caso o acordo seja acima de tudo desejado por tal parte.

Dessa perspectiva, o poder é concebido como um meio, um elemento desprendido dos recursos e dos resultados propriamente.

Análise estrutural da negociação: poder como recurso tático

Zartman (2002, p.75) observa que os conceitos relacionados às alternativas ao acordo, disponíveis a cada uma das partes, trazem uma significativa contribuição não só em termos teóricos, mas também no sentido de que sublinham importantes considerações levadas em conta pelos negociadores. O autor está se referindo às possibilidades de se poderem alterar as posições e ofertas que são apresentadas nas negociações por meio de alterações das alternativas ao acordo.

Pode-se dizer que dessa perspectiva, o poder, medido com base nas alternativas ao acordo e nas possibilidades de alteração dessas alternativas, caracteriza-se como recurso tático. Nesse sentido, a ênfase recai sobre a finalidade de se alterar o valor das BATNAs, em vez de melhorar as ofertas para que a outra parte aceite o acordo.

As partes não só procurarão melhorar a sua própria BATNA, como também podem tentar piorar a da outra parte, reequilibrando as forças ou criando uma favorável assimetria.

A Argentina, por ocasião das negociações para conformação do Mercosul, procurou consolidar a sua BATNA, estreitando relações com os EUA e investindo na possibilidade de vincular-se ao NAFTA. Nos termos de Vaz (2002, p.115),

> manter a possibilidade de vincular-se ao NAFTA, como interesse explícito da Argentina, ademais de corresponder a um interesse de fato e compatível com o modelo econômico e com as prioridades de sua política externa, conferia-lhe capacidade de barganha diante do Brasil, atuando pois como uma forma de, politicamente, equilibrar as capacidades de barganha em um quadro marcado por grandes assimetrias econômicas entre os dois países.

Ao empregar recursos que visem alterar o valor de eventuais BATNAs, o objetivo de uma determinada parte é fazer com que a outra faça concessões. Nesse sentido, o conceito de poder muda de "meio" para "fim".

O poder concebido como um recurso tático não necessariamente está associado à ideia de coagir, de explorar o outro, de obter vantagens em detrimento da outra parte. Os recursos de poder podem ser empregados com o intuito de se superar uma negociação que tende a se configurar como uma negociação de natureza competitiva, que também é conhecida como negociação distributiva ou negociação de soma-zero. Dito de outra forma, esse recurso tático pode contribuir para se chegar a um resultado equilibrado. Shell (2001, p.111-12) ilustra de forma simples o emprego desse tipo de recurso nas negociações empresariais.

Análise estrutural da negociação: poder como ameaça

O poder de ameaça não deixa de ser um recurso tático; entretanto, está implícita nesse conceito a ideia de demonstrar o poder com a finalidade de subjugar, dominar o outro. Aqui, sim, o poder exercido tem a finalidade de coagir o outro, de obter vantagens unilaterais.

Nos termos de Shell (2001, p.128),

> a obtenção do poder de influência por meio de ameaças chama a atenção das pessoas, pois de acordo com o que os negociadores perspicazes vêm aprendendo ao longo dos séculos e com o que os psicólogos constantemente têm provado, as perdas em potencial apoderam-se por completo da mente humana, mais do que ganhos equivalentes seriam capazes de fazer.

A abordagem da parte que exerce o poder tem o objetivo de fazer com que a outra entenda a mensagem e concorde com as condições impostas. No entanto, se a outra parte também dispõe e decide exercer o seu próprio poder por meio de ameaças, configurando a prática do "dente por dente, olho por olho", o resultado disso pode ser uma reviravolta, levando as partes a negociarem com base nos princípios de um acordo ou a uma escalada irracional do conflito.

Estratégias de negociação

A análise estrutural da negociação, em especial a que enfatiza o atributo de poder como capacidade de exercer pressão em função de recursos táticos, sugere o emprego de diferentes estratégias de negociação, que tendem geralmente à cooperação ou à competição.

Quando se fala em negociação de soma-zero, sugere-se que as partes estão empregando táticas e estratégias de natureza competitiva ou distributiva. Por outro lado, quando se fala em negociação de soma-variável, sugere-se que as partes estão empregando táticas e estratégias de natureza cooperativa ou integrativa.

Estratégias x táticas

Esses são termos bastante conhecidos, usados muitas vezes de modo intercambiável, quando na verdade guardam diferenças.

Estratégia pode ser entendida como o conjunto de medidas, de regras estabelecidas, que vão balizar a direção prática que se deve tomar para ir dos desejos e das necessidades para os objetivos.

Tática, entretanto, é parte da estratégia e configura a linha concreta de ação. É o meio através do qual se persegue a estratégia escolhida. A tática é mais flexível do que a estratégia e, consequentemente, mais versátil e adaptável às condições de mudança (Saner, 2002, p.52).

Estratégias de negociação: cooperativa x competitiva

As estratégias de negociação são caracterizadas de acordo com o grau de prioridade ou importância atribuído ao interesse por seus próprios resultados e o grau de prioridade ou importância atribuído ao interesse pelos resultados de outra ou outras partes. O interesse voltado para os próprios resultados denota o grau de assertividade, e o interesse pelo resultado da outra ou das outras partes denota o grau de cooperação.

Vários autores dedicaram-se a identificar as estratégias de negociação: Thomas e Kilman (1974); Rubin, Pruitt e Kim (1994); Lewicki, Sauders e Minton (2002); Shell (2001); Saner (2002).

Da perspectiva bidimensional – assertividade e cooperação – ou do que Lewicki, Sauders e Minton (2002) chamaram de "inquietações duais", destacam-se fundamentalmente duas estratégias: competitiva e cooperativa.

(i) Competitiva: a estratégia competitiva, também conhecida como distributiva, é caracterizada por alta assertividade e baixa cooperação. A estratégia de natureza competitiva é empregada por determinados negociadores com o fim de realizar única e exclusivamente seus objetivos, suas metas. Ao empregar essa estratégia, os negociadores concebem a negociação da perspectiva de soma-zero, ou da "torta fixa" (Bazerman e Neale, 2000), isto é, um lado ganha e o outro perde. Negociadores predominantemente competitivos gostam de controlar as negociações, iniciando-as com exigências excessivamente ambiciosas, fazendo ameaças. Costumam encenar episódios tensos, como sair da sala, abandonar a negociação, caso suas demandas não estejam sendo aceitas (Shell, 2001). É uma negociação que não se encaixa no que Fisher, Ury e Patton (1994) chamam de *Negociação Baseada em Princípios*.

(ii) Cooperativa: essa estratégia também é identificada por integrativa e nela se verifica um equilíbrio entre assertividade e colaboração.

> Ao empregar essa estratégia, os negociadores estão sendo firmes em relação aos seus próprios interesses e também em relação aos interesses da outra parte. A cooperação se materializa em ações, como explorar o problema da perspectiva de ambos os lados. Há um esforço em se colocar no lugar da outra parte, em se permitir enxergar as coisas conforme as diferentes percepções. Nas análises de Bazerman e Neale (2000, p.33), a percepção dos negociadores é de que é possível encontrar uma solução e um acordo melhor para todos. Agindo assim, os negociadores buscam encontrar soluções integradoras, mutuamente vantajosas.

Dentre todas essas estratégias, qual escolher? A análise que se faz aqui é que a escolha deve estar relacionada à situação de negociação em primeiro lugar, levando em conta quem são as partes envolvidas, os riscos inerentes, os interesses, as alternativas disponíveis. Shell (2000) aborda as estratégias de negociação, em que se levam em conta a assertividade e a cooperação, relacionando a escolha da estratégia com os fatores de risco envolvidos, assim como com a preocupação referente ao relacionamento entre as partes.

2
NEGOCIAÇÕES NOS FÓRUNS COMERCIAIS INTERNACIONAIS

SISTEMA COMERCIAL MULTILATERAL

A ordem internacional que se inicia no período pós-guerra é fortemente influenciada pelas políticas norte-americanas. A ideia do multilateralismo ganha destaque com o apoio dos EUA. As relações econômicas internacionais que se verificavam no âmbito bilateral no entre-guerras passaram para o plano multilateral.

Os EUA acreditavam que um sistema internacional que refletisse seus valores – democracia e capitalismo – promoveria a prosperidade econômica e a estabilidade política dos países do Ocidente e fortaleceria o poder norte-americano contra o bloco soviético. Nos termos de Krasner (1992, p.66),

> no inverno de 1946-47, os formuladores de políticas dos Estados Unidos haviam concluído que a aliança do tempo da guerra com a União Soviética estava terminada. Reagiram, então, com um esforço maciço para empregar recursos econômicos para vacinar a Europa ocidental, o Japão e, finalmente, o Terceiro Mundo contra regimes leninistas e seduções soviéticas.

Essa ideia fundamentou a constituição de um sistema comercial multilateral para o mundo não comunista. E os EUA assumiram a liderança nas negociações internacionais para a conformação desse sistema.

Surgia nesse contexto o *General Agreement on Tariffs and Trade* ou Acordo Geral sobre Tarifas e Comércio (GATT), que foi apresentado na Conferência sobre Comércio e Emprego realizada pela Organização das Nações Unidas (ONU). O Acordo foi discutido e assinado por 23 países durante a Conferência Tarifária de Genebra (1947).

O Acordo, no entanto, seria provisório, pois na verdade abrangia apenas um segmento do que havia sido planejado instituir no âmbito da Organização Internacional de Comércio (OIC). Conforme observou Thorstensen (2005), esse segmento referia-se à política comercial, analisada e comentada num capítulo subsequente.

O Quadro 1 mostra a estrutura legal do GATT. A visão dessa estrutura ajuda a compreender sua abrangência.

Quadro 1 – Acordo Geral sobre Tarifas e Comércio

Artigo	Disposições
Parte I	
Artigo I	Tratamento geral da nação mais favorecida
Artigo II	Listas de compromissos sobre tarifas
Parte II	
Artigo III	Tratamento nacional sobre tarifas e regulamentação
Artigo IV	Dispositivo relativo a filmes cinematográficos
Artigo V	Liberdade de trânsito
Artigo VI	*Antidumping e* medidas compensatórias
Artigo VII	Valoração aduaneira
Artigo VIII	Taxas e procedimentos relativos a importação e exportação
Artigo IX	Marcas de origem
Artigo X	Publicação e administração sobre regulamentações relativas ao comércio
Artigo XI	Eliminação geral de restrições quantitativas
Artigo XII	Restrições para salvaguardar o balanço de pagamentos
Artigo XIII	Administração não discriminatória de restrições quantitativas
Artigo XIV	Exceções à regra de não discriminação
Artigo XV	Acordos sobre pagamentos e câmbio (cooperação com o FMI)
Artigo XVI	Subsídios
Artigo XVII	Empresas estatais de comércio externo
Artigo XVIII	Assistência do governo para desenvolvimento econômico
Parte III	
Artigo XIX	Ação de emergência sobre importações de determinados produtos
Artigo XX	Exceções gerais
Artigo XXI	Exceções de segurança
Artigo XXII	Consultas entre partes
Artigo XXIII	Anulação ou prejuízo pelo não cumprimento do Acordo
Artigo XXIV	Zonas de livre comércio e uniões aduaneiras
Artigo XXV	Ações conjuntas pelas partes
Artigo XXVI	Aceitação, entrada em vigor e registro do Acordo

Continua

Quadro 1 – *Continuação*

Artigo XXVII	Suspensão ou retirada de concessões
Artigo XXVIII	Notificação das listas de concessões
Artigo XXVIII BIS	Negociações tarifárias
Artigo XXIX	Relação do GATT com a Carta de Havana
Artigo XXX	Mudanças no Acordo
Artigo XXXI	Saída de uma parte-membro do Acordo
Artigo XXXII	Partes-membro do Acordo
Artigo XXXIII	Acessão
Artigo XXXIV	Anexos ao Acordo
Artigo XXXV	Não aplicação do Acordo entre determinadas partes-membro do Acordo
Parte IV	
Artigo XXXVI	Princípios e objetivos
Artigo XXXVII	Compromissos
Artigo XXXVIII	Ações conjuntas

Fonte: WTO, 1994a.

O GATT acabou sendo o organismo internacional instituído para tratar dos assuntos relativos ao comércio, incorporando muitas das disposições da OIC. Entretanto, vale ressaltar, o GATT nunca obteve o *status* de instituição internacional legal, como o FMI e o Banco Mundial, que foram instituídos no âmbito do Acordo de Bretton Woods.

Os fundamentos do GATT eram: (i) a extinção de limitações de ordem quantitativa ao comércio; (ii) reconhecimento universal da cláusula de Nação-Mais-Favorecida (segundo o entendimento de que as concessões tarifárias bilaterais sejam automaticamente estendidas a outros países); (iii) e a diminuição de barreiras tarifárias por meio de concessões recíprocas nos processos de negociação (Abreu, 1997).

A despeito de ser um acordo de harmonização de regras, a entrada em vigor do GATT, tão logo foi criado, só foi possível mediante a previsão da *grandfather's clause* (cláusula do avô), que determinava que as regras sobre comércio seriam aplicadas de forma abrangente, mas desde que não conflitassem com as regulamentações domésticas existentes (Thorstensen, 2005; Thorstensen e Jank, 2005).

O GATT não só funcionava como um fórum de negociações comerciais, como também servia de órgão coordenador e supervisor das normas comerciais. Além disso, desempenhava papel de um fórum diplomático de resolução de conflitos. Sobre essa última atribuição, vale ressaltar que suas decisões de retaliação comercial (em função de infrações das normas) acabavam sendo prejudicadas em função do poder de veto cabível a cada membro. Nas observações de Costa (2006, p.16), o sistema de resolução de controvérsias do GATT era impreciso, permitindo interrupção nos painéis. Além disso, nas observações da autora, não existia órgão de apelação para recursos.

As rodadas de negociações multilaterais comerciais

Desde o surgimento do GATT foram concluídas oito rodadas. O Quadro 2 relaciona essas rodadas, destacando em cada uma delas o período em que ocorreu, a agenda e o número de países envolvidos.

Quadro 2 – Rodadas de Negociações Multilaterais Comerciais

Local	Ano	Agenda	Países
Conferência Tarifária de Genebra (Suíça)	1947	Tarifas.	23
Conferência Tarifária de Annecy (França)	1949	Tarifas.	13
Conferência Tarifária de Torquay (RU)	1951	Tarifas.	38
Conferência Tarifária de Genebra (Suíça)	1956	Tarifas.	26
Rodada Dillon	1960-1961	Tarifas.	26
Rodada Kennedy	1964-1967	Tarifas e regras sobre *antidumping*.	62
Rodada Tóquio	1973-1979	Tarifas, regras de comércio (subsídios e medidas compensatórias; obstáculos técnicos ao comércio; procedimentos para o trâmite de licenças de importação; compras governamentais; valoração aduaneira); acordos setoriais (carne bovina; produtos lácteos; comércio de aeronaves civis) e reforma do GATT.	102
Rodada Uruguai	1986-1994	Tarifas, melhora e multilateralização das regras de comércio negociadas anteriormente (*antidumping*, subsídios, medidas compensatórias, obstáculos técnicos ao comércio, procedimentos para o trâmite de licenças de importação), serviços, propriedade intelectual, investimentos, medidas sanitárias e fitossanitárias, medidas não tarifárias relacionadas à inspeção pré-embarque e regras de origem, têxteis e vestuários, agricultura, negociação e adoção de entendimentos sobre disciplinas relacionadas a balanço de pagamentos, solução de controvérsias, criação da Organização Mundial do Comércio (OMC).	125

Fonte: WTO – Understanding the WTO: Basics. The GATT Years: From Havana to Marrakesh. Disponível em: http://www.wto.org. Acesso em: 04 jan. 2009.

Até a Rodada Kennedy, o foco das negociações esteve na questão da redução tarifária. A partir dessa Rodada, entretanto, notam-se algumas mudanças marcantes. Nas análises de Lohbauer et al. (2005), foi nessa Rodada que pela primeira vez se negociou a redução tarifária diferentemente do método de "pedidos e ofertas". Adotou-se uma fórmula linear de desgravação tarifária para produtos industriais. Cabe destacar, conforme o fazem os autores, que muito embora essa fórmula garanta uma redução expressiva em termos absolutos de picos tarifários, esse método não reduz em escala proporcional o universo tarifário. Além disso, a redução tarifária também contou com algumas exceções concedidas a alguns países (em especial à CEE). Assim, a negociação que a princípio resultaria em uma redução tarifária da ordem de 50% nos mercados dos países desenvolvidos acabou significando, na prática, uma redução de apenas 35%. Isso caracteriza um resultado diferente do inicialmente previsto. No final das contas, a redução tarifária dos itens de interesse desses países foi da ordem de apenas 20%, enquanto a redução tarifária dos itens de interesse dos países desenvolvidos foi de 35% a 40% (Lohbauer et al., 2005).

Outra característica dessa Rodada que deve ser destacada é que, até aqui, as negociações eram circunscritas às delegações dos países desenvolvidos. Os países em desenvolvimento ficavam às margens das negociações. Se, em alguma medida, estes se beneficiavam das trocas de concessões negociadas entre os desenvolvidos em função do princípio da Nação-Mais-Favorecida (NMF), por outro lado, não tinham como defender seus interesses mais objetivamente, colocando suas demandas na pauta de negociação. Os países em desenvolvimento, entretanto, tiveram que enfrentar o problema da assimetria de poder. Em um esforço para contornar isso, começaram a buscar compensações. Desse enfoque, resultou a criação da Conferência das Nações Unidas sobre Comércio e Desenvolvimento (UNCTAD), em 1964, e posteriormente a inclusão do tema Comércio e Desenvolvimento (Parte IV do Acordo) no GATT.

Na Rodada Tóquio, cerca de cem países negociaram reduções tarifárias e outros acordos específicos sobre medidas não tarifárias ou regras de comércio, os chamados Códigos de Condutas referentes a tais barreiras.[1] As negociações estiveram centradas nas discussões de temas relativos a acesso aos mercados e às regras de comércio, isto é, às questões normativas. O GATT sofreu uma mudança significativa, deixou de ser apenas o Acordo Geral para abranger também os Códigos.[2]

[1] Os novos acordos ou Códigos foram: subsídios e medidas compensatórias; obstáculos técnicos ao comércio; procedimentos para o trâmite de licenças de importação; compras governamentais; valoração aduaneira; carne bovina; produtos lácteos; comércio de aeronaves civis.

[2] Novos Códigos, na verdade, é um termo que se equivale a temas tratados na negociação, como o código de subsídios, código de compras governamentais, código de padronização.

O contexto dessas negociações foi marcado principalmente pela crise do petróleo em 1973, que impactou o ciclo de crescimento econômico iniciado no período pós-Segunda Guerra. Outro fator relevante ao longo dessas negociações foi o surgimento de novos competidores no comércio internacional: Japão e CEE como potências econômicas, além dos *Newly Industrialized Countries* (NICs). Esses fatores fizeram surgir várias barreiras não tarifárias ao comércio.

De acordo com Lohbauer et al. (2005), em relação ao acesso a mercados, tratou-se de propor novas fórmulas de desgravação tarifária, cujo objetivo era trazer para um mesmo padrão as estruturas tarifárias dos países-membros. Em outras palavras, procuravam-se fórmulas que pudessem solucionar o problema dos picos e escaladas tarifárias, sendo a mais usada a chamada "Fórmula Suíça", que possibilita um corte não linear na estrutura tarifária. Esse mecanismo procurava promover cortes maiores nas tarifas mais altas e cortes menores nas tarifas mais baixas.

As negociações em torno dos Códigos visavam estabelecer regras relativas às barreiras não tarifárias. Conforme observação de Abreu (1997, p.327), os EUA colocaram na pauta de negociação a questão dos "caronas" (*free riders*), que seriam os países em desenvolvimento. Conforme já observado, os países em desenvolvimento acabavam se beneficiando das trocas de concessões feitas entre os países desenvolvidos. Entretanto, os EUA, temendo uma relativa perda de suas vantagens competitivas frente aos países que vinham se desenvolvendo, propuseram que os novos Códigos fossem negociados com base em uma "versão condicional" do princípio da NMF. Isso significava que só seriam beneficiados dos termos e condições estabelecidos em um determinado Código aqueles que se comprometessem a assinar o acordo.[3]

Conforme destacam os especialistas, os resultados para o Brasil das negociações em torno do Código de Subsídios não foram favoráveis. O Brasil acabou assinando esse acordo, cujos termos e condições foram majoritariamente determinados por EUA e CEE, e concordou em descontinuar os créditos-prêmio às exportações até o final de 1983 e, ainda, com o congelamento dos níveis de subsídios (Abreu, 1997, p.327-8). Se forem levados em conta o nível de desenvolvimento entre as partes (EUA, CEE e Brasil) e o custo que representam essas concessões para cada uma das partes, os resultados foram significativamente desiguais.

[3] No final, seis novos Códigos foram inseridos no Acordo: Subsídios e Medidas Compensatórias; Obstáculos Técnicos ao Comércio; Procedimentos para o Trâmite de Licenças de Importação; Compras Governamentais; Valoração Aduaneira; e três acordos setoriais: Carne Bovina; Produtos Lácteos e Comércio de Aeronaves Civis. O Código de Subsídios, vale destacar, era restrito a produtos manufaturados e introduziu a exigência de teste de material, tendo em vista a comprovação de danos que justificassem a aplicação de direitos compensatórios.

Mas, por que o Brasil assinou esse Código se não estava exatamente de acordo? Analisando a perspectiva da abordagem estrutural de negociações internacionais, faltaram ao Brasil alternativas ao acordo e poder para fazer com que as condições fossem mais benéficas para o País. O Brasil foi o primeiro país em desenvolvimento a assinar o Código de Subsídios. Nos termos de Abreu (1997, p.328),

> a relutância dos negociadores diplomáticos brasileiros foi vencida com base na avaliação do Ministério da Fazenda de que a posição do Brasil frente aos EUA no contexto puramente bilateral ficaria insustentável, dada a pressão norte-americana, a menos de uma flexibilização da posição brasileira. O Brasil concordou, assim, em descontinuar os créditos-prêmio às exportações até o final de 1983 e com o congelamento dos níveis de subsídio. Tornaram-se claras, no episódio, as divergências entre o Ministério da Fazenda e o Ministério das Relações Exteriores.

Essa concessão do Brasil merece ser avaliada à luz dos procedimentos previstos no GATT nessa época. Na Rodada Tóquio, permitia-se que os códigos fossem negociados um a um e, no final, podiam ou não ser aceitos pelos países. Esse procedimento acabou conferindo uma posição relativamente confortável aos países em desenvolvimento, pois se os termos e condições não lhes eram favoráveis, esses não eram obrigados a aceitar. Justamente por isso, muitos países, embora tivessem participado das negociações sobre um determinado código, acabaram não se comprometendo com os termos e condições estabelecidos e tão defendidos pelos países desenvolvidos (Grieco, 1990, p.59; Guimarães, 2005, p.103). O que não foi o caso do Brasil, conforme destacado antes.

O tema da Agricultura, de extrema relevância para os países em desenvolvimento, principalmente para o Brasil, não foi negociado de forma abrangente nessa Rodada. Por outro lado, um ganho que pode ser atribuído a esses países nessas negociações foi o acordo em torno da reforma do sistema GATT. Abreu (1997) observa que as negociações se desenvolveram em torno de uma proposta, inclusive apresentada pelo Brasil, que incluía: a instituição de uma base legal para o Sistema Geral de Preferências, de forma que as preferências fossem legalizadas e, caso retiradas, seriam objeto de compensação; maior flexibilidade em relação ao uso do Artigo XVIII para fins de balanço de pagamentos e de desenvolvimento; alterações no sistema de resolução de disputas; direito à não reciprocidade por parte dos países em desenvolvimento.

A Rodada Uruguai iniciada em 1986, em Punta Del Este, Uruguai, e finalizada em 1994, em Marrakech, Marrocos, tende a ser avaliada como a mais complexa de todas as negociações ocorridas até então. O cenário econômico mundial ainda era marcado por intensa concorrência entre os países. Havia uma percepção, interna e externa, de que os EUA estavam enfrentando um forte declínio econômico. Percebe-se com mais intensidade a aplicação de mecanismos de protecionismo. Conforme as reduções tarifárias iam aumentando como resultado das rodadas de negociações comerciais multilaterais, os países, por outro lado, para enfrentar as situações de crises econômicas, começaram a instituir novos mecanismos para salvaguardar seus produtores domésticos das concorrências internacionais.

Nos termos de Lohbauer et al. (2005, p.80-1), a Rodada Uruguai envolveu:

> (i) a negociação e adoção de novos acordos sobre agricultura, direitos de propriedade intelectual relacionados ao comércio, medidas de investimento relacionadas ao comércio, medidas sanitárias e fitossanitárias, salvaguardas, serviços, e têxteis e vestuários;
> (ii) a melhora e "multilateralização" dos códigos da Rodada Tóquio sobre *anti-dumping*, barreiras técnicas, procedimentos de licenciamento de importações, subsídios e medidas compensatórias, e valoração aduaneira;
> (iii) a negociação e adoção de novos acordos sobre medidas não tarifárias relacionadas à inspeção pré-embarque e regras de origem;
> (iv) a negociação e adoção de "Entendimentos" (*Understandings*), principalmente sobre disciplinas relacionadas ao Balanço de Pagamentos e empresas estatais de comércio; e
> (v) a redução de BNTs por meio de "pedidos e ofertas".

Essa rodada destacou-se por um intenso conflito de interesses entre países desenvolvidos e países em desenvolvimento. Os países desenvolvidos defendiam em especial a introdução dos chamados novos temas – Serviços; *Trade-Related Aspects of Intellectual Property Right* (TRIPs) (Propriedade Intelectual); e *Trade-Related Investments Measures* (TRIMs) (Medidas Relativas a Investimentos). Os países em desenvolvimento, por outro lado, defendiam especialmente os velhos temas – Agricultura e Têxtil.

Depois de muita pressão por parte dos EUA, os novos temas passaram a figurar na agenda das negociações. Brasil e Índia, que lideravam a coalizão de veto aos novos temas, o G-10, não suportaram as retaliações comerciais e pressões financeiras que partiam dos EUA e acabaram fazendo concessões substanciais.

No setor de serviços, os subsetores que geravam mais conflitos, como serviços financeiros, audiovisuais e de transporte aéreo e marítimo, foram desmembrados do Acordo Geral para que se rompesse o impasse e se chegasse a um acordo em 1993.

Essa rodada resultou ainda em um sistema de painéis para resolver disputas entre membros da OMC e normas para assegurar a observância das decisões dos painéis. Se no âmbito do GATT as controvérsias eram dirimidas com base em um sistema com apelo basicamente diplomático, no âmbito da OMC verificar-se-á um sistema normativo, com prazos determinados, mais célere para a solução de controvérsias.

A Organização Mundial do Comércio

Conforme visto, dentre os principais temas negociados e acordados no âmbito da Rodada Uruguai está a criação da OMC, que substituiu o GATT. A estrutura legal da OMC engloba as regras estabelecidas pelo GATT, as modificações efetuadas ao longo de sua existência, os termos e condições negociados nas rodadas multilaterais de negociações ocorridas antes, inclusive a Rodada Uruguai.

Em linhas gerais, a OMC tem como objetivo promover o comércio internacional de forma sustentável, tanto no que diz respeito à questão social, como à questão ambiental, procurando observar em especial a meta de assegurar aos países em desenvolvimento maiores benefícios advindos do comércio internacional.

As funções da OMC são: promover a implantação, a administração, e dar seguimento aos objetivos dos acordos da Rodada Uruguai; ser um foro de negociações de questões comerciais entre os países; gerir o Entendimento (*Understanding*) referente a Soluções de Controvérsias; gerir o Mecanismo de Revisão de Políticas Comerciais (*Trade Policy Review Mechanism*), fazendo revisões em determinados períodos das políticas comerciais de todos os membros da OMC e identificando os pontos que estão em conformidade com as regras negociadas (WTO;[4] Thorstensen, 2005; Thorstensen e Jank, 2005).

Acordo Geral sobre Comércio de Serviços – GATS

Além da criação da OMC, o GATS foi um dos resultados de maior destaque da Rodada Uruguai. O GATS objetiva estabelecer um sistema internacional de regras para o comércio de serviços, procurando promover a sua expansão com base nos princípios da Não Discriminação, da Transparência e da Liberalização Progressiva, estimulando com isso a atividade econômica e o desenvolvimento (WTO, 1994b).

Conforme se verifica na estrutura da OMC, um dos Conselhos criados foi designado a atender serviços. Ao Conselho de Serviços coube o encargo de facilitar a operação e a consecução dos objetivos estabelecidos no âmbito do GATS.

No que se refere ao aspecto estrutural, o GATS se compõe de um acordo geral, com os respectivos anexos setoriais e outros documentos suplementares; e cronogramas de liberalização ou listas específicas de compromissos (os chamados *schedules*).

O acordo geral consiste de 29 artigos especificando as obrigações dos membros; oito anexos; oito declarações ministeriais (que estabelecem

[4] Disponível em: http://www.wto.org. Acesso em: 8 jan. 2009.

questões institucionais, como a designação de grupos de trabalho); e um "entendimento" de compromissos em serviços financeiros (Entendimento sobre Compromissos em Serviços Financeiros). O primeiro Anexo – *Annex on Article II Exemptions* – especifica as condições sob as quais os membros podem requerer exceções ao princípio NMF. O segundo Anexo – *Annex on Movement of Natural Persons Suppliyng Services Under the Agreement* – dispõe sobre medidas que afetam pessoas naturais prestadoras de serviços entre os países-membros. Os outros Anexos setoriais contêm as disposições de caráter específico de alguns setores. Dois deles referem-se ao setor de serviços financeiros.

As incumbências do GATS (WTO, 1994b) são obrigações e disciplinas gerais e obrigações específicas. As obrigações e disciplinas gerais dizem respeito a todos os países-membros do acordo e abrangem todos os setores. Já as obrigações específicas, conforme a própria denominação, especificam os termos e condições de liberalização de cada um desses países.

Dois princípios basilares das obrigações gerais são: Princípio da NMF[5] e Princípio da Transparência (Artigo III).[6] Também entre as obrigações gerais destaca-se o compromisso referente à regulação doméstica (Artigo VI). Está previsto que, em setores objetos de compromissos específicos, cada membro deve assegurar que todas as medidas tomadas que possam afetar o comércio de serviços devem ser conduzidas dentro da razoabilidade, objetividade e imparcialidade (WTO, idem). Prevê-se, ainda, a possibilidade de impor restrições ao comércio de serviços sobre setores discriminados nas listas de compromissos específicos em função de eventuais desequilíbrios do balanço de pagamentos (Artigo XII). O Acordo, no entanto, condiciona essas eventuais restrições a condições especiais. Outro destaque fica por conta do caráter de liberalização progressiva do Acordo, que prevê o compromisso dos países-membros de avançar com as liberalizações (Parte IV – Artigos XIX ao XXI).

Uma observação importante diz respeito à flexibilidade permitida pelo GATS. Há uma tendência em se afirmar que essa natureza flexível do Acordo, verificada em seus princípios, fez com que houvesse uma maior aceitação dos termos e condições do Acordo, em especial por parte dos países mais resistentes. Entretanto, as pressões exercidas no âmbito bilateral, para uma maior liberalização em termos de compromissos específicos,

[5] O Princípio da NMF é o ordenamento que versa sobre a não discriminação entre serviços e prestadores de serviços de qualquer um dos membros. Em conformidade com esse princípio, cada membro deve dispensar tratamento não menos favorável do que aquele que concede a qualquer outro país (WTO, 1994b).

[6] O Princípio da Transparência prevê que cada membro deve publicar "prontamente" e, exceto em casos de emergências, até no máximo na data de entrada em vigor, todas as medidas relevantes de aplicação geral que pertençam ou afetem as disposições do Acordo (WTO, 1994b).

não podem ser desprezadas. A consequência disso é que estas acabam neutralizando as vantagens da chamada flexibilidade. Conforme observou Marconini (2003, p.79), a pressão para que um país em desenvolvimento inclua um setor ou subsetor pode obrigar a liberalização, apesar das flexibilidades previstas no GATS.

As obrigações específicas estão discriminadas nos cronogramas de liberalização notificados particularmente pelos membros. Esses cronogramas se compõem de listas positivas (*positive list approach*) de setores a serem liberalizados e de listas negativas de derrogações (*negative list approach*), isto é, contendo disposições contrárias aos princípios gerais de Acesso a Mercado[7] (Artigo XVI) e Tratamento Nacional (Artigo XVII) do GATS (WTO, 1994b). Em setores não programados para liberalização, isto é, não presentes nos cronogramas, os membros não estabelecem compromisso de liberalização além das obrigações gerais (NMF, Transparência e Compromissos de Futuras Liberalizações). Nos setores previstos nos cronogramas, as obrigações gerais de Acesso a Mercado e Tratamento Nacional se aplicam, exceto quando os membros especificam restrições individuais. Além disso, os membros podem especificar em quais dos modos de prestação os compromissos de liberalização se aplicam. Cabe dizer que de acordo com os compromissos assumidos em um determinado setor ou subsetor, o membro deve observar se está consolidando ou não a situação regulatória existente, e se essa é uma situação que limita a liberalização comercial em relação aos "modos de prestação" e em relação a Acesso a Mercados e Tratamento Nacional.

Modos de prestação de serviços no GATS

O Artigo I do GATS define o comércio de serviços da perspectiva do modo como os serviços são supridos. Aliás, para se chegar a uma definição de serviços para o propósito de estabelecimento de regras sobre seu comércio foi necessária muita discussão. Esse assunto será explorado mais detalhadamente no capítulo Serviços no Sistema Multilateral de Comércio. Entretanto, por ora, cabe uma visão geral.

Conforme o Artigo I, os modos de suprimento são:

(a) de um território de um Membro dentro do território de um outro Membro;
(b) no território de um Membro para o consumidor do serviço de um outro Membro;
(c) por um fornecedor de serviço de um Membro, através de presença comercial no território de outro Membro;
(d) por um fornecedor de serviço de um Membro, através da presença de pessoas naturais de um Membro no território de um outro Membro. (WTO, 1994b) (Tradução livre)

[7] Acesso a Mercado dispõe sobre os termos e condições que regem a entrada de bens ou serviços nos mercados dos países importadores.

Na linguagem comum da Organização Mundial do Comércio (OMC), a qual será usada aqui para fazer referências aos compromissos específicos, esses modos ficaram conhecidos como:

- Modo 1 – Prestação transfronteiriça: a prestação do serviço ocorre entre o território de um país-membro e o território de outro país-membro.
- Modo 2 – Consumo no Exterior: a prestação do serviço ocorre no território de um país-membro, a um consumidor de outro país-membro.
- Modo 3 – Investimento direto ou presença comercial: a prestação do serviço se verifica mediante a presença comercial do fornecedor, no território de outro país-membro.
- Modo 4 – Movimento temporário de pessoas naturais: a prestação dos serviços se dá por meio da presença de pessoas singulares que se deslocam de seu país de origem para prestarem serviços em outro país.

O Quadro 3 demonstra como se inscrevem os níveis de compromissos nas listas específicas apresentadas pelos membros.

Quadro 3 – Níveis de Compromissos Específicos

Lista "x" - Compromissos em Serviços "y"			
Modos de Prestação: (1) Transfronteiriço (3) Investimento Direto ou Presença Comercial		(2) Movimento de Consumidores (4) Movimento de Pessoas Naturais	
Setor ou subsetor	Limitações ao acesso a mercados	Limitações ao tratamento nacional	Compromissos adicionais
"z"	1) Não consolidado.	1) Nenhuma.	
	2) Não consolidado.	2) Não consolidado.	
	3) Regulação futura permitirá o provimento por instituição privada.	3) Não consolidado.	
	4) Não consolidado, exceto pelo inscrito como compromissos horizontais na presente lista.	4) Não consolidado.	

NEGOCIAÇÕES COMERCIAIS REGIONAIS

Os acordos regionais sobre comércio estão previstos no Sistema Multilateral de Comércio. O Artigo XXIV do GATT/OMC dispõe sobre essas modalidades, procurando evitar assim possíveis conflitos entre esses acordos e o sistema multilateral.

A proliferação desses acordos regionais constitui um fenômeno do período pós-Guerra Fria. Nas análises de Krasner (1992, p.67), com o fim desse período, o tema da integração regional ganhou relevância e despertou preocupações.

Os EUA foram o grande defensor da multilateralização dos acordos comerciais, da cooperação no período pós-Segunda Guerra. Acreditavam em uma ordem sustentada por acordos multilaterais e instituições internacionais, o que em última instância garantia a consecução de seus próprios interesses, qual seja fortalecer sua zona de influência em termos políticos e econômicos contra o bloco soviético. Krasner faz uma colocação interessante sobre a motivação dos EUA nesse aspecto. Para ele, os interesses foram essencialmente políticos. Não houve uma avaliação precisa sobre a questão econômica naquele período.

Entretanto, os crescentes déficits comerciais resultantes dos intercâmbios com os aliados alertavam para a necessidade de recuperação da prosperidade e da competitividade norte-americana de redirecionar investimentos para os setores domésticos antes negligenciados – saúde, educação, bem-estar social. Além disso, a década de 1980 é marcada por relações tensas entre EUA e antigos parceiros, em especial o Japão. Os EUA focalizam cada vez mais o acesso ao mercado japonês. Conforme já abordado, a liberalização comercial promovida nas diversas rodadas de negociações multilaterais comerciais perde efetividade com a emergência de barreiras não tarifárias. As negociações em torno da Rodada Uruguai no âmbito da OMC tornam-se duras, caracterizando um alto nível de competitividade entre as partes.

Diante dessas novas circunstâncias, os acordos regionais sobre comércio surgem como resposta diante dos riscos advindos de um ambiente externo caracterizado por incertezas. Krasner (1992, p.69) chama a atenção para o caráter fechado do regionalismo em circunstâncias de competição no sistema multilateral:

> Num sistema internacional cada vez mais aberto, os blocos regionais de comércio podem ser vistos como degraus para um sistema mundial mais liberal. Num ambiente internacional em que o movimento geral em direção à abertura emperrou, é mais provável que os blocos regionais de comércio se fechem, empenhando-se em minimizar os riscos advindos de um ambiente externo cada vez mais incerto.

Apesar do destaque de alguns grandes blocos, hoje já se verifica um número expressivo de acordos econômicos entre regiões.

De acordo com os dados da OMC,[8] 421 acordos regionais sobre comércio foram notificados junto ao Órgão até dezembro de 2008. E, desse total, 324 foram notificados sob o Artigo XXIV do GATT; 29 sob a *Enabling Clause*; e 68 sob o Artigo V do GATS (esse acordo será explorado na Parte 2). Se forem levados em conta os acordos que estão em vigor mas não foram notificados,

[8] Disponível em: http://www.wto.org. Acesso em: 04 jan. 2009.

aqueles assinados mas que ainda não entraram em vigor, aqueles que ainda estão sendo negociados, e aqueles que ainda estão em fase de propostas, chega-se a um número próximo de quatrocentos acordos, programados para serem implementados até 2010. Desses, os Acordos de Livre-Comércio e outros acordos de escopo parcial respondem por 90%; enquanto que as Uniões Aduaneiras respondem por menos de 10%.

Estágios de acordos de integração regional

Conforme Balassa (1980, apud Vigevani e Mariano, 2003, p.19-20), o processo histórico foi consubstanciando cinco estágios básicos de integração regional ou acordos econômicos:

(i) Área ou Zona de Livre-Comércio – é o nível menos ambicioso de integração econômica. Os acordos sob essa denominação preveem a eliminação de restrições tarifárias e não tarifárias que incidem sobre a circulação de mercadorias entre os integrantes. O acordo não afeta a autonomia destes em termos de políticas comerciais referentes a outros Estados que não participam do processo.

(ii) União Aduaneira ou União Alfandegária – são acordos comerciais que preveem duas metas: a eliminação das restrições alfandegárias e a fixação de uma tarifa externa comum. Essa tarifa externa consiste de um imposto de importação comum incidente sobre produtos e/ou serviços provenientes de países externos ao bloco. Pela sua natureza, esse tipo de acordo impõe certos constrangimentos aos seus integrantes; pode-se dizer que há uma cessão de soberania – um membro de determinada união alfandegária não pode se associar a outro acordo econômico que estabeleça a eliminação de barreiras comerciais. Vale ressaltar que essa categoria de acordo comercial pode anteceder ou não uma área de livre-comércio.

(iii) Mercado Comum – os acordos, cujo objeto seja a conformação de um mercado comum, pressupõem a união alfandegária e a livre circulação de mercadorias e de fatores de produção (capital e mão de obra). Esses acordos pressupõem também um determinado grau de supranacionalidade, pois incluem tribunais. As permanentes negociações para a conformação desse tipo de acordo envolvem um alto grau de complexidade, pois requer, além da harmonização de interesses comerciais multifacetados, a harmonização de marcos regulatórios envolvendo os mais variados segmentos, como: indústria, meio ambiente, trabalho, finanças, educação.

(iv) União Econômica – esses acordos pressupõem a unificação das políticas macroeconômicas dos Estados.

(v) União Política – esses acordos caracterizam o maior grau de integração já previsto. Pressupõe não só a unificação das políticas monetária, fiscal, social, mas também uma autoridade supranacional.

CARACTERÍSTICAS DAS NEGOCIAÇÕES COMERCIAIS MULTILATERAIS

As negociações multilaterais comerciais são marcadas pela complexidade introduzida pelo abrangente número de partes envolvidas e pela extensão da agenda. Os negociadores têm que se orientar tanto em relação às outras partes como em relação aos diferentes temas e aos diferentes papéis desempenhados pelas partes.

Outra característica das negociações multilaterais refere-se ao processo de tomada de decisão. Os acordos multilaterais são conformados por consenso. Nesse caso, o consenso se configura quando um número expressivo, mas não determinado, de partes concorda, e o resto não se opõe. Isso tem uma implicação importante, na medida em que retira o poder de veto a princípio garantido a cada uma das partes. Conforme observou Zartman (1994, p.4-6):

> Partes que não concordam podem abster-se sem bloquear os resultados, e partes que se opõem podem ser deixadas de lado conforme seu número não se torne significante. Estratégias de incrementar a participação e o acordo então se tornam possíveis. (Tradução livre)

O processo de tomada de decisão da OMC, assim como era no GATT, é por consenso. Em alguns casos, quando não há essa possibilidade, pode-se recorrer à votação. Nesse caso, cada parte (membro) tem um voto. Processos de decisão por voto são tomados por maioria, ou conforme prevê o acordo.

Conforme observou Thorstensen (2001, p.47), a prática do consenso é objeto de críticas na OMC, na medida em que requer que se avance com as negociações com base no "mínimo denominador comum" dentre os interesses dos membros.

Uma outra característica de relevância das negociações multilaterais é que, basicamente trata-se de uma questão de estabelecimento de regras, e não de redistribuição de bens tangíveis. Mais especificamente, trata-se de harmonização de regulamentações domésticas. "O principal objetivo é harmonizar legislações nacionais ou estabelecer regras que podem ser aplicadas por e para os Estados" (Zartman, 1994, p.6) (Tradução livre).

Por fim, as negociações multilaterais são caracterizadas pela formação de coalizões, as quais podem ser observadas da perspectiva de uma das maneiras de se reduzir o número de partes envolvidas (quando se trata de uma negociação envolvendo muitas partes), de forma a tornar a negociação administrável (Zartman, 1994). Outra abordagem analítica das coalizões pode ser baseada no papel instrumental das coalizões a fim de contornar as assimetrias de poder entre as partes (Narlikar, 2003).

AS NEGOCIAÇÕES COMERCIAIS, O *POLICY SPACE* E A HARMONIZAÇÃO DOS MARCOS REGULATÓRIOS

Conforme já observado no âmbito deste capítulo, uma das características das negociações multilaterais é que elas buscam essencialmente conformar acordos sobre harmonização de regras. Regras que, uma vez acordadas, limitam os parâmetros políticos dos Estados signatários em temas como: serviços; investimentos; compras governamentais; propriedade intelectual; cláusulas ambientais; vigilância sobre produtos, alimentos, medicamentos.

Sendo assim, esses acordos tendem a ser vistos como instrumentos que subtraem autonomia dos Estados, pois limitam sua capacidade para implementar políticas e estabelecer regras e ordenamentos jurídicos próprios.

Nas análises de Krasner (2001, p.20-9; 2003, p.1-6), a globalização, que inclui os processos de internacionalização econômico-financeira, está mudando o escopo do controle estatal.

Diante do debate sobre o possível fim dos Estados-Soberanos, Krasner afirma que a violação do princípio da soberania, em suas diferentes dimensões, tem sido sistemática, inclusive a soberania *westphaliana*, que garante aos Estados o direito de excluir a autoridade externa de seus próprios territórios, o que, no entanto, não marca o fim do Estado-Nação.

O autor observa que, em alguns casos, essa violação se dá por meio da coerção e, em outros, de forma voluntária. E, nessa categoria voluntária, o autor cita os acordos condicionais com o FMI. Dessa mesma perspectiva, podem-se incluir nessa categoria os acordos encerrados no âmbito da OMC e dos fóruns regionais.

É justamente contra essa cessão de soberania de forma voluntária que alguns Estados são alertados.

De acordo com a UNCTAD (2007),

> países em desenvolvimento deveriam fortalecer a cooperação regional com outros países em desenvolvimento, mas devem proceder cuidadosamente com relação aos acordos bilaterais e de preferência comercial regional envolvendo Norte-Sul. Tais acordos podem oferecer ganhos em termos de acesso a mercado e aumento dos investimentos estrangeiros direto, mas eles também podem limitar o *national policy space*, o qual pode desempenhar um papel importante no crescimento da competitividade das indústrias a médio e no longo prazos.

Ainda nas análises da UNCTAD (2007), os compromissos internacionais nas áreas de finanças e comércio estão impedindo os países em desenvolvimento de "pôr em prática seu verdadeiro potencial de desenvolvimento, à medida que os governos não podem intervir na economia de uma forma que seria essencial para seu progresso".

Policy Space, ou espaço político, pode ser traduzido como o espaço para a implementação de política pública, tendo em vista promover a competitividade de um setor nascente ou ainda pouco desenvolvido da economia.

Essa discussão certamente gera controvérsias dentro da OMC. Pascal Lamy, Diretor-Geral da OMC, discutindo sobre essa questão, alegou que nem todas as políticas públicas que visem proteger um setor do livre acesso aos estrangeiros provam ser necessárias, isto é, provam ser uma "*good policy space*" (apud Celli, 2009, p.39-40).

Celli (2009, p.40) analisa os argumentos de um dos participantes (Alan Winters) do debate na OMC acerca desse tema e tece o seguinte comentário:

> Pode-se dizer que, em sua visão, o encolhimento do espaço político para os governos dos PEDs na área de políticas comerciais (e industriais) seria, de fato, algo bom, pois evita que os PEDs cometam erros ao adotarem políticas onerosas, seja por crenças enganosas no intervencionismo ou devido às políticas de grupos de interesse.

E, analisando o debate geral, Celli afirma:

> Fato é que as normas da OMC limitaram, com maior ou menor intensidade, a flexibilidade dos Membros quanto à escolha dos instrumentos que podem ser usados na implantação de objetivos de política pública. Quando não limitam expressamente, deixam em aberto essa possibilidade, qual seja, a de restrição do direito dos Membros de regular e/ou regulamentar, ou, posto de outra forma, de fazer políticas públicas (*policy space*), como muitos dos Membros, sobretudo os desenvolvidos, fizeram no passado. (p.41)

A inclusão dos novos temas – Serviços, TRIPs e TRIMs – nas negociações comerciais internacionais, o que ocorreu na Rodada Uruguai, consolida a prática de fazer coincidir as políticas, normas e procedimentos dos governos e os ordenamentos jurídicos internos, acarretando assim o encurtamento do espaço para tomada de decisão de acordo com interesses, necessidades e anseios de cada Estado.

Nas análises de Tussie (1993, p.69-88), a Rodada Uruguai envolvia discussões sobre política interna, práticas institucionais e regulamentações de forma inédita. Segundo a autora, essas discussões diziam respeito a um movimento de conformidade com as normas preferidas e adotadas pelos EUA, e, portanto, nessas condições, a capacidade dos países em desenvolvimento de exercitar uma política comercial ativa seria significativamente reduzida.

Tussie (1993, p.75) afirma:

> Uma vez que os regimes regulatórios nacionais tornam-se negociáveis, a legitimidade de administração da economia nacional autônoma é gradativamente

> minada. As várias políticas econômicas nacionais são primeiramente expostas umas às outras; depois elas tendem a ser misturadas e, por último, deverá haver pressão em torno da harmonização ou convergência. (Tradução livre)

Ainda nas análises de Tussie (p.76-7), a harmonização de regras implicaria desequilíbrio das transações comerciais, em razão das diferenças ocorridas entre as economias.

Sobre a implicação da harmonização de regras no que diz respeito a Serviços no âmbito das negociações comerciais internacionais, vale repetir aqui a colocação de Guido Soares (2002, apud Celli, 2009, p.41), especialista em Direito Internacional Público: "Invasividade no campo normativo e decisório das autoridades nacionais e dos ordenamentos jurídicos internos, pelas políticas e normas votadas num foro internacional e externo aos Estados".

O caráter de "invasividade", termo que Celli fez questão de destacar em suas referências, também é apontado nas análises de Narlikar (2003, p.41). Ao analisar as coalizões envolvendo os países em desenvolvimento nas negociações do GATT, Narlikar (idem, ibidem) também aponta esse caráter de "invasidade" do acordo internacional de Serviços na legislação econômica doméstica. A autora usa a expressão termo *encroachments on domestic economic legislation*.

Pode-se dizer que a problemática implícita em todas essas análises é que a harmonização das políticas, normas e procedimentos tende a tomar como base sistemas fundamentados em princípios e práticas muitas vezes não verificáveis na realidade da maioria.

Isso se coloca como um dilema para os Estados. Não obstante os acordos possam permitir acesso a mercado, tornar um fator de atratividade para os investimentos estrangeiros diretos (IED) e assegurar previsibilidade nas regras, eles também podem restringir a capacidade dos Estados de manejar instrumentos de políticas públicas e de estabelecer suas próprias normas e procedimentos.

É interessante notar que muitas das políticas comerciais e industriais que hoje são condenadas pela OMC já serviram de instrumentos para o desenvolvimento de países hoje considerados desenvolvidos. Chang (2002), de uma perspectiva histórica, questiona em sua análise se os países desenvolvidos seriam o que são atualmente, se tivessem adotado as políticas e instituído as regras que hoje recomendam aos demais.

AS NEGOCIAÇÕES COMERCIAIS E A CONSOLIDAÇÃO DOS COMPROMISSOS

Tarifas e regras consolidadas são diferentes de tarifas e regras aplicadas. Mas, o que isso significa em relação às negociações ocorridas nos fóruns comerciais internacionais?

Segundo o *Dicionário Houaiss* (2004), consolidar significa o ato ou efeito de "tornar (se) sólido, firme, estável" (uma instituição); "converter em permanente". Em termos jurídicos, consolidação significa a "codificação de dispositivos de leis independentes, dando-lhes uma consistência sistemática; código, compilação."

Consolidar a liberalização comercial no âmbito dos fóruns comerciais internacionais significa torná-la reconhecida em termos de direitos e obrigações perante as partes. De acordo com a própria OMC, "quando os países concordam em abrir seus mercados para bens e serviços, eles tornam obrigações legais seus compromissos" (WTO, s/d a). Em inglês, os termos usados são *bind* e *bound rates*, para se referir à consolidação. O Artigo XVI:4 do *Marrakesh Agreement* (WTO, 1994c) reza que cada país-membro do Acordo deve assegurar a conformidade de suas leis, regulamentos e procedimentos administrativos com suas obrigações previstas nos anexos.

Conforme o entendimento da OMC, os compromissos consolidados no âmbito desse Fórum são aqueles que somente poderão ser modificados após novas negociações com os países afetados. Significa dizer que os compromissos uma vez feitos sob contrato só poderão se desfazer por meio de aditivos contratuais (alterações contratuais).

Nos termos de Renato Ruggiero (1998), ex-diretor geral da OMC:

> Como o GATT, a OMC apóia-se nos compromissos amarrados contratualmente que são negociados e aceitos livremente por governos e ratificados através de seus processos legislativos domésticos. Ser parte da OMC não é como ser parte de um fórum político ou uma organização que possa prover empréstimos ou subvenções; isso significa duras negociações com os países-membros e, muito frequentemente, mudanças nas políticas nacionais, a fim de que seja capaz de observar os compromissos acordados nos termos e condições estabelecidos no âmbito do sistema comercial. (Tradução livre)

A consolidação em termos tarifários – que é o caso do comércio de bens – significa que um país não poderá impor tarifas de importação acima das estipuladas mediante os acordos internacionais – a menos que haja um novo acordo –, embora possa impor tarifas menores. No caso de serviços, também as regras de liberalização estabelecidas mediante os acordos internacionais não poderão ser alteradas no âmbito interno, exceto mediante novo acordo.

Quando se consolida um compromisso de liberalização de acesso ou disciplinamento interno da política de concorrência para o setor, o dever do país que o consolidou se traduz em um direito do outro. Portanto, qualquer impedimento ao exercício desse direito, exceto em matéria de salvaguarda temporária prevista no acordo, está sujeito a questionamento no Órgão de Solução de Controvérsias, isto é, no sistema de resolução de disputas da OMC, e a compensações e/ou retaliações. Vale dizer que o Órgão de Solução de Controvérsias pode permitir sanções comerciais contra países que "falham" em manter suas políticas em conformidade com as regras pactuadas. Nos termos da OMC: "Disputas na OMC são essencialmente sobre promessas quebradas." (WTO, s/d g). Portanto, um país, quando manifesta sua vontade mediante um acordo, sujeita-se a adequar as normas jurídicas domésticas àquelas que consentiu no âmbito internacional.

A força do Órgão de Solução de Controvérsias *vis-à-vis* o mecanismo de resolução de disputas que vigorou no tempo do GATT é surpreendente. Este era frágil, na medida em que uma única objeção podia bloquear os painéis e evitar a imposição de eventuais retaliações, assim como um membro podia não adotar as recomendações dos painéis (Costa, 2006, p.168). A própria OMC (WTO, s/d g) também destaca essas diferenças, sugerindo um caráter de fórum jurídico-diplomático.

No caso da OMC, Thorstensen afirma que seu Órgão de Solução de Controvérsias tornou o sistema mais forte. "A OMC tem poder para impor as decisões dos painéis e permitir que os membros que ganham a controvérsia possam aplicar retaliações aos membros que mantenham medidas incompatíveis com as regras da OMC" (2005, p.371).

Importa ressaltar que, embora os membros da OMC sejam os países, isto é, os Estados, no âmbito do sistema multilateral de comércio, os interesses dos agentes econômicos são de fundamental importância. Nos termos da OMC,

> de todas as disciplinas da OMC, o Órgão de Solução de Controvérsias é um dos mais importantes instrumentos para garantir a segurança e a previsibilidade do sistema multilateral de comércio, o qual garantirá a segurança do mercado e dos *diferentes operadores* (WTO, 1999). (Grifo meu) (Tradução livre)

Essa citação faz parte do relatório sobre a disputa entre União Europeia (UE) e EUA na OMC, em relação a um conjunto de termos, Seções 301-310, da Lei de Comércio dos EUA, de 1974 (*Trade Act*, 1974). Esse contencioso ganhou destaque, principalmente, por envolver uma série de países em torno de uma mesma questão. Sintetizando, essas Seções permitem que o Departamento de Comércio dos EUA imponha medidas unilaterais contra países que se orientam por políticas que afetem os interesses comerciais dos EUA. Entretanto, tanto a UE, quanto os EUA e mesmo os terceiros países interessados, buscavam, na verdade, satisfazer a demanda de agentes econômicos, os quais se articulavam por meio de coalizões.

Assim, consolidar a liberalização significa que o país assume o compromisso de tornar estável, firme, a liberalização, no caso, mediante um acordo internacional. Os compromissos consolidados são condições garantidas para exportadores e importadores, além de investidores estrangeiros. E uma vez consolidada a abertura, significa que não se poderão impor futuras restrições, a não ser em casos de medidas temporárias previstas ou mediante novos acordos, sob pena de retaliações comerciais; isto é, os países que liberalizarem um setor no âmbito dos fóruns comerciais internacionais não poderão autonomamente criar novas restrições a estrangeiros.

Disso resulta a cautela dos países nesses compromissos e, na prática, a discrepância entre a abertura consolidada e a abertura verificada na prática, o que é a questão central desse estudo no que se refere, especificamente, ao setor de Serviços Financeiros ao longo dos próximos capítulos.

Parte 2

SERVIÇOS NO SISTEMA COMERCIAL: EM DESTAQUE O SETOR DE SERVIÇOS FINANCEIROS

3
SERVIÇOS NO SISTEMA MULTILATERAL DE COMÉRCIO

A DIMENSÃO DO COMÉRCIO DE SERVIÇOS

Os serviços representam aproximadamente 80% do PIB nos países desenvolvidos e quase 60% do PIB no Brasil (MDIC, 2008). O conteúdo de serviços na produção de bens e a dependência da indústria de manufatura em relação aos serviços são crescentes. Praticamente não existe mais produção de bens sem serviços. A pesquisa e desenvolvimento, o *design*, as licenças de produção, o *marketing*, a distribuição, o pós-venda são absolutamente relevantes.

Entre 2000 e 2006, as exportações de serviços mundiais cresceram a uma taxa média anual de 9,5%. O fluxo mundial de serviços, em 2006, totalizou 2,75 trilhões de dólares, o que representa 22,8% do comércio mundial de bens, de 12,08 trilhões de dólares (MDIC, 2008).

Ainda de acordo com os dados do MDIC, no período de 2006 a 2007, as exportações brasileiras de serviços cresceram 26%, e as importações aumentaram 28%. Tendo por base os índices de 2006, em 2007 as exportações de serviços cresceram a um ritmo bem maior que as exportações de bens: 25,7% contra 16,6%. Já as importações de serviços cresceram a um ritmo inferior às importações de bens: 28,4% contra 31,9%. De 2004 a 2007, foi ampliada de forma significativa a participação das exportações de serviços com relação ao total das exportações do País (bens e serviços): 12% em 2004 e 14% em 2007.

Em comparação com os números mundiais, as exportações brasileiras de serviços têm crescido a taxas significativamente superiores.

Tabela 1 – Índices de Exportação de Serviços

Ano	Brasil	Mundial
2004	21,3%	19,6%
2005	28,3%	10,4%
2006	20,6%	10,1%
2007	25,7%	18,0%

Fonte: MDIC (2008).

Da perspectiva do balanço de pagamentos, a pauta brasileira de exportação de serviços concentra-se em três subsetores: (i) serviços empresariais, profissionais e técnicos; (ii) viagens internacionais; e (iii) transportes. Em 2007, os três responderam por 80% das receitas da conta de serviços (MDIC, 2008) e a pauta de importações brasileiras de serviços é fortemente concentrada em quatro subsetores: (i) transportes; (ii) viagens internacionais; (iii) aluguel de equipamentos; e (iv) serviços empresariais, profissionais e técnicos. Em 2007, esses setores responderam por aproximadamente 71% das despesas da conta de serviços (MDIC, 2008).

As exportações mundiais no setor de construção civil totalizaram sessenta bilhões de dólares em 2006, representando 4% das exportações de outros serviços comerciais. Desde 2000, as exportações do setor de construção civil têm crescido em média 11% ao ano. Os EUA, a UE, o Japão, a Rússia e a China respondem por aproximadamente 80% das exportações mundiais (WTO, 2008a).

Os maiores exportadores de serviços empresariais, profissionais e técnicos – serviços advocatícios, serviços empresariais, arquitetura, publicidade, comunicação etc. – são UE e EUA. Em 2005, existiam 3,7 milhões de empresas envolvidas na produção desses serviços na UE, o que empregou 18 milhões de pessoas e gerou um valor agregado que respondeu por mais de 6% do PIB. Em 2006, a UE exportou em torno de 257 bilhões de dólares, ficando na liderança mundial. Os EUA ficaram em segundo lugar nas exportações desses serviços em 2006, respondendo por 61 bilhões de dólares, empregando mais de 16 milhões de pessoas (mais do que a indústria manufatureira) e gerando um valor agregado da ordem de 1,414 bilhões de dólares, cerca de 11% do PIB (WTO, 2008a).

Brasil e Índia são dois países que vêm se desenvolvendo nesse setor, que em 2006 respondeu por aproximadamente 42% das exportações de serviços no Brasil; em 2007, o total de exportação foi da ordem de 45%, totalizando dez bilhões de dólares. Arquitetura, engenharia e outras consultorias técnicas foram os mais proeminentes, seguido por serviços advocatícios (WTO, 2008a).

No setor de turismo, destaca-se o desempenho da Austrália. Em 2007, as exportações de turismo na Austrália cresceram 25%. O turismo relacionado com educação cresceu 46% do total das exportações de turismo do país em 2007, tornando-se a sua categoria de exportação mais importante. Nos países em desenvolvimento, esse setor tem crescido a uma média anual de 13% desde 2000 (WTO, 2008a).

Em transporte, a América do Sul e a América Central contabilizaram um crescimento nas exportações em 2005 de 20%; em 2006, 10%; e em 2007, 15%. Em 2007, o valor total de exportação em transporte nessas duas regiões foi de 21 bilhões de dólares, o que significou 2,8% da exportação mundial nesse setor (WTO, 2008a).

A dimensão do comércio de serviços financeiros

As Tabelas 2 e 3 demonstram os dados estatísticos do comércio de serviços financeiros. Conforme aparece nos cômputos da OMC, estes estão divididos entre serviços financeiros propriamente e serviços de seguros e relacionados com seguros.

Tabela 2 – Maiores Exportadores e Importadores de Serviços Financeiros em 2006

Ranking	Exportador	Valor	Participação em 15 economias	Variação % anual	Ranking	Importador	Valor	Participação em 15 economias	Variação % anual
1	UE (27)	120752	58.6	28	1	UE (27)	56766	64.1	27
	Extra-UE (27)	53033	25.7	23		Extra-UE (27)	21371	24.1	24
2	EUA	42814	20.8	19	2	EUA	14297	16.2	13
3	Suíça	11696	5.7	12	3	Japão	2986	3.4	11
4	Hong Kong, China	9268	4.5	48	4	Canadá	2864	3.2	22
5	Japão	6151	3.0	22	5	Hong Kong, China	2017	2.3	44
6	Cingapura	4064	2.0	34	6	Taipei, China	1390	1.6	1
7	Coreia	2543	1.2	54	7	Índia	1316	1.5	15
8	Índia	2071	1.0	41	8	Suíça	1281	1.4	25
9	Canadá	1897	0.9	19	9	Cingapura	972	1.1	34
10	Taipei, China	1232	0.6	–19	10	Rússia	904	1.0	1
11	Noruega	820	0.4	16	11	China	891	1.0	459
12	Austrália	756	0.4	–1	12	Noruega	879	1.0	–23
13	Brasil	738	0.4	45	13	Brasil	861	1.0	17
14	África do Sul	706	0.3	32	14	Coreia	547	0.6	133
15	Rússia	589	0.3	51	15	Turquia	524	0.6	36
	Total 15	206095	100	—		Total 15	88495	100	—

Fonte: wto (2008a).

Tabela 3 – Maiores Exportadores e Importadores de Serviços de Seguros em 2006

Ranking	Exportador	Valor	Participação em 15 economias	Variação % anual	Ranking	Importador	Valor	Participação em 15 economias	Variação % anual
1	UE (27) Extra-UE (27)	30744 18006	53.6 31.4	30 138	1	EUA	33582	33.2	18
2	EUA	9276	16.2	19	2	UE (27) Extra-UE (27)	26904 8793	8.7	-13
3	Suíça	5229	9.1	19	3	México	9278	9.2	6
4	Canadá	3457	6.0	8	4	China	8831	8.7	23
5	Japão	1576	2.7	80	5	Canadá	4871	4.8	6
6	Cingapura	1466	2.6	21	6	Japão	4574	4.5	142
7	México	1263	2.2	-19	7	Cingapura	3082	3.0	21
8	Índia	1116	1.9	20	8	Índia	2664	2.6	19
9	China	548	1.0	0	9	Tailândia	1791	1.8	8
10	Taipei, China	532	0.9	46	10	Turquia	1140	1.1	28
11	Austrália	530	0.9	0	11	Taipei, China	1002	1.0	4
12	Turquia	522	0.9	62	12	Egito	978	1.0	25
13	Hong Kong, China	417	0.7	1	13	Iraque	885	0.9	-6
14	Rússia	377	0.7	17	14	Coreia	854	0.8	17
15	Brasil	324	0.6	142	15	Brasil	755	0.7	8
	Total 15	57375	100.0	—		Total 15	101190	100.0	—

Fonte: WTO (2008a).

TRANSAÇÕES DE SERVIÇOS: UM MOVIMENTO INTERNACIONAL DE UM FATOR DE PRODUÇÃO OU COMÉRCIO?

> Em um passado não tão distante, serviços eram considerados não comerciáveis. Isso era, em parte, devido à questão de definição, porque serviços eram definidos como sendo produzidos onde eles eram consumidos. Transferências internacionais de serviços que se davam através do movimento de fornecedores de serviços de um país para outro eram considerados um movimento internacional de um fator de produção, não comércio. (Feketekuty, 1998) (Tradução livre)

O texto em epígrafe revela um ponto crítico das controvérsias que permeavam as discussões acerca da liberalização do comércio de serviços, além das fronteiras nacionais. Geza Feketekuty era conselheiro do USTR,

Escritório do Representante de Comércio dos EUA, desde 1976, e foi ele, mais do que qualquer outro, o estrategista do plano para fazer os EUA, no final da década de 1970, persuadirem os demais membros do GATT a iniciar uma nova rodada multilateral de negociações, colocando o tema serviços na agenda, antes mesmo de os termos e condições da Rodada Tóquio, a qual tinha se iniciado em 1973 e terminado em 1979, estarem sendo colocados em prática. Sua percepção, portanto, tem significativo peso.

A ideia de liberalizar o comércio de serviços trouxe à tona, antes de tudo, uma profunda discussão conceitual. Na percepção de muitos, uma transação comercial de serviços envolvia mais do que comércio; envolvia mobilidade dos fatores de produção. O Brasil, que como a Índia foi contrário à entrada desse tema nas negociações comerciais multilaterais desde as primeiras propostas dos EUA, dizia que era preciso considerar a *mobilidade do trabalho e do capital*, na medida em que isso podia afetar a maneira como se concebe a aplicação das teorias de comércio internacional.

As teorias de comércio internacional de Heckscher-Ohlin-Samuelson[1] baseiam-se na premissa de que a especialização econômica reverte-se em ganho de produtividade e em renda para o país. A vantagem comparativa (Ricardo, 1817) de um determinado país é medida com base na abundância relativa e na maximização do uso de seus fatores de produção, como matéria-prima, mão de obra, capital, recursos tecnológicos. Dessa perspectiva, o comércio internacional é orientado com base na disponibilidade dos recursos produtivos, isto é, um país será importador de produtos intensivos no uso de recursos escassos e exportador de produtos intensivos no uso de recursos abundantes (Gilpin, 2002, p.197). Dito de outra forma, à luz dessas teorias, os países se especializarão na produção de produtos que requerem grandes quantidades dos recursos de que dispõem.

Quando se propôs que os enunciados dessas teorias também servissem aos propósitos de liberalização do comércio de serviços, houve bastante resistência. A percepção dos países contrários à ideia era de que o tratamento a ser dado a serviços deveria ser em relação à mobilidade dos fatores de produção.

Entretanto, do ponto de vista dos idealizadores da proposta de liberalizar o comércio de serviços, estes, assim como os bens, são produzidos por uma combinação de *inputs* (bens e serviços), para criar alguma coisa de valor que pode ser vendido e comprado no mercado. Portanto, consideravam que a produção, venda, compra e consumo de serviços deveriam seguir o mesmo comportamento da produção, venda, compra e consumo de bens (Feketekuty, 1998, cap.6).

Diante dessa controvérsia, definir quais serviços, regras, princípios e procedimentos deveriam se aplicar a medidas relativas às transações

[1] O modelo Heckscher-Ohlin-Samuelson trata da representação contemporânea da teoria ortodoxa do comércio, que vem desde Adam Smith e David Ricardo (Gilpin, 2002, p.195).

comerciais de serviços passou a ser questão-chave nas negociações para promover serviços a objeto de comércio internacional.

Serviços – definição e classificação para efeito de transações comerciais internacionais

Adam Smith (1983), no século XVIII, em seus estudos sobre a natureza e as causas da riqueza das nações, relegou serviços a um papel secundário na economia – "mero insumo da economia real" – "improdutivo de qualquer valor". Adam Smith não estava falando especificamente dos empregados domésticos ou dos prestadores de serviços gerais; também se referia aos advogados, aos médicos, aos artistas, aos professores. Para Smith, o resultado dessas atividades não era durável, não era tangível, portanto, não era vendível.

Dois séculos mais tarde, Hill (1977, apud OECD, 2000) surgiu com o argumento de que bens e serviços pertenciam a categorias lógicas diferentes, na medida em que os primeiros podiam ser estocados e os últimos não. Hill dizia que um hospital podia estocar instrumentos, medicamentos, mas não procedimentos cirúrgicos. O mesmo ocorria com uma empresa de transporte aéreo, que não podia estocar passageiros. Para Hill, serviços consistiam de *alguma mudança* na condição de uma unidade econômica produzida pela atividade de outra unidade. Também enfatizava a necessidade de interação entre prestador/fornecedor (fornecedor) dos serviços e o consumidor/cliente (consumidor) desses serviços.

Mas, nesta época já existia o telex, já existia o serviço postal, e os computadores já eram uma realidade para as grandes organizações. Esses computadores necessitavam de programas operacionais (os *softwares*) que já eram armazenados em meios físicos. Portanto, as informações, o conhecimento, já podiam ser transferidos, já podiam ser comercializados a longa distância. Uma realidade que indicava a limitação do enunciado.

A revista *The Economist* (apud Drake e Nicolaidis, 1992, p.43) saiu, então, com a sua própria definição, afirmando que serviços são qualquer coisa transacionada no mercado, mas que não podem "cair em seus pés". Uma definição bastante descontraída, mas que não atendia às expectativas. Novos estudos surgiriam para apontar, em certa medida, a limitação das definições até então apresentadas.

A OECD, Organisation for Economic Co-Operation and Development, ou OCDE, Organização para a Cooperação e Desenvolvimento Econômico,[2] apresentou uma definição que se diferenciava das demais, não exatamente

[2] A OCDE é um bloco de trinta países que inclui todas as potências econômicas, mas não se restringe a elas. Fazem parte, além dos EUA, Japão, os países da UE, o México, a Coreia e a Turquia.

pela clareza, mas por destacar que o resultado do processo de produção de um determinado serviço dependia fundamentalmente da atividade humana.

> Um grupo diversificado de atividades econômicas que inclui tanto subsetores caracterizados por tecnologia de ponta, conhecimento intensivo, assim como aqueles que requerem mão de obra intensiva e pouca habilidade técnica. Em muitos aspectos, o setor de serviços exibe diferenças marcantes, se comparado ao setor manufatureiro, muito embora essas distinções possam não ser suficientemente claras. Em termos típicos, serviços envolvem a provisão humana de valor adicionado em forma de trabalho, aconselhamentos, habilidades gerenciais, entretenimento, treinamento, intermediação e outras formas correlatas. (OECD, 2000, p.7) Tradução livre.

Cabe destacar que a dificuldade presente na tarefa de definir serviços propriamente não se verificou em mesma medida na atividade de classificar os diversos serviços, que variam em função dos critérios adotados. Há diferentes alternativas usadas pelas várias organizações internacionais. A UNCTAD, Conferência das Nações Unidas sobre Comércio e Desenvolvimento, por exemplo, que serve de referência para muitas outras, inclusive para a OMC, classifica serviços de acordo com três diferentes categorias:

a. Renda e Consumo: Serviços Novos – Entretenimento, Educação e Saúde; Serviços Complementares – Financeiros, Transportes, Distribuição; Serviços Antigos – Serviços Domésticos.
b. Bens e Consumo: Serviços Distributivos – Transportes, Armazenamento, Comunicação, Distribuição; Serviços à Produção – Financeiro, Imobiliário, Engenharia, Arquitetura, Contabilidade, Jurídico; Serviços Sociais – Saúde, Educação, Religião, Bem-estar, Postais e outros do Governo; Serviços Pessoais – Domésticos, Reparação, Beleza, Hotéis, Restaurantes, Entretenimento.
c. Conteúdo Tecnológico: Serviços Baseados no Conhecimento – Bancários, Seguros, Profissionais, Tecnologia da Informação, Publicidade, Filmes, Saúde, Educação e Governo; Serviços Terciários – Aluguel, Marítimo, Distribuição, *Franchising*, Viagens, alguns Sociais, Entretenimento e Pessoais. (UNCTAD & BIRD, 1994)

Na Rodada Uruguai, as negociações se deram em torno do que se chamou de serviços comerciais, que compreendiam embarques, outros transportes, viagens e outros serviços (publicidade; corretagem; comunicações; *leasing*; serviços de administração; comercialização; seguros não relacionados a mercadorias; processamento e reparos; serviços técnicos e profissionais; e subscrição de periódicos), e ainda outros bens, serviços e rendas privadas (rendas de trabalho e de propriedade).

À medida que as negociações foram avançando, chegou-se à classificação setorial compreendida por: serviços às empresas, incluindo serviços profissionais; serviços de comunicações, incluindo postais, telecomunicações e audiovisuais; serviços de construção e correlatos de engenharia; serviços de distribuição; serviços de educação; serviços de meio ambiente; serviços financeiros, incluindo seguros, resseguros, bancários, mercados de capitais;

serviços de saúde e sociais; serviços de turismo e de viagens; serviços de recreação, culturais e de esportes; serviços de transporte, incluindo marítimos, fluviais, aéreos e terrestres. Essa classificação setorial vai dar origem, ao final das negociações da Rodada Uruguai, à lista de classificação conhecida por World Trade Organization. MTN.CNS/W/120 (1991).

Mas, para o propósito específico das transações comerciais internacionais de serviços, verificou-se ser necessária uma classificação que abrangesse não só os setores relacionados às diversas atividades, mas também uma classificação que especificasse a necessidade ou não de proximidade física entre os produtores ou prestadores e os consumidores. Embora existam serviços bastante simples, em que não se exige especificação alguma, como serviços de limpeza geral, ou mesmo serviço de atendimento ao cliente, também existem aqueles altamente especializados, como os serviços de tecnologia da informação, em que se exige um relacionamento bastante estreito entre as partes, para que se configure o escopo do serviço a ser prestado.

Assim, com base nas particularidades da prestação de serviços e nas possíveis restrições às transações comerciais de serviços, surgiram algumas propostas de classificação.

Bhagwati (1984, p.133-43) defendeu o argumento de que serviços podiam ser divididos em duas categorias. Uma que necessita da proximidade física entre fornecedor e consumidor; outra que não necessariamente requer essa proximidade, embora possa ser importante. Depois, o autor subdividiu a primeira categoria em três: (i) o fornecedor se locomove, enquanto o consumidor não (por exemplo, uma empresa de construção civil que sai da localidade "X", com equipamentos e mão de obra, para prestar serviços na localidade "Y"); (ii) o consumidor se locomove, enquanto o fornecedor permanece em sua localidade (por exemplo, os alunos que saem da localidade "X", para estudar na localidade "Y"); (iii) fornecedor e consumidor se deslocam simultaneamente (por exemplo, uma exposição, em que palestrante e público são de uma terceira localidade).

Mais adiante, Bhagwati (1985, p.82-91) afirma que os serviços em que a proximidade física entre fornecedor e consumidor não era necessária, como no caso de Serviços Bancários e Serviços de Seguros, eram diferentes dos bens, porque, nestes, a mobilidade dos fatores e o comércio são fenômenos distintos; enquanto que em serviços, essa distinção não se apresenta. Esses fenômenos se integram em um mesmo aspecto da transação dos serviços.

Richard Snape e Gary Sampson (1985, p.171-2), seguindo a mesma linha de Bhagwati, também classificam serviços de acordo com a modalidade como são comercializados:

a. serviços em que não há necessidade de locomoção das partes, nem fornecedor, nem consumidor – exemplo: os *softwares* entregues por meio de mídias, como disquetes, CD-ROMs;

b. serviços em que o consumidor se desloca para o território do fornecedor – exemplo: turismo;
c. serviços em que o fornecedor se desloca para o território do consumidor – exemplo: serviços fornecidos por meio de IED, Investimento Estrangeiro Direto, e de movimentos temporários de mão de obra;
d. serviços em que se requer o movimento temporário de pessoas físicas. (Tradução livre)

Essa modalidade de classificação acabou servindo de orientação para a definição das modalidades de serviços comercializados, previstos no Artigo I do Acordo Geral sobre o Comércio de Serviços – GATS/OMC (WTO, 1994b), conforme tradução e adaptação do original em inglês a seguir:

- Modo 1 – Prestação transfronteiriça: a prestação do serviço ocorre entre o território de um país-membro e o território de outro país-membro.
- Modo 2 – Consumo no Exterior: a prestação do serviço ocorre no território de um país-membro, a um consumidor de outro país-membro.
- Modo 3 – Investimento direto ou presença comercial: a prestação do serviço se verifica mediante a presença comercial do fornecedor, no território de outro país-membro.
- Modo 4 – Movimento temporário de pessoas naturais: a prestação dos serviços se dá por meio da presença de pessoas singulares que se deslocam de seu país de origem para prestarem serviços em outro país.

O Modo 1 – Prestação transfronteiriça – é o que mais se assemelha ao comércio de bens, pois para ser comercializado o serviço não necessita da movimentação de qualquer uma das partes (fornecedor – consumidor). Um exemplo, citado pela própria OMC,[3] é a ligação telefônica. Pode-se pensar também em outro exemplo, ligado ao setor de serviços financeiros, que ilustra bem essa categoria: o comércio de uma apólice de seguros, em que o fornecedor reside em alguma localidade da União Europeia e o consumidor reside no Brasil.

No Modo 2 – Consumo no Exterior – o consumidor se desloca. Serve como exemplo o consumo de serviços médicos e hospitalares, em que o paciente se desloca para um tratamento no Exterior.

O Modo 3 – Investimento direto ou presença comercial – requer o deslocamento do fornecedor, na medida em que se exige o estabelecimento comercial da empresa estrangeira no país do consumidor. Os exemplos mais comuns são os serviços bancários prestados por bancos estrangeiros estabelecidos no país; os serviços de seguro, prestados por seguradoras estrangeiras também estabelecidas no país; os serviços de telecomunicações prestados por operadoras estrangeiras também presentes localmente.

[3] Disponível em: http://www.wto.org. Acesso em: 08 jan. 2009.

O Modo 4 – Movimento temporário de pessoas naturais – além dos exemplos dos consultores ou outros profissionais, como professores e instrutores de treinamento, que se deslocam para o mercado do consumidor, também pode ser ilustrado pela situação em que uma empresa indiana de serviços de tecnologia da informação desloca um engenheiro para a Inglaterra, sob um contrato de trabalho indiano prévio e para uma prestação de serviço temporário (com período de tempo previamente determinado).

Importa destacar aqui a predominância do Modo 3 na liberalização do comércio de serviços em comparação com os demais. Nas análises de Marconini (2003, p.35), a despeito de todo o aparato tecnológico hoje disponível, o qual poderia impulsionar o comércio sob o Modo 1 (comércio eletrônico – Internet), a presença física das empresas no mercado consumidor de serviços ainda é um fator condicionante. Sendo assim, os fluxos de IED – Investimento Estrangeiro Direto – referentes ao setor de serviços respondem por uma parcela significativa do aumento do comércio internacional de serviços.

Até aqui, tratou-se de dar uma ideia do tema a ser tratado nesta análise, partindo do ponto inicial dos conflitos, isto é, do aspecto taxonômico. O que se avalia é que a primeira prova de força se deu na definição da palavra, nesse caso, do termo *serviços*, para fins de transações comerciais internacionais.

A análise que se pode fazer é que o ponto fundamental que distingue serviços não está na propriedade de intangibilidade, imaterialidade, nem mesmo na necessidade de proximidade física entre as partes, nem ainda na *mudança de estado* de uma coisa ou uma pessoa, pois, na medida em que há uma contínua evolução – e isso faz com que surjam novos "produtos" a cada dia –, essas propriedades vão se tornando limitadas ou inúteis. O ponto fundamental é que, de fato, o resultado da produção de um serviço conta substancialmente com a atividade humana.

Para o propósito das transações comerciais internacionais, em que a mobilidade dos fatores de produção e o comércio podem se misturar em um mesmo aspecto, permitir uma classificação mais específica, isto é, diferenciada por modos, revelou-se fundamental. Dito de outra forma, os questionamentos levantados por países como Brasil e Índia, entre outros, foram importantes, na medida em que se reconheceram as peculiaridades da intermediação de serviços. As contribuições, como as de Bhagwati (1985, p.82-91), trazidas pelo argumento de que serviços podiam ou não requerer a proximidade física entre as partes, foram de grande valor para atender às expectativas dos países-membros do GATT e permitir que os estudos avançassem, e se chegasse a uma classificação mais adequada para efeito de transações comerciais de serviços.

Cabe, por fim, observar que, apesar de todo o esforço para se chegar a uma definição exata e a uma classificação mais padronizada e facilitar, portanto, o entendimento sobre os termos e condições do comércio internacional, assim como fornecer dados para estudos na área, ainda não se conseguiram grandes avanços para maior padronização, nem mesmo entre as organizações internacionais. Cada organização acaba adotando sua própria nomenclatura.

DO PLANO DAS IDEIAS, PARA O *LOBBY* E PARA O FÓRUM COMERCIAL MULTILATERAL

Já na década de 1970, começou a haver nos EUA um forte *lobby* do setor de serviços para que se inserisse o setor na agenda de negociações comerciais internacionais. Por detrás desse interesse, estava o crescimento da importância do setor na economia dos EUA. Assim, partia-se do seguinte pressuposto: se serviços pudessem ser incluídos sob a definição de comércio, o Governo daria aos exportadores norte-americanos desse setor o mesmo tipo de tratamento dispensado aos demais setores de exportação.

Ronald Shelp e Hank Greenberg, respectivamente vice-presidente e presidente da AIG, American International Group, uma grande empresa multinacional do setor de Seguros, de origem norte-americana, desempenharam papel de destaque nesse grupo de *lobby*. Principalmente Shelp, que trabalhou sistematicamente junto ao Congresso dos EUA, para que o setor de serviços fosse objeto de liberalização comercial (Aggarwal, 1992). Nesse grupo, destacam-se, também, o apoio de Harry Freeman, executivo da American Express, e o apoio de várias associações patronais, como a Associação de Transporte Aéreo, Transporte Marítimo, Associação Nacional dos Construtores.

De acordo com as observações de Aggarwal (1992, p.6), em parte, o objetivo desse grupo foi atendido com o *Trade Act*, 1974 – Lei de Comércio –, que estabelecia que toda norma referente ao comércio exterior deveria ser extensiva ao comércio de serviços, ou seja, o Congresso dos EUA alargou o espectro da definição de comércio internacional. Essa Lei também incumbia o presidente dos EUA de procurar estender os artigos do GATT a condições de comércio ainda não cobertas, a fim de caminhar para práticas de comércio mais justas, segundo a percepção norte-americana. A Lei ainda previa que se estabelecesse um Comitê Consultivo de Negociações Comerciais que fosse representado também pelo setor de serviços, para prover qualquer tipo de consulta sobre política comercial (Feketekuty, 1998).

A despeito de toda pressão, os EUA ainda não haviam de fato conseguido introduzir serviços nas negociações multilaterais. A Rodada Tóquio (1973-1979), apesar de bastante abrangente, ainda não o contemplava.

Entretanto, em algumas questões não tarifárias, indiretamente, já se abria um precedente. Conforme Feketekuty (1998), o código de compras governamentais, que previa os termos e condições acordados para compras feitas pelos governos, assegurava que os fornecedores estrangeiros não fossem discriminados. Esses mesmos termos e condições foram estendidos a Serviços de Transporte e Seguros Relacionados à Importação (de bens), cujo importador era o Governo. Outro precedente, conforme observa o autor, foi o código de padronização, que estabeleceu algumas regras e procedimentos básicos para a adoção de padrões governamentais no comércio internacional de bens, para que não houvesse discriminação contra importados. O código de padronização inclui resultados de testes providos por laboratórios estrangeiros. Os testes laboratoriais constituem serviços e, portanto, o uso destes por outros países já caracterizava comércio de serviços. O código de subsídios, os quais já dispunham sobre os limites do uso de subsídios governamentais ligados ao comércio de bens, também abarcava serviços, na medida em que dispunha que serviços usados para exportar bens não deviam ser objetos de subsídios. Além disso, os EUA ainda conseguiram obter junto aos demais países da OCDE o compromisso de fazer com que o Comitê Comercial da OCDE realizasse um estudo abrangente sobre o comércio de serviços. O objetivo do estudo era determinar se era possível identificar questões que pudessem ser objeto de negociações futuras.

Verifica-se, assim, que os fundamentos para a entrada do tema serviços nas negociações comerciais multilaterais já estavam sendo tratados, mesmo sendo objeto de controvérsias. Mas era necessária uma campanha abrangente que fosse capaz de fazer com que a percepção dos negociadores sobre a natureza e o papel de serviços na economia internacional mudasse, pois muitos economistas ainda acreditavam que a principal diferença entre bens e serviços estava na propriedade não comerciável destes. Conforme Feketekuty (1998):

> A estratégia incluía um programa abrangente de estudos e conferências; uma campanha informativa pública; total integração de serviços à máquina de política comercial; uso ativo de canais comerciais bilaterais para resolver disputas bilaterais sobre serviços; total utilização de instituições internacionais e mecanismos existentes na área comercial; e, ainda, um programa de longo prazo para melhorar as estatísticas governamentais em comércio de serviços. (Tradução livre)

Como se observa no texto, o *lobby* norte-americano a favor da liberalização do comércio de serviços era forte. A estratégia de propagação da ideia era bem definida, e todos os canais eram usados. Valia até mesmo tirar proveito do clima de confronto que a ideia desencadeava. Nos termos de Feketekuty (1998),

> ironicamente, países como Brasil e Índia, que se opunham ao lançamento das negociações multilaterais em serviços, ajudaram consideravelmente a disseminar informações sobre o comércio de serviços. A oposição aos esforços dos EUA, em várias reuniões, para avançar as discussões internacionais e negociações em comércio de serviços, gerou um drama, a ponto de ganhar destaque na mídia. Apesar de algum

sucesso já ter sido alcançado antes, para se conseguir persuadir vários jornais e revistas a escreverem a sucessão de eventos ocorridos acerca do comércio de serviços e a preparação das negociações, essa cobertura não significou nada em comparação com o tratamento internacional dado ao confronto sobre o tema serviços no GATT. Tais notícias inevitavelmente conduziram a mais solicitações por matéria adicional na imprensa, as quais geravam novos artigos. (Tradução livre)

No início de década de 1980, os EUA estavam determinados a manter sua segurança econômica, por meio de uma estratégia bastante agressiva em termos de política comercial. Ronald Reagan, presidente dos EUA, nesse período, havia nomeado William Brock como Representante de Comércio dos EUA; este era visto internamente como ultraliberal (Aggarwal, 1992). Além disso, Brock tinha mais afinidade com serviços, pois vinha do Comitê de Bancos do Senado dos EUA e, conforme observado por Feketekuty (1998), trouxe uma dinâmica liderança política para os esforços de integrar serviços na estrutura política comercial doméstica e internacional.

Em 1982, durante a reunião ministerial do GATT, em Genebra, os EUA apresentaram a proposta para serviços. Os EUA tinham interesses econômicos em promover a inclusão desse setor no GATT e dar início ao processo de desenvolvimento de um acordo multilateral para sua liberalização comercial. Outros países da OCDE e alguns países em desenvolvimento (leia-se Coreia do Sul, México), com diferentes graus de entusiasmo, apoiaram a ideia. Entretanto, havia um grupo de países que tinha outras prioridades. Esse grupo, inicialmente chamado de G-5 (Brasil, Índia, Argentina, Iugoslávia e Egito) e liderado por Brasil e Índia, foi contra a ideia de discutir serviços no GATT, pois em sua percepção os países não teriam como usufruir os benefícios que uma eventual liberalização do setor poderia lhes proporcionar. No entendimento destes, a liberalização contemplaria somente as atividades intensivas em capital. As atividades mais complexas, como serviços financeiros, exigem dispendiosos investimentos em tecnologia, pesquisa e desenvolvimento, o que não era possível, dadas as condições dos países em desenvolvimento.

Essa reunião foi o marco do confronto entre os dois grupos. Não obstante, William Brock, o Representante do Comércio dos EUA, conseguiu fechar um acordo pelo qual os países interessados iriam preparar estudos nacionais sobre o comércio de serviços, e o GATT cuidaria para que houvesse uma troca de informações sobre esses estudos.

Em 1983, os EUA, com o apoio de alguns outros países, decidiram que deveria haver uma discussão informal no GATT, para abordar os estudos nacionais que haviam sido feitos. Brasil e Índia, mais uma vez, foram contra, e teriam até contestado a legitimidade sobre o uso das dependências e de toda a infraestrutura do GATT para tal propósito (Feketekuty, 1998).

As discussões continuaram e a proposta dos EUA para uma nova rodada multilateral de negociações abrangia desde a questão agrícola, passando pela reciprocidade na liberalização comercial, até a liberalização do setor de serviços e o estabelecimento de regras para investimento e para propriedade intelectual. O G-5 queria, antes de começar uma nova rodada, incluindo temas tão complexos, encerrar as questões sobre picos tarifários e acesso a mercados. Mais especificamente, que fossem baixadas as restrições sobre os setores agrícola e têxtil, e eliminadas as práticas comerciais que distorciam os fluxos comerciais. Na percepção destes, a inclusão de novos temas poderia ocasionar a demora nos entendimentos sobre as questões tarifárias.

No confronto entre os que se identificavam com a proposta liderada pelos EUA (nesse grupo incluíam-se, além dos EUA, os países da Comunidade Europeia, os demais países da OCDE e alguns países em desenvolvimento, como Colômbia, Coreia do Sul e México) e os que eram contra (grupo liderado por Brasil e Índia, que incluía ainda Argentina, Cuba, Egito, Nicarágua, Nigéria, Peru, Tanzânia e Iugoslávia), acabou prevalecendo a ideia apresentada por um terceiro grupo, o G-40 ou *Café-au-lait* (liderado por Colômbia e Suíça), que propôs separar o tema do comércio de serviços dos demais temas propostos para a nova rodada de negociações. Ao examinar as coalizões que surgiram em resposta à entrada do tema serviços no âmbito do GATT, Narlikar (2003) identifica, detalhadamente, as principais características, estratégias e dinâmicas desses grupos.

A análise que se faz aqui é que, no embate, venceram os EUA, pois a coalizão que se formou dentro do próprio país, para promover a liberalização do setor de serviços, era bastante ativa e determinada. E os EUA estavam convencidos de que isso era o melhor para os interesses nacionais. Conforme avalia Feketekuty (1998), Clayton Yeutter, o novo Representante do Comércio dos EUA, que havia substituído William Brock, em 1986, estava preparado para deixar as negociações fracassarem, caso não houvesse condições aceitáveis (segundo a avaliação dos EUA) para incluir serviços na agenda de negociações.

Assim, o setor de serviços entrou no mandato negociador, e a Declaração Uruguai foi aprovada pelos ministros como a base para o lançamento da Rodada Uruguai de Negociações Multilaterais Comerciais, ainda que contrariando os interesses de alguns países.

Conforme a Declaração Ministerial de Punta Del Este, de 20 de setembro de 1986, as negociações para a liberalização do comércio de serviços visavam estabelecer um marco multilateral de princípios e normas, conformado aos princípios da transparência e da liberalização progressiva, de forma que pudesse promover o crescimento e o desenvolvimento econômicos.

Como se vê, uma declaração que buscava, na grandiosidade das palavras e nos procedimentos adotados (a ideia de separar serviços dos demais códigos, colocando-os em um acordo anexo ao GATT), atingir um grau de legitimidade que exerceria grande poder de influência e poderia impor altos custos aos países que eventualmente vetassem o acordo. Nas análises de Guimarães, essa é uma estratégia colocada em prática pelos países desenvolvidos, no caso aqueles que estão propondo a agenda, com o intuito de fazer com que os países em desenvolvimento venham para a mesa de negociação. Aqueles, ao propor o lançamento da rodada, mostram-se dispostos a respeitar os interesses de todos, atribuindo critérios legítimos; no entanto, ao longo das negociações, na medida em que passam a conhecer as preferências desses, "começam a construir uma estrutura jurídica tendenciosa a seus interesses, sem atender os compromissos assumidos nas reuniões precedentes." (2005, p. 134-5).

De qualquer maneira, conforme observa Abreu (1997, p.332), a declaração que lançou a Rodada Uruguai traduziu um compromisso entre posições confrontacionais. Dos três novos temas, propriedade intelectual (TRIPs) e investimentos (TRIMs) seriam negociados no âmbito da estrutura geral do acordo. Entretanto, o tema serviços seria tratado em negociações separadas.

Assim, marcadas por significativos conflitos de interesses e pontos de tensão, as negociações chegaram ao fim em 1993. Serviços, assim como TRIPs e TRIMs, haviam sido incluídos no acordo. E, em contrapartida, os países desenvolvidos se comprometeram com a abertura do Acordo Internacional Sobre Comércio Têxtil (*Arrangement Regarding International Trade in Textiles*).[4] Esses posicionamentos conflitantes, assim como os termos das barganhas, serão explorados no capítulo a seguir, dando destaque para a posição brasileira.

No Acordo em que se incorporam os resultados da Rodada Uruguai de Negociações Multilaterais Comerciais (1986-1993), assinado em 15 de dezembro de 1993, os termos e condições do comércio de serviços ficaram condensados no Acordo Geral sobre Comércio de Serviços (GATS).[5]

---

[4] Também conhecido por Acordo Multifibras (AMF), impunha restrição quantitativa ao comércio de têxteis. Os países signatários do GATT reconheciam, por meio desse acordo, a necessidade de se manter um mínimo controle sobre o comércio internacional de produtos têxteis.

[5] Drake e Nicolaidis (1992) dão o *timeline* do desenvolvimento e evolução da estrutura empregada para a negociação dos serviços no GATT.

4
O Brasil no debate sobre a liberalização do comércio de serviços

POR QUE O BRASIL ERA CONTRA A PROPOSTA DE LEVAR SERVIÇOS PARA O GATT?

Os velhos temas, em primeiro lugar

Há uma tendência em se afirmar que o Brasil, assim como a Índia, fazia oposição à inclusão de serviços nas negociações multilaterais, em grande medida porque tinha receio de que as questões consideradas prioritárias (agricultura, têxteis, acesso a mercado), que poderiam de fato trazer ganhos para o País, fossem preteridas em função dos novos temas (serviços; TRIPs e TRIMs) (Mello, 1992, p.56; Sjöstedt, 1994, p.51; Abreu, 1997, p.329; Woolcock, 1997, p.6; Narlikar, 2003, p.41; Marconini, 2003, p.66).

No setor agrícola interessava discutir tanto acesso a mercados, como subsídios à produção doméstica e à exportação. O Brasil tinha especial interesse em discutir subsídios referentes às exportações agrícolas. Políticas como o *Export Enhancement Program* dos EUA levantavam barreiras contra as exportações de frango e de soja e seus derivados. Não menos prejudiciais aos interesses do Brasil eram as políticas agrícolas da Comunidade Europeia. Outra questão de seu interesse, e também da Índia, era discutir o Acordo Multifibras.

No entanto, a pauta da negociação foi tomada por outras questões. Conforme já observado no capítulo Negociações nos Fóruns Comerciais Internacionais, na Rodada Tóquio (1973-1979) o centro do debate do comércio internacional havia se deslocado da questão tarifária para o que se chamou, na época, de "acesso efetivo". Um termo ambíguo que mereceu ácidas críticas. Na verdade, significava a introdução de novos códigos, e a proposta de reformulação do sistema multilateral de comércio (Miller, 1999, p.5).

Conforme análises realizadas, os EUA, nessa Rodada, enfatizaram os seus interesses na negociação de códigos que, através da adoção de versão condicional do princípio NMF, deveriam minimizar a ocorrência do problema de *free rider* (carona) por parte de países em desenvolvimento.[1] Já os países em desenvolvimento pleiteavam um tratamento diferenciado no comércio internacional que pudesse impulsionar o desenvolvimento econômico. Na verdade, estes queriam a instituição de uma base normativa para o Sistema Geral de Preferências, de forma que as preferências fossem legalmente consolidadas e uma eventual retirada estaria sujeita a compensações (Abreu, 1997, p.327-8).

Fato é que muitos produtos de interesse desses países, em especial do Brasil, estavam fora do escopo de redução tarifária, como uma gama de produtos agrícolas e alguns produtos industrializados (calçados e têxteis), e, além disso, cresciam enormemente as barreiras não tarifárias para produtos de origem dos países em desenvolvimento.[2]

Tendo terminado a Rodada Tóquio, o Brasil achava que precisava acertar muitos pontos que haviam ficado desalinhados – como chegar a um acordo sobre picos tarifários e acesso a mercados – antes de enfrentar novos temas, pois só assim poderia se remover a assimetria das relações comerciais que havia se instalado entre países desenvolvidos e em desenvolvimento.

Um instrumento de barganha adicional para eles

Havia um receio de que a inclusão dos novos temas pudesse minar ainda mais a capacidade de barganha dos países em desenvolvimento, na medida em que os países desenvolvidos pudessem querer extrair concessões daqueles, nesses temas, em troca de concessões nos temas tradicionais. Dito

[1] A versão condicional da cláusula NMF limitaria as vantagens de cada código (por exemplo: subsídios, *antidumping*) aos seus signatários.

[2] Conforme observam Abreu e Fritsch (1987, p.136-7), as barreiras não tarifárias já vinham sendo implementadas pelos países desenvolvidos desde a década de 1960; no entanto, a partir da década de 1980, essa prática aumentou significativamente. Conforme os autores, entre 1974 e 1980, o comércio administrado, isto é, o comércio sujeito a barreiras não tarifárias (incluindo produtos agrícolas e manufaturados) aumentou de 36.2% para 45,8% do total do comércio dos EUA; de 35,8% para 44,8% na CE; e de 56,1% para 59,4% no Japão. Ainda conforme os autores, em 1979, 30% das exportações industriais provenientes dos países em desenvolvimento eram objeto de barreiras não tarifárias nos países da OCDE, enquanto no comércio entre países-membros da OCDE, o índice era de apenas 11%.

de outra forma, os novos temas poderiam constituir um instrumento de barganha adicional para os países desenvolvidos.

Esse receio se verifica na proposta apresentada mais tarde pelo Brasil (início de 1985), em que este admite a possibilidade de aceitar a inclusão especificamente de serviços nas negociações, mas sob determinadas condições. Nos termos de Mello (1992, p.65), essas condições seriam:

> (a) não haveria qualquer paralelismo entre uma possível iniciativa multilateral na questão de serviços e as negociações do GATT sobre o comércio de bens; (b) não poderia haver troca de concessões ou inter-relação entre os dois processos; (c) as regras e princípios do GATT não se aplicariam a uma possível iniciativa multilateral na questão de serviços; (d) o apoio do Secretariado (do GATT) a uma possível iniciativa multilateral sobre serviços deveria ser em conjunto com outros órgãos internacionais a serem determinados.

A autora destaca que a proposta brasileira seria conhecida como *dual-track system*. Esse sistema, que pode ser traduzido como de dois trilhos, por ser proposto em separado – bens e serviços –, também foi defendido pela Comunidade Europeia.

Perda de *policy space*

Preservar o *policy space*, isto é, o espaço político, ou a autonomia do país no sentido de poder implementar política pública, era um outro fator extremamente relevante. A preocupação central do Brasil com os novos temas aparece nos registros da Divisão Comercial do Itamaraty, datados de 1987:

> Constituem (os novos temas) a área de preocupação central do Brasil na Rodada Uruguai, na qual o principal objetivo brasileiro é preservar seu raio de manobra em termos de regulamentação nacional, através da insistência brasileira em delimitar claramente o escopo das negociações, com base no estrito cumprimento do mandato negociador acordado em Punta del Este. (apud Mello, 1992, p.86)

A análise que se faz aqui é de que essas pressões dos EUA configuraram tanto o exercício do poder no sentido de recurso tático, como no sentido de ameaça propriamente, de acordo com a abordagem estrutural de negociação analisada no capítulo 1.

Uma harmonização de regras, conforme implicava a aceitação das propostas apresentadas nas negociações, reduzia sobremaneira a capacidade do Brasil em implementar políticas públicas de desenvolvimento, que em termos práticos significava a restrição do direito de regular e ou regulamentar setores-chave.

Havia um interesse em assegurar as possibilidades brasileiras de conduzir suas políticas de acordo com os interesses nacionais, isto é, a manutenção e o desenvolvimento de um plano que seguisse no sentido de fortalecimento do País e da sociedade brasileira, sem, entretanto, perder de vista o contexto internacional e suas tendências.

Na percepção do Brasil, manter a margem de manobra na condução das políticas públicas era fundamental para que o País pudesse se desenvolver. Os esforços se concentravam na tentativa de ampliação da independência, para garantir iniciativas políticas autônomas. Assim, a ideia de harmonização de marcos regulatórios no âmbito global, que visava reduzir barreiras ao comércio de serviços, ia de encontro com esses interesses.

No entendimento de países como o Brasil, as economias continuavam sendo desiguais em termos de desenvolvimento (tanto era verdade que havia prevalecido na Rodada Tóquio o Tratamento Diferenciado); portanto, a ideia de um padrão único de regulamentação ia absolutamente contra esse princípio. Conforme Woolcock (1997, p.6), os países em desenvolvimento, liderados por Brasil e Índia, eram contra introduzir serviços no âmbito do GATT, também porque eles desejavam ser capazes de desenvolver sua própria *indigenous services industries*, que pode ser traduzido como indústria de serviços nascente. Certamente, considerando ser esse um dos objetivos, a proposta da harmonização de regras seria um obstáculo.

Levando em conta o que já observou Tussie (1993, p.69-88), a Rodada Uruguai envolvia discussões sobre política interna, práticas institucionais e regulamentações sem precedentes.

Pode-se dizer que o Brasil demandava que no sistema comercial multilateral se observasse um princípio que é próprio da igualdade de direitos, isto é, que fossem tratados igualmente os iguais e desigualmente os desiguais. O tratamento desigual dos casos desiguais é exigência tradicional do conceito de justiça. A emergência desses novos temas nas negociações e o tratamento que se pretendia dar a eles não só iam contra esse princípio como também significavam uma ingerência nas questões de ordem interna, sobretudo para os países em desenvolvimento. Nos termos de Narlikar (2003, p.41):

> Ao mesmo tempo em que afeta ambas economias desenvolvidas e em desenvolvimento, qualquer redução na autoridade doméstica era visto como especialmente prejudicial para os *quasi-states* do Terceiro Mundo. (Tradução livre)

Portanto, constituía esse um fator de preocupação para o País. E o Brasil expressou essa preocupação ao fazer oposição à nova agenda.

Vantagens comparativas deles

O Brasil argumentava que os países desenvolvidos tinham vantagens comparativas em serviços, justamente porque dispunham de capital e tecnologia, e que a liberalização proposta nos termos e condições dos EUA, priorizando setores intensivos em tecnologia, levaria a uma retração de seus respectivos setores de serviços, antes de esses terem a chance de se desenvolverem. Entretanto, os EUA se contrapunham, afirmando que, em diversas economias em desenvolvimento, podiam-se identificar oportunidades com a liberalização do setor, pois existiam diversos serviços intensivos em mão de obra, assim como era possível haver transferência de tecnologia, principalmente em Serviços de Comunicação e de Informática, com perceptíveis "externalidades positivas" para o resto da economia (Horta, Souza e Waddington, 1998, p.8-9).

Na percepção dos países contrários à liberalização do setor de serviços, inclusive o Brasil, embora a atividade humana fosse substancial na prestação de um serviço, o fato de os países em desenvolvimento disporem de mão de obra em abundância não lhes garantia competitividade, pois era necessário dispor também de capital e infraestrutura, o que normalmente esses países não tinham. Se os países desenvolvidos já podiam contar com um setor maduro, pronto para avançar sobre novos mercados consumidores, os países em desenvolvimento estavam ainda caminhando a passos lentos.

Além disso, conforme Abreu (1997, p.331), as primeiras propostas não incluíam os temas especialmente interessantes desses países, como movimentos internacionais de mão de obra, acesso à tecnologia e regulação das atividades de empresas transnacionais. Dessa perspectiva, o setor de serviços não reservava qualquer vantagem comparativa para uma economia do porte da brasileira. Nos termos de Abreu, "*a priori*, parecia provável que concessões na área de novos temas tendessem a resultar em prejuízo ao desenvolvimento da capacidade competitiva dos países em desenvolvimento".

Esse período era marcado por muito protecionismo, inclusive por parte dos países desenvolvidos, predominando, por um lado, a prática de proteger setores (e a proteção não necessariamente era por meio de tarifas) em que não se era competitivo e, por outro, a abertura para aqueles em que havia vantagens evidentes. Feketekuty (1998) dizia que uma revisão do grau de competição em serviços levava à conclusão de que, em alguns setores, a competição era limitada pelos altos custos dos fatores de produção, mas que, em outros, era limitada devido a políticas governamentais restritivas. Vale acrescentar que essa era uma prática inclusive dos países desenvolvidos. Mesmo os EUA, no papel de *demandeur*, praticavam inúmeras restrições para estrangeiros operarem em seu mercado. No acordo de livre comércio – *Free Trade Agreement* – entre Canadá e EUA, o Canadá fez inúmeras concessões no setor de Serviços Financeiros, mas a recíproca não é verdadeira. Na época das negociações para a conformação do *North American Free Trade Agreement* – NAFTA, o Canadá, prevendo que pudesse acontecer o mesmo, disse que não concederia mais nada (Cameron e Tomlin, 2000, p.100).

O período estava longe de representar o ideário liberal. As contradições vinham dos próprios países desenvolvidos que defendiam esses princípios. Portanto, parece que a lógica do Brasil e mesmo de outros países era: por que o Brasil e os outros países não poderiam querer proteger sua indústria de serviço nascente ou mesmo estatal, se os outros protegiam seus setores mais sensíveis à competição externa?

Conveniência e aplicabilidade para tratar serviços no GATT

Além disso, o Brasil questionava a conveniência de se trazer, para o âmbito do GATT, temas que não diziam respeito ao comércio essencialmente. Afinal, já havia agências internacionais especializadas, dotadas de pessoal com conhecimento e experiência comprovada, que cuidavam dos assuntos relacionados a esses temas. O fórum mais adequado para tratar de serviços seria a UNCTAD.

Para o Brasil, não estava claro o entendimento que se tinha sobre determinadas terminologias e políticas propostas, como *direito de estabelecimento*, referente ao que viria a ser o Modo 3 – Presença comercial – de prestação de serviços, e política de investimento estrangeiro; tudo isso parecia estar fora do escopo de princípios do GATT (Abreu, 1997, p.331).

Nas análises de Marconini (2003, p.66), o *direito de estabelecimento* para empresas de serviços em um possível acordo ia além do comércio de serviços entre fronteiras, pois incluía o movimento de capital, visando ao investimento estrangeiro, e isso era um tema bastante sensível para os países em geral.

Na realidade, argumentos contrários à proposta de se trazer para o fórum comercial a discussão da liberalização do comércio de serviços já haviam sido usados pelos países desenvolvidos em outra ocasião. Conforme observa Abreu (1997, p.330),

> é irônico que os países desenvolvidos e os em desenvolvimento se encontrassem em posições exatamente opostas em relação às suas posturas com relação a serviços nas negociações de 1947-48 sobre a *International Trade Organization*. Os países em desenvolvimento eram então decididamente a favor da inclusão de serviços, especialmente em um acordo de amplo espectro como a Carta de Havana, enquanto os países desenvolvidos argumentavam que existiam outras instituições internacionais para tratar desses temas.

Mas isso tinha sido no passado. Na ocasião da Rodada Uruguai os interesses se inverteram. Os EUA elegiam, então, o fórum comercial como o mais apropriado para tratar da questão, enquanto os países em desenvolvimento mostravam-se receosos com a possível extensão das regras e procedimentos do GATT a temas que, até então, nunca haviam sido objeto de negociação nesse fórum. Em suma, esses países tinham sérias dúvidas sobre a conveniência de esses temas serem tratados no âmbito do GATT, em virtude das peculiaridades das questões envolvidas, e de já haver agências internacionais mais especializadas para tratar disso.

A mudança nos procedimentos das negociações comerciais multilaterais

As questões que acabam de ser elencadas tendem a ser apontadas como as principais preocupações do Brasil, assim como de outros países, que acabaram influenciando o posicionamento visivelmente contrário à inclusão de serviços na pauta de negociação. Entretanto, na análise que se faz aqui, existe outra questão que também pode ter contribuído para esse posicionamento.

Conforme já visto, as negociações comerciais multilaterais são complexas por natureza, pois envolvem múltiplas partes e múltiplas questões. Estar preparado para discutir as várias questões e para reconciliar interesses exige muito mais do que a habilidade pessoal do negociador. Exige recursos materiais, pessoas treinadas em matéria de negociação e com conhecimento técnico profundo em diversos temas. Os países desenvolvidos normalmente possuem esses recursos e tendem a estar preparados para as negociações. Ter claro quais são seus interesses é o primeiro passo. Para tanto, são realizadas sofisticadas análises, que incluem estudos setoriais, que servirão de base para os negociadores oficiais formularem suas propostas. Mas não adianta nada saber o que se quer ou o que não se quer, se não se pode arcar com tudo isso.

A proposta em torno dos novos temas vinha em um contexto de mudança dos procedimentos de tomada de decisão, que prevaleceram na Rodada Tóquio, os quais, de certa forma, beneficiavam os países em desenvolvimento. Conforme abordado no capítulo Negociações nos Fóruns Comerciais Internacionais, na Rodada Tóquio prevaleceu um procedimento bem mais flexível para os membros no que diz respeito à adesão ou não aos temas propostos.

Nas análises de Steinberg (2002, p.339-74), em artigo que explica como o procedimento de tomada de decisão baseado em consenso vigora no contexto legislativo do GATT, os resultados da Rodada Tóquio refletiram o sucesso da estratégia legal apresentada pelos países em desenvolvimento. Esses países argumentavam que os códigos de *antidumping*, subsídios e valoração aduaneira, que estavam sendo negociados, poderiam ser interpretados à luz dos princípios do GATT, portanto, requereriam anuência por consenso dos membros. Além disso, esses países argumentavam que os benefícios desses códigos tinham de ser extensivos a todos os membros, conforme o princípio da NMF – Artigo I do GATT, porque constituía uma interpretação dos Artigos VI, XVI e XXIII do GATT. E, por fim, esses países diziam que o Secretariado do GATT não poderia prestar serviços para administrar um código sem o consenso dos membros. Assim, os países em desenvolvimento acabaram recebendo todos os direitos dos códigos de subsídios e *antidumping* sem, entretanto, serem obrigados a assinar as obrigações contidas nos acordos. Obviamente, muitos países adotaram essa estratégia, isto é, participaram das negociações, mas não se comprometeram *de jure* com os termos e as condições estipuladas para um determinado código, o que não foi o caso do Brasil, conforme já visto em outro capítulo. Porém, conforme observa Steinberg (p.358-9), os EUA, ao analisarem os resultados da negociação, acabaram percebendo que esse mecanismo podia representar uma ameaça à sua política comercial. Assim, na percepção dos EUA, os procedimentos de tomada de decisão da Rodada Uruguai precisariam ser mudados. Uma mudança para que os países fossem obrigados a se comprometerem com os temas negociados. Não funcionaria mais discutir as questões sobre os temas em pauta e só ao final decidir se devia ou não aderir aos termos e condições estabelecidos para cada um deles. Na Rodada Uruguai, se os temas entrassem de fato na pauta de negociação, ao final certamente criariam obrigações.

Uma mudança em torno desses procedimentos demandava uma outra estratégia de negociação, que seria não permitir que os novos temas entrassem na pauta de negociação da Rodada, pois, se entrassem, os termos e condições seriam majoritariamente determinados por países com maior grau de poder no sistema. Foi isso que a coalizão liderada por Brasil e Índia tentou fazer: não permitir que os novos temas entrassem na pauta de negociação da Rodada Uruguai.

A RESISTÊNCIA É VENCIDA

Apesar da forte resistência em relação à introdução de serviços na agenda de negociações, o Brasil acabou fazendo concessões substanciais ao longo das negociações.

Por ocasião da Reunião Ministerial de Genebra, em 1982, o Brasil concordou com a menção de serviços na declaração ministerial, ainda que com a ressalva de que continuaria contrário à ideia. Conforme observou Abreu (1997, p.330), a despeito da ressalva de que esse consentimento não implicava em mudanças sobre sua posição a respeito do tratamento de novos temas na Rodada, a postura do Brasil abalou a coalizão de países em desenvolvimento contrários à inclusão dos novos temas na agenda, dentre os quais se destacavam o próprio Brasil e Índia. Pode-se dizer que essa posição minou a credibilidade da coalizão, na medida em que os demais membros se viram diante de um risco de fragmentação.

Segundo Narlikar e Tussie (2004, p.79), as coalizões dos países em desenvolvimento, em geral, encontram dois problemas: peso externo mínimo e risco de fragmentação. Para as autoras, o primeiro problema se deve à menor participação dos países em desenvolvimento na economia mundial, e o segundo, a diversos fatores, como estrutura da coalizão, dos interesses comuns, de sua estratégia de negociação e da reação que provocam em outros países. Cumpre salientar, portanto, que esse foi o princípio do fracasso do G-10.

Mas, por que o Brasil fez isso? Sob quais condições? As análises indicam que a crise brasileira, a partir da década de 1980, constituiu fator de inibição da projeção externa do País (Abdenur,1997, p.37).

Com a mudança da política monetária implementada nos EUA em 1979, os países excessivamente endividados, como o Brasil, viram-se em uma situação alarmante. Conforme observaram Velasco e Cruz (2002, p.12), a decisão do Federal Reserve System (FED), o Banco Central dos EUA, de alterar sua política de juros precipitou a economia internacional em sua mais profunda recessão desde o final da Segunda Guerra Mundial, e arremessou os países do Terceiro Mundo (em especial os que haviam contraído dívidas no mercado internacional) a uma situação de crise da dívida externa. O Brasil foi um dos primeiros países a sentir o impacto da crise do México, ocorrida em agosto de 1982. Com a crise mexicana, o financiamento externo minguou repentinamente, e o Brasil, que se encontrava muito debilitado em termos de situação econômico-financeira nesse período, precisou recorrer ao FMI em dezembro de 1982 para refinanciar sua dívida. Seria um processo longo de negociação entre Brasil, FMI e os credores internacionais.

Antes, porém, que o FMI autorizasse o empréstimo, o Tesouro dos EUA veio ao socorro do Brasil, disponibilizando um empréstimo financeiro. Além disso, ao final de 1982, o governo norte-americano prorrogou, por mais dois anos, o prazo estipulado para o fim do sistema de créditos-prêmio às exportações, relativo ao Imposto sobre Produtos Industrializados (IPI) (Abreu, 1997, p.330). Essas duas concessões tinham o seu preço: fazer com que o Brasil flexibilizasse sua resistência diante das propostas dos EUA no âmbito do comércio de serviços.

Além das condições econômicas particularmente frágeis do Brasil, que contribuíram para enfraquecer sua resistência, havia também uma mudança de força, em razão do surgimento de coalizões alternativas.

No entendimento de Narlikar (2003, p.71-3), o grupo liderado por Brasil e Índia contava inicialmente com a simpatia da Comunidade Europeia, que ainda não estava convencida das possibilidades de ganho da abertura do setor de serviços. Mas, a partir do momento em que se convenceu, diante das demonstrações positivas dos estudos realizados e, ainda, vislumbrando a possibilidade de usar esse tema para desviar as atenções da questão agrícola, passou a apoiar os EUA. Dessa forma, o grupo liderado por Brasil e Índia perdeu apoio significativo, enfraquecendo, portanto, sua posição. Com o enfraquecimento do grupo, Brasil e Índia corriam o risco de ficarem isolados em suas posições. Insistir significava ter de bancar os custos que um possível isolamento impunha, mas não era só isso. Nas análises de Guimarães (2005, p.154), a lógica baseada no custo da decisão de "dizer não" teve seu peso, entretanto, contava também o fato de ter surgido uma alternativa às propostas do grupo liderado por Brasil e Índia e a proposta dos EUA. A alternativa proposta pelo grupo, que viria a ser conhecido por *café au lait*, foi apresentar um *draft* (uma minuta), incluindo tanto a defesa do tratamento diferenciado (questão pleiteada pela ampla maioria dos países em desenvolvimento), como o tema serviços (questão defendida pelos EUA e outros países da OCDE).

Ainda assim, o Brasil continuava sustentando sua posição contrária à inserção de serviços na agenda de negociações, e as intensas discussões que precederam o lançamento da Rodada Uruguai, em Punta Del Este, em setembro de 1986, foram marcadas por explícitas divergências.

As posições divergentes continuaram ao longo das negociações. Entretanto, a partir da reunião ministerial de 1988, em Toronto, a coalizão liderada por Brasil e Índia começou a se desintegrar de fato.

As pressões que os EUA vinham exercendo particularmente sobre Brasil e Índia, combinadas com a situação crítica de débito externo (caso do Brasil) e desequilíbrio das contas comerciais (caso da Índia), além de fatores de ordem política interna, fizeram com que fossem mudando suas posições de uma explícita contrariedade para uma posição mais flexível, tentando encontrar saídas para barganhas justas dentro dos limites impostos pela assimetria de poder.

As pressões dos EUA se materializaram principalmente com o acionamento da *Omnibus Trade Bill*, de 1988 (conhecida por Super-301),[3] contra o Brasil. Conforme Velasco e Cruz (2002, p.13), o Brasil figurava na lista dos países "prioritários", pela falta de compromisso com a proteção dos direitos de propriedade intelectual e por impor barreiras ao acesso de empresas norte-americanas aos mercados dependentes de tal proteção. Tal ameaça, sob o guarda-chuva dessa lei interna dos EUA, foi direcionada principalmente para os setores de informática e farmacêutico do Brasil.

Havia ainda uma ameaça de os países desenvolvidos abandonarem o regime no caso de não se chegar a um regime (Steinberg, 2002; Guimarães, 2005).

Conforme observou Steinberg (2002, p.348-9), sobre as táticas de poder no GATT/OMC, além de outras, há a ameaça dos países mais poderosos

[3] Sob a seção 301 da Lei de Comércio de 1974, revisada pela Omnibus Lei de Comércio e Competitividade de 1988, o Departamento de Comércio dos EUA tem autoridade para identificar países estrangeiros prioritários (PFC, sigla em inglês), os quais são acusados de aplicar barreiras comerciais e/ou praticar comércio injusto.

de abandonarem o regime. Isso já havia se verificado quando os EUA e a Comunidade Europeia (CE), não conseguindo obter o apoio da maioria dos membros da Organização Mundial de Propriedade Intelectual para uma proteção abrangente dos direitos de propriedade intelectual e de marcas, decidiram levar a questão para o GATT. Em meados da década de 1970, cogitou-se a possibilidade de se criar o GATT-Plus. E, no final da década de 1980, pensou-se também na possibilidade de se criar a Área de Livre Comércio e Investimento na OCDE. Afirma-se, ainda, que a própria constituição do Acordo de Livre Comércio da América do Norte (NAFTA) serviu como uma tática de poder, que trouxe a CE de volta para a mesa de negociação da Rodada Uruguai.

Assim, os países resistentes à introdução dos novos temas viram-se diante dos riscos de que os países desenvolvidos pudessem abandonar o GATT e constituir um novo regime sob novos termos e condições.

Cumpre observar, ainda, que a conjuntura política do Brasil durante o período em que transcorre a Rodada Uruguai tendia a favorecer a posição dos EUA. A política externa do Governo Collor de Mello (1990-1992) era tida como de alinhamento com a política norte-americana. Nas análises de Velasco e Cruz (2002, p.10), Collor de Mello, ao assumir a presidência do País, em contexto de instabilidade geral, após uma eleição marcada pela divisão em dois campos políticos praticamente iguais, tendo que enfrentar uma economia agonizante pelos golpes da inflação descontrolada, pressionado pelas expectativas de uma nova ordem mundial (diante do fim da Guerra Fria) e cumprindo promessa de campanha eleitoral, adotou uma conduta muito mais alinhada com os interesses dos EUA. O autor lembra a prioridade dada ao Projeto de Lei de Proteção à Propriedade Industrial (PL 824/91, de 30 de abril de 1991). E, conforme já apontado, propriedade intelectual, regras de investimentos e serviços estavam na agenda do dia dos EUA.

Nas observações de Arbilla (2000, p.351), o modelo de "presidencialismo imperial" marcante no início do Governo Collor, confrontava com os valores e estilo estabelecidos no Itamaraty: moderação, gradualismo e tendência a operar dentro das margens do consenso político no interior da burocracia estatal e das elites políticas. Como destaca o autor, nesse sentido, decisoes importantes, inclusive em áreas sensíveis como a nuclear, foram tomadas pelo presidente Collor sem qualquer negociação prévia entre os próprios agentes do Governo.

Depois, mesmo com o enfraquecimento do Governo, a situação não mudou. Com a crise política deflagrada no primeiro ano de mandato de Collor de Mello, que ganhava maior dimensão a cada dia, a imagem do Brasil ia se deteriorando diante dos países desenvolvidos, em especial dos EUA, e dos agentes econômicos, que viam pouca receptividade do País em renegociar a dívida externa, pelas resistências domésticas (principalmente dos parlamentares) em apoiar as políticas de liberalização e de desestatização proposta pelo Executivo (Hirst e Pinheiro, 1995, p.8).

Assim, os EUA, resolutos em perseguir seus objetivos, continuavam exercendo toda sorte de pressão sobre o Brasil e, ao mesmo tempo, lançando mão de estratégias de isolamento do País.

Portanto, a análise que se faz é que a vulnerabilidade externa, que ganhou força com a problemática do endividamento e a fragilidade econômica na década de 1980, somada às pressões dos EUA, ao surgimento das coalizões alternativas e à conjuntura política do momento foram preponderantes na mudança de posição do Brasil ante a questão da inserção dos novos temas na agenda de negociação comercial multilateral. A Rodada Uruguai terminou com a aprovação do *Draft Final Act* da Rodada Uruguai, que contemplava a abertura do setor de serviços.

O Brasil vinha até então sustentando, na medida do possível, uma posição de não inclusão dos novos temas. E isso se dava não por ser simplesmente um tema novo, mas sim porque, principalmente, tratava-se de proposta ampla de harmonização de regras em um contexto de mudança dos procedimentos de tomada de decisão do GATT, o que favorecia os países com mais poder de negociação.

Entretanto, por não dispor de alternativas ao acordo (BATNAs), tampouco de qualquer poder de influência sobre os EUA em especial e para manter reunido um número razoável de países em torno de uma mesma posição, o Brasil terminou por ceder na questão da liberalização do comércio de serviços. E, pelo que mostram as análises, o Brasil terminou as negociações sentindo-se frustrado, com a sensação de que a negociação terminou pendendo para o lado *deles*. A percepção é de que os resultados foram desequilibrados, na medida em que não houve reciprocidade no nível das concessões, especificamente em termos de subsídios agrícolas, que era de notável importância para o Brasil.

Em certa medida, o mesmo se deu com a Índia. Nas análises de McDowell (1994, p.497-510), a proposta de incluir serviços na agenda de negociação do GATT causou uma grande surpresa (negativa) para o governo indiano, que não tinha nenhuma informação sobre os possíveis efeitos dessa liberalização na sua economia. Conforme o autor, depois de alguns estudos internos, os argumentos contra a inclusão de serviços foram sendo gradualmente formados. O governo indiano destacou que a liberalização do comércio de serviços não incluía uma área de vantagem decisiva para os países em desenvolvimento, qual seja o movimento da mão de obra. Entretanto, em razão da fragilidade econômico-financeira do país, combinada com as pressões individuais dos EUA sobre os países que compunham o bloco da oposição, a atitude começou a mudar. A década de 1980 foi crítica para a Índia, em especial devido às crises de 1979-1981 e, depois, de 1990-1991. Essas crises deixaram-na vulnerável externamente, o que a levou a fazer um empréstimo com o Banco Mundial (BIRD) e com o Fundo Monetário Internacional (FMI), em 1991. E, nas análises de Haggard (1995, p.44), as pressões dos EUA sobre o Brasil, e a consequente mudança de posicionamento deste, em 1988, foi um importante fator na mudança de posicionamento da Índia.

Isso tudo acabou levando a Índia a ceder diante das pressões dos EUA, no que diz respeito aos novos temas. No caso de TRIPs, a Índia manteve uma posição claramente contrária à dos EUA no início. A zona de possível acordo dessa questão era negativa, devido ao tamanho do grau de polarização. Conforme Abreu (1997, p.335), os países desenvolvidos argumentavam insistemente que regras e disciplinas deveriam ser criadas ou reforçadas no âmbito do GATT, e que tanto mecanismos de sua aplicação, quanto de solução de controvérsias deveriam ser aprimorados, mas Brasil e Índia elegiam a Organização Mundial de Propriedade Intelectual (OMPI) como fórum mais adequado. No entanto, a Índia acabou fazendo concessões significativas.

Importa destacar que, apesar da importância significativa do fator de vulnerabilidade externa da Índia, também houve no país uma mudança na percepção dos interesses próprios do país. Nas análises de McDowell (1994, p.497-510), durante o governo de Rajiv Gandhi, houve uma mudança de posição dentre os agentes de decisão do governo indiano, na direção de uma estratégia de maior abertura econômica. Isso fez que preponderasse a ideia de que a Índia precisava adotar uma postura mais pró-ativa nas negociações, visando obter o melhor acordo dentro dos limites impostos pela nova estrutura geral das negociações multilaterais, isto é, incluindo os novos temas.

Essa ideia acabou servindo de base para algumas proposições dos países em desenvolvimento, visando atenuar as possíveis perdas com a inclusão da liberalização do comércio de serviços, como a mudança dos procedimentos de listas negativas para listas positivas de áreas que deveriam ser liberalizadas e o reconhecimento da legitimidade de se considerar os diferentes níveis de desenvolvimento dos países.

Conforme já observado no capítulo Negociações nos Fóruns Comerciais Internacionais, as listas positivas (*positive list approach*) especificam os setores e subsetores ou medidas em que se aplicam os princípios de liberalização – acesso a mercados e tratamento nacional –, e as listas negativas (*negative list approach*) destacam os setores e subsetores que não estão sujeitos à observância desses princípios.

5
SERVIÇOS FINANCEIROS NO SISTEMA MULTILATERAL

Se nas negociações para o setor de serviços em geral, a despeito da exígua zona de possível acordo que marcava o início do processo, conforme apontado nos capítulos anteriores, surgia um acordo, configurado em uma estrutura ou um procedimento comum para negociar serviços no âmbito internacional – o GATS –, barreiras insuperáveis não permitiram, entretanto, que isso se aplicasse a um número restrito de setores. Um deles era o setor de Serviços Financeiros.[1]

A negociação para a inclusão de serviços financeiros na Rodada Uruguai caracterizou-se por dura oposição pelo lado das autoridades financeiras e dos governos da grande maioria dos países envolvidos (Miller, 1999; Marconini, 2003; Marconini, 2004). Nos termos de Marconini (2004, p.15),

> os tesouros nacionais, os bancos centrais e os ministérios da fazenda ou da economia dos diversos países de maneira geral não viam com bons olhos que o setor financeiro "se subordinasse" a um organismo internacional especializado em comércio – e não em finanças.

No entendimento do autor, os receios das autoridades financeiras eram de que os negociadores do GATT não tivessem suficiente conhecimento sobre a liberalização financeira. Dito de outra forma, a dúvida era se os especialistas em diplomacia comercial teriam competência para endereçar uma questão tão central e de desdobramentos incomensuráveis para a economia como um todo do país. Como observou Miller (1999, p.7), todo receio era de que isso pudesse resultar em uma grande instabilidade financeira.

[1] Os demais eram: Serviços Marítimos; Serviços Básicos de Telecomunicações; e Serviços Profissionais (que requerem a movimentação do prestador).

Mas, por que tanta cautela? Em que medida o setor se diferencia dos demais? Este capítulo tem por objetivo, além de uma introdução geral sobre o setor de serviços financeiros no GATS, discorrer sobre as questões que marcaram a entrada desse setor nas negociações.

DEFINIÇÃO E CLASSIFICAÇÃO DE SERVIÇOS FINANCEIROS

O Anexo sobre Serviços Financeiros do GATS/OMC define-os como:

> Qualquer serviço de natureza financeira, oferecido por um fornecedor de serviços financeiros de um membro. Serviços financeiros incluem todos os serviços de seguros e atividades relacionadas, todos serviços bancários e outros serviços (excluindo seguros). (WTO, 1994b). (Tradução livre)

O Quadro 1 demonstra a classificação de serviços financeiros conforme aparece na *Services Sectoral Classification List* da OMC (World Trade Organization. MTN.CNS/W/120 (1991). Conforme essa lista, serviços financeiros estão divididos em dois subsetores (seguros e serviços bancários) e 16 tipos de serviços.

Quanto à definição, o Anexo não contempla uma definição clara do que vem a ser serviços financeiros. Na verdade, como se verifica, o que há é um agrupamento de várias atividades dentro de um escopo determinado. Entretanto, cabe destacar algumas características que fazem de serviços financeiros uma categoria especial.

Trata-se de setor-chave na economia de um país por ser considerado um dinamizador do desenvolvimento econômico e social. Cabe-lhe propiciar a alocação eficiente de capital na economia, o que envolve: as atividades de obtenção de recursos e sua aplicação ou investimento; a intermediação financeira, que procura conciliar os interesses dos investidores com as necessidades dos tomadores; a dispersão de riscos; a provisão de liquidez; e, principalmente, a manutenção do sistema de pagamentos e de compensações (Sinkey, 1998; Bodie e Merton, 2000; WTO[2]).

Todas essas operações são muito complexas e envolvem muitos riscos. Especificamente três características exaltam e tornam os riscos do setor financeiro singulares: assimetria de informação; vulnerabilidade à corrida; e instabilidade estrutural.

Os agentes financeiros operam em um ambiente caracterizado pela assimetria de informações (Stiglitz, Jaramillo-Vallejo e Park, 1993). O acesso devido às informações importantes para a efetuação de pagamentos e concessão de crédito nem sempre está disponível, pois implica em altos custos. Por outro lado, o critério de escolha do investidor pauta-se pela imagem de

[2] Disponível em: http://www.wto.org. Acesso em: 09 jul. 2008.

Quadro 1 – Lista de Classificação Setorial de Serviços Financeiros

Financial Services

A. *All Insurance and Insurance-related services*

1. *Life, accident and health insurance services.*
2. *Non-life insurance services.*
3. *Reinsurance and retrocession.*
4. *Services auxiliary to insurance (including broking and agency services).*

B. *Banking and other financial services (excluding insurance)*

1. *Acceptance of deposits and other repayable funds from the public.*
2. *Lending of all types, including, inter alia, consumer credit , mortgage credit, factoring and financing of commercial transactions.*
3. *Financial leasing.*
4. *All payment and money transmission services.*
5. *Guarantees and commitments.*
6. *Trading for own account or for account of customers, whether on an exchange, in an over-the-counter market or otherwise, the following:*
   - *Money market instruments (checks, bills, certificate of deposits etc.).*
   - *Foreign Exchange.*
   - *Derivative products including, but not limited to future and options.*
   - *Exchange rate and interest rate instruments, including products such as swaps, forward rate agreements etc.*
   - *Transferable securities.*
   - *Other negotiable instruments and financial assets, including bullion.*
7. *Participation in issues of all kinds of securities, including under-writing and placement as agent (whether publicity or privately) and provision of service related to such issues.*
8. *Money broking.*
9. *Asset management, such as cash or portfolio management, all forms of collective investment management, pension fund management, custodial depository and trust services.*
10. *Settlement and clearing services for financial assets, including securities, derivative products, and other negotiable instruments.*
11. *Advisory and other auxiliary financial services on all the activities listed in Article 1B of MTN. TNC/W/50, including credit reference and analysis, investment and portfolio research and advice, advice on acquisitions and on corporate restructuring and strategy.*
12. *Provision and transfer of financial information, and financial data processing and related software by provider of other financial services.*

C. *Other.*

solidez e reputação que os agentes devem passar ao mercado. Nesse sentido, a confiança é de fundamental importância para o setor financeiro. Na sua falta, caracteriza-se o que Merton (1968) chamou de *profecia autorrealizável*. Uma leitura inicial equivocada da situação provoca um determinado comportamento, o qual acaba fazendo com que aquela leitura inicial da situação se concretize, isto é, torne-se verdadeira, realize-se.

A instabilidade estrutural do setor financeiro está relacionada com as estratégias dos agentes de eliminar os riscos financeiros (inadimplência, variações cambiais e de taxas de juros, falta de liquidez, descompasso no espaço de tempo entre operações de crédito/débito), desenvolvendo, para tanto, novos produtos. Contudo, esses novos produtos não cumprem a função de eliminar o risco total. Na verdade, o que ocorre é uma reestruturação dos riscos individuais e o repasse para terceiros. Isso altera, de forma profunda, a estrutura financeira e o modo de interagir entre os mercados. E, assim, o próprio desenvolvimento do sistema financeiro, na medida em que lança novos produtos com intuito de criar proteção contra os riscos, torna-o mais instável, revelando uma instabilidade estrutural (Akyuz, 1991).

Outro fator de destaque nesse setor é o papel desempenhado pelo governo, por intermédio do Banco Central, quando este é ligado ao Estado. Ao Banco Central atribui-se a função de administrar a política econômica e definir a política monetária. Na medida em que detém o monopólio de emissão de moeda, de intervenção no mercado financeiro e de credor de última instância, pode-se dizer que sua representação é de uma espécie que não se compara à de nenhuma outra instituição.

O Banco Central do Brasil (BACEN), que não é uma instituição independente do Estado, por exemplo, afirma ser responsável por garantir a estabilidade do poder de compra da moeda e do sistema financeiro, ou seja, o que está no âmbito da política econômica. Sendo responsável por assegurar o funcionamento do sistema de pagamentos, acaba atuando como garantidor de última instância, fornecendo a liquidez necessária e mantendo análise de controle de risco sistêmico (BACEN, s.d.a).

Nesse papel, portanto, os governos nacionais acabam interferindo diretamente no sistema financeiro. Em períodos de crise de liquidez ou de confiança, intervêm diretamente com o intuito de evitar a desintegração do sistema financeiro.

Por apresentar essas características singulares, o setor financeiro acaba sendo objeto de regulação prudencial e de intervenção por parte dos governos nacionais. Nas análises de Miller (1999, p.7), a abrangência e a profundidade do marco regulatório, sob o qual as instituições financeiras operam, são muito maiores do que as estruturas de regulação de outros setores.

Classificação de serviços financeiros no Brasil

A classificação dos serviços financeiros no Brasil não segue a adotada pela OMC, conforme listado na já observada no Quadro 1.

No caso de seguros, apenas a classificação de resseguros e retrocessão coincide com aquela constante da *Services Sectoral Classification List* da OMC. No que diz respeito aos serviços bancários e outros serviços financeiros, dividem-se em duas categorias: serviços fornecidos por *instituições financeiras* e serviços fornecidos por *instituições não financeiras*.

Conforme se verifica nas Listas de Compromissos Específicos apresentadas pelo Brasil na OMC sobre Serviços Financeiros, *instituições financeiras* são:

> Para o propósito desses compromissos, instituições financeiras são definidas como bancos múltiplos, bancos comerciais, bancos de investimentos, sociedades de crédito,

financiamento e investimento, sociedades de crédito imobiliário, sociedades de arrendamento mercantil, sociedades corretoras e sociedades distribuidoras. (WTO, 1994d).

De acordo ainda com essas Listas, as *instituições financeiras* prestam os serviços bancários principais: recebimento de depósitos, empréstimos, arrendamento mercantil, garantias e compromissos e outros.

As *instituições não financeiras* ficam restritas à prestação de serviços, como negociações por conta própria ou de clientes, se pela bolsa ou em mercado regulamentado de balcão, de títulos e derivativos; serviços de compensação e liquidação de valores mobiliários e derivativos; oferta pública de títulos de mercado regulamentados de balcão.

Essas instituições são reguladas por determinadas agências vinculadas aos Ministérios da Fazenda e do Planejamento. Dentre estas, destaca-se o Conselho Monetário Nacional (CMN), responsável por traçar as normas de política monetária e supervisionar as políticas monetária, cambial, de investimento, de capital estrangeiro, comércio exterior e fiscal (BACEN, 2006).

Para um entendimento da estrutura do SFN com destaque dos órgãos normativos, entidades supervisoras e operadoras do sistema ver o que diz o BACEN.[3]

Segundo o Banco Central, os *bancos comerciais* são instituições financeiras públicas e privadas, constituídas sob a forma de sociedade anônima. Têm como objetivo principal fornecer os recursos necessários para financiar, a curto e a médio prazos, os segmentos da economia, como o comércio, a indústria, as empresas prestadoras de serviços, e as pessoas físicas e terceiros em geral. De acordo com a Resolução do CMN n.2.099, de 1994, na denominação social dos bancos comerciais deve constar a expressão "Banco".[4]

Já os *bancos de investimento*, de acordo com a classificação do Banco Central, são instituições financeiras privadas, constituídas sob a forma de sociedade anônima. São especializados em estruturar operações de participação societária (em caráter temporário). Também executam operações de financiamento da atividade produtiva e de administração de recursos de terceiros. São instituições que captam recursos através de depósitos a prazo, repasses de recursos internos ou externos e venda de cotas de fundos de investimento por elas administradas. A propósito, esses bancos não possuem conta corrente. Em termos específicos, as principais operações são: financiamento de capital de giro e capital fixo, subscrição ou aquisição de títulos e valores mobiliários, depósitos interfinanceiros e repasses de empréstimos externos De acordo com a Resolução do CMN n.2.624, de 1999, essas instituições devem apresentar em sua denominação social o termo "Banco de Investimento".[5]

---

[3] BACEN. Sistema Financeiro Nacional.Composição e Evolução do SFN. Disponível em: http://www.bcb.gov.br Acesso em: 31 jul. 2009.
[4] Disponível em: http://www.bcb.gov. Acesso em: 10 jul. 2009.
[5] Disponível em: http://www.bcb.gov. Acesso em: 10 jul. 2009.

Os *Bancos Múltiplos*, também conhecidos como bancos universais, são instituições financeiras privadas ou públicas, constituídas sob a forma de sociedade anônima. Segundo o Banco Central, essas instituições executam as operações através das carteiras: comercial, de investimento e/ou de desenvolvimento (a carteira de desenvolvimento somente poderá ser operada por banco público), de crédito imobiliário, de arrendamento mercantil e de crédito, financiamento e investimento. Para ser caracterizado como banco múltiplo, a instituição deve ser constituída com no mínimo duas carteiras, sendo uma delas, necessariamente, comercial ou de investimento. De acordo com a Resolução do CMN n.2.099, de 1994, na denominação social dos bancos comerciais deve constar a expressão "Banco".

Como será abordado num capítulo adiante, a diferenciação entre *instituições financeiras* e *instituições não financeiras* feita pelo Brasil vai refletir em seu posicionamento nas negociações dos fóruns comerciais internacionais.

DEFINIÇÃO DE COMÉRCIO DE SERVIÇOS FINANCEIROS

No contexto da liberalização do comércio, conforme se viu no capítulo Serviços no Sistema Multilateral de Comércio, muito mais do que definir serviços, o que importava era definir o comércio de serviços. Sendo assim, o Artigo I do GATS cuidou de definir os quatro modos de entrega do comércio de serviços internacionalmente. O comércio de serviços financeiros segue o mesmo enquadramento dos demais subsetores de serviços, isto é, Modo 1; Modo 2; Modo 3; e Modo 4.

Entretanto, quando se fala em livre comércio de Serviços Financeiros, há uma tendência em se confundir com a liberalização da conta de capital e vice-versa.

Liberalização do comércio de serviços financeiros e liberalização da conta de capital: variáveis distintas ou variações sobre o mesmo tema?

Segundo Miller (1999, p.3), embora a liberalização do comércio de serviços financeiros e da conta de capital obviamente tenham impacto mútuo em termos econômicos e políticos, em negociações comerciais essas variáveis são completamente diferentes. Mas, até que ponto essa diferenciação é entendida nas negociações comerciais e levada em consideração conforme os interesses das partes?

Em uma das reuniões do Comitê sobre Comércio de Serviços Financeiros da OMC (WTO, 2002), o representante do Brasil observou as implicações da relação entre compromissos específicos de liberalização comercial de serviços financeiros e abertura da conta de capital. Na verdade, o representante brasileiro estava solicitando o esclarecimento de algumas dúvidas sobre a abrangência de dois instrumentos próprios do GATS: *GATS Annex on Financial Services* (Anexo sobre Serviços Financeiros do GATS), que contém definições relacionadas a serviços financeiros e "medidas prudenciais", e *Understanding on Commitments in Financial Services* (Entendimento sobre Compromissos em Serviços Financeiros), que foi emitido no final da Rodada Uruguai, junto com o Acordo.[6]

De acordo com os termos determinados no Entendimento, um membro, ao se comprometer com a liberalização no Modo 1 (Prestação transfronteiriça), estaria sendo requisitado a estabelecer compromissos de liberalização relativamente limitados. O parágrafo B.3 do Entendimento lista apenas alguns serviços: serviços relacionados com seguros, resseguro, seguro de mercadorias em trânsito, provisão de informações e avisos relacionados ao setor financeiro. Já o compromisso de liberalização do setor de serviços financeiros, de acordo com os termos do Anexo sobre Serviços Financeiros do GATS, tende a ser bastante abrangente. Dentre outros serviços, estão compreendidos no Anexo serviços bancários, como empréstimos de toda natureza, transferência de títulos de ações e dívidas, administração de ativos e recursos de fundos de pensão. Portanto, o comprometimento sob o Modo 1 teria implicações diferentes, em função do documento adotado.

Considerando o Anexo sobre Serviços Financeiros do GATS, os compromissos assumidos no Modo 1 equivaleriam à abertura da conta de capital, pois a observância da nota de rodapé nº 8 do GATS, assim o determina:

> Se um membro se compromete a cumprir regras específicas do Modo 1, este membro está também se comprometendo a permitir as respectivas transferências de capital, quando essas transferências de capital são parte essencial do serviço ao qual se refere. (WTO, idem) (Tradução livre)

Para o Brasil, definir sobre que escopo as negociações sobre serviços financeiros deveriam ser discutidas seria providencial. Há um forte receio

[6] *Understanding on Commitments in Financial Services* (Entendimento sobre Compromissos em Serviços Financeiros) constitui um instrumento plurilateral, que foi instituído no final da Rodada Uruguai, para tentar destravar as negociações, pois servia aos interesses dos que já se consideravam aptos a se comprometer com a abertura. Países que desejassem abrir seus mercados poderiam aderir a esse Entendimento e assim registrar em suas listas de Compromissos Específicos (Marconini, 2003, p.88). E os que não aderissem, comprometer-se-iam apenas com os termos e condições dispostos em um anexo específico para Serviços Financeiros – Anexo sobre Serviços Financeiros –, que estabeleceria a aplicação de certos ordenamentos do GATS ao setor de Serviços Financeiros. Assim ficou acordado que haveria dois documentos: o Entendimento sobre Compromissos em Serviços Financeiros e o Anexo sobre Serviços Financeiros.

entre os especialistas financeiros do governo brasileiro de que a liberalização do Modo 1 possa equivaler à abertura da conta de capital, o que vai contra os interesses do Brasil devido aos riscos associados à instabilidade do sistema financeiro (idem, ibidem). Essa discussão será retomada na parte O Brasil nas Negociações do Setor de Serviços Financeiros: OMC; ALCA; Mercosul; Mercosul-UE. Por enquanto, é importante destacar a diferenciação entre os significados dos termos e discutir a interação que há entre eles, já que o debate sobre a liberalização do comércio de serviços financeiros é comumente interpretado como um abrandamento dos controles sobre a conta de capital.

Liberalização do comércio de serviços financeiros

A liberalização do comércio de serviços financeiros em geral trata de questões que vão além de um disciplinamento comum sobre requisitos mínimos de capital; coeficiente de solvência; limites sobre riscos; supervisão; normas contábeis mínimas; transparência nas operações. A liberalização do comércio de Serviços Financeiros centra-se no estabelecimento de termos e condições para o acesso dos fornecedores de serviços em mercados domésticos dos países importadores. Estabelece-se previamente um conjunto de medidas e disciplinas que versa sobre: o direito de entrar e se estabelecer; o direito de adquirir instituições financeiras nacionais; e o direito de operar em determinados segmentos do mercado interno.

Normalmente, além dessas disposições, há ainda um compromisso de não se dispensar tratamento discriminatório entre o nacional e o estrangeiro em termos de exigência e regulamentos para atuar no mercado. Nas análises de Miller (1999, p.3-4), acordos de integração mais profundos envolvem o estabelecimento de uma estrutura regulatória harmonizada entre seus membros.

Pode-se dizer também que a liberalização do comércio de serviços financeiros implica flexibilização das restrições sobre o fornecimento de serviços, os serviços bancários, de seguros e de gestão de recursos. Isso quer dizer que residentes podem contratar serviços de instituições financeiras estrangeiras e que instituições financeiras domésticas podem fornecer serviços para não residentes (Tamirisa, 1999, p.4).

Entretanto, esses acordos não indicam quanto e/ou quando os governos vão liberalizar as restrições sobre Conta de Capital (Kono et al., 1997, p.23).

Liberalização da conta de capital

Segundo Tamirisa (1999, p.4), a liberalização da conta de capital significa o acesso dos residentes aos mercados financeiros internacionais, e dos não residentes aos mercados financeiros domésticos. Para Miller (1999, p.3), a liberalização da conta de capital diz respeito ao escopo e impacto do controle que governa o fluxo de capital dentro e fora de um determinado país. Nos termos do Código de Fluxo de Capital da OCDE (OECD, 1990, p.11-2), a liberalização do movimento de capital implica o relaxamento de regras que governam a conta de capital. Portanto, em termos mais específicos, pode-se dizer que em um mercado financeiro plenamente liberalizado não há restrições sobre: investimentos diretos e "desinvestimentos" (que pode ser entendido como a saída do investimento); compra e venda de ações, títulos da dívida, imóveis; operações de crédito relacionado ao comércio internacional de bens e serviços; créditos e empréstimos financeiros transfronteiriços; operações de outras instituições financeiras; transferências internacionais de recursos (TIR); movimentação de ativos financeiros; descarte de fundos de propriedade de não residentes.

Por que se confunde liberalização do comércio de serviços financeiros com liberalização da conta de capital e vice-versa?

Na prática, dificilmente um país liberaliza o comércio de serviços financeiros sem tocar na conta de capital. Conforme já afirmou o próprio FMI, a liberalização comercial em vários setores, em particular serviços financeiros, vem acompanhado de liberalização das transações da conta de capital.

> A liberalização comercial em muitos setores de serviço, em especial o setor de Serviços Financeiros, tem necessariamente sido acompanhada da liberalização da Conta de Capital. (FMI, 1992) (Tradução livre)

Nas análises de Kono e Schuknecht (1998, p.5), restrições sobre a movimentação de capital, como controles sobre a conta de capital e controles cambiais, reduzem de maneira substancial a liberdade dos consumidores de comprar serviços diretamente das instituições financeiras estrangeiras. Nos termos dos autores,

> abrir a Conta de Capital, embora seja uma questão distinta da abertura para a competição externa dos serviços financeiros, mais cedo ou mais tarde, torna-se uma questão que os países têm que enfrentar. Economicamente falando, liberalização do comércio de serviços e a liberalização da Conta de Capital estão intimamente ligadas. (Tradução livre)

Dessa forma, pode-se dizer que o Modo 1 – Prestação transfronteiriça –, necessariamente, implica na entrada ou saída de capital. Já o Modo 2 – Consumo no Exterior –, diferentemente do Modo 3, pode até prever alguma restrição sobre a remessa de capital relacionado aos serviços prestados sob o acordo de comércio. O Modo 3 – Investimento direto ou presença comercial –, naturalmente, será requisitado a baixar as restrições sobre a entrada de capital referente ao investimento inicial e, muito provavelmente, haverá flexibilidade sobre a saída de capital referente à remessa de lucros e mesmo em caso de "desinvestimento".

Portanto, quando se fala em liberalização do comércio de serviços financeiros, automaticamente, faz-se uma correlação com a liberalização da conta de capital.

SERVIÇOS FINANCEIROS NO SISTEMA MULTILATERAL DE COMÉRCIO

Conforme se viu no capítulo Serviços no Sistema Multilateral de Comércio, o *lobby* do setor de serviços norte-americano foi preponderante na introdução de serviços na agenda multilateral de negociações comerciais. Nesse *lobby* destacavam-se, principalmente, as vozes de representantes da área de serviços financeiros – Ronald Shelp e Hank Greenberg, respectivamente vice-presidente e presidente da American International Group (AIG), e Harry Freeman, executivo da American Express. O comércio de serviços financeiros vinha crescendo significativamente. Para os grandes bancos internacionais e outras instituições financeiras, a liberalização do comércio era bastante importante. Desde que empreenderam o movimento de acompanhar seus clientes, que se instalavam para além das fronteiras nacionais, e desde que a liberalização financeira começou a ser verificada, na prática, pelos quatro cantos do mundo, as instituições financeiras se expandiram cada vez mais. Entretanto, ainda se percebiam em situações precárias e, muitas vezes, cerceadas por regulamentações nacionais discriminatórias.

Segundo Dobson e Jacquet (1998, p.79), os *lobbies* financeiros norte-americanos foram mais vocais do que outros setores em perseguir um significativo acesso aos mercados dos países em desenvolvimento. Nas análises dos autores, em um contexto de economia globalizada, os mercados emergentes ganham cada vez mais importância em termos de estratégia operacional. Além disso, essas instituições financeiras percebem a necessidade de estarem por perto para servir os seus clientes multinacionais onde quer que estejam.

Certamente, quando a questão da liberalização do comércio de Serviços Financeiros começou a ser discutida no âmbito do GATT, a liberalização e a desregulamentação financeiras já estavam acontecendo na prática, partindo especialmente de iniciativas unilaterais.

Reinava um entendimento entre o governo norte-americano e seus agentes econômicos de que essas iniciativas unilaterais precisavam ser consolidadas junto ao sistema multilateral, pois, assim, a liberalização se tornaria mais segura, processual. Conforme Dobson e Jacquet (1998, p.75), "os países deviam pelo menos tornar o nível de abertura já alcançado unilateralmente em obrigações legais". (Tradução livre)

O conflito de interesses

Desde o lançamento da Rodada Uruguai, em setembro de 1986, o comércio de serviços financeiros foi abordado dentro da estrutura do abrangente Grupo de Negociação sobre Serviços, mas não havia nada de específico por setores. Somente a partir da reunião ministerial de 1990, em Bruxelas, as discussões começaram a ser direcionadas por setores. A partir de então, as negociações sobre serviços financeiros começaram a tomar forma e demonstraram ser uma questão bastante complexa e não consensual.

Nas observações de Woolcock (1997, p.4), não se chegou a um acordo para serviços financeiros, ao final da Rodada Uruguai, devido às expectativas divergentes sobre o escopo de compromissos concretos de liberalização. Para o autor, o problema estava principalmente no fato de que um número de países asiáticos e latino-americanos fez suas ofertas de liberalização baseadas no que eles achavam ser mais adequado com seu grau de desenvolvimento. Para o autor, os países em desenvolvimento alegavam que a Rodada Uruguai previa *liberalização progressiva*. Portanto, era razoável para eles serem inicialmente conservadores nos compromissos específicos nessas negociações. Além do mais, para o autor, em uma negociação que envolva serviços financeiros, não existe *quid pro quo*. Nos termos de Woolcock,

> os negociadores dos países em desenvolvimento ou de renda média não terão nada para apresentar em casa, quando perguntados sobre o que eles conseguiram em troca de terem concordado em abrir os mercados de Serviços Bancários e de Seguros aos países da OCDE. (Tradução livre)

Mas, para os EUA as ofertas estavam abaixo das expectativas de seus agentes econômicos, que tinham grandes ambições em relação ao setor financeiro. Os EUA propunham que os países, em especial aqueles em desenvolvimento, apresentassem compromissos substanciais de liberalização no fórum multilateral do comércio, em troca do acesso não discriminatório em seu próprio mercado (Miller, 1999 p.17).

Apesar de alguns autores (Woolcock, 1997; Miller, 1999) destacarem as divergências entre os países desenvolvidos e os países em desenvolvimento, também não havia consenso entre os primeiros.

Os países em desenvolvimento tinham predileção por uma abertura moderada, enquanto parte dos países da OCDE tendiam por uma abertura mais ampla.

Os mercados emergentes[7] tornavam-se cada vez mais atraentes para se fazer negócios, por diversos motivos, como a estratégia de descentrali-

[7] Para efeito desta análise, considera-se mercado emergente ou país emergente um país que está passando ou acaba de passar por processos de abertura interna e externa, isto é, que está abrindo as fronteiras aos fluxos internacionais de comércio e investimento, e, por isso, é percebido como mercado preferencial em termos de alocação de recursos.

zação das atividades das empresas, que passavam a operar em mercados caracterizados pela falta de competitividade dos operadores locais. Havia, também, demanda por serviços prestados localmente por fornecedores corporativos contratados pelas matrizes. Especialmente as seguradoras e os bancos, que eram requisitados para cobrir riscos e dar todo o suporte financeiro no âmbito internacional, tinham interesse em se instalar próximos às filiais de seus clientes.

Havia, ainda, a necessidade de dar vazão a toda liquidez disponível através da estratégia de financiamento internacional. Vale observar que o Brasil era o principal país em desenvolvimento tomador de recursos externos. Esse fato contribuiu para a presença dos bancos internacionais no País, a despeito das restrições da legislação doméstica em relação à participação de bancos estrangeiros no mercado brasileiro (Freitas, 1989).

Entretanto, havia alguns países desenvolvidos, em especial o Japão, que se preocupavam com o impacto das disciplinas comerciais sobre um segmento tão específico. Conforme já observado, as autoridades financeiras resistiam a aceitar que o GATS poderia incluir Serviços Financeiros de forma "responsável" (Marconini, 2003, p.87). As preocupações eram de que esse instrumento não contemplasse as necessidades do sistema financeiro, tanto local quanto internacionalmente.

Assim, uma parte dos países desenvolvidos compartilhava da ideia dos países em desenvolvimento de que o GATS não era o fórum ideal para tratar de Serviços Financeiros. Além disso, havia receio sobre a harmonização de regras. Como se viu, liberalizar o comércio de serviços vai muito além do comércio transfronteiriço. Há questões de acesso a mercado, investimentos e regulamentação. E, para dificultar, as negociações estavam acontecendo justamente quando alguns países estavam em processo de mudança de suas próprias regulamentações. No momento em que se negociavam Serviços Financeiros no GATS, os países em desenvolvimento estavam passando por profundas reformas financeiras; os EUA estavam votando sua própria regulamentação financeira e a União Europeia (UE) enfrentava a questão da própria integração de seu mercado comum (Dobson e Jacquet, 1998, p.76).

Contudo, os EUA diziam-se preocupados em evitar a competição entre os sistemas regulatórios.[8]

[8] A competição dos sistemas regulatórios envolvia inclusive a UE, cujos membros optaram pelo Princípio do Reconhecimento Mútuo, ao invés de uma completa harmonização regulatória. O Princípio do Reconhecimento Mútuo combina uma harmonização mínima, provendo padrões aceitáveis, e uma competição entre os sistemas regulatórios existentes. Conforme acordado entre os membros da UE, qualquer instituição financeira que receba uma licença para operar no sistema bancário de qualquer país-membro, pode operar sob a estrutura regulatória do país de origem e não sob a do país hospedeiro. Esse princípio, no entendimento de Dobson e Jacquet, vai além do princípio do Tratamento Nacional e pode até conflitar com este, na medida em que pode trazer uma prática anticompetitiva.

Os países em desenvolvimento, além das implicações da harmonização de regras, demonstravam preocupação com a abrangência da abertura financeira justamente no momento em que enfrentavam problemas específicos no setor financeiro local, a situação macroeconômica e a necessidade de fortalecer as instituições.

Conforme Dobson e Jacquet (1998, p.78), uma das maiores preocupações dos países em desenvolvimento era o impacto da abertura na estabilidade financeira e na reforma financeira domésticas.

Além disso, havia uma clara assimetria de objetivos, uma vez que os países em desenvolvimento não estavam interessados em acessar os mercados dos países desenvolvidos nessa área. Poucas instituições financeiras tinham escala e eficiência que pudessem fazê-las competitivas nos mercados financeiros dos países industrializados. Para o Brasil, especificamente, o direito de estabelecimento pleiteado para empresas estrangeiras prestadoras de serviços ia contra os princípios dos países em regularem a entrada de investimentos estrangeiros.

Não havia um entendimento, principalmente, a respeito da forma de aplicação do princípio Nação-Mais-Favorecida (NMF), isto é, se esse princípio deveria ser aplicado incondicionalmente ou não (com reciprocidade ou independente da reciprocidade). Havia ainda uma demanda particular das empresas multinacionais presentes em diversos países. Estas visavam garantir que suas posições tivessem algum privilégio em relação aos entrantes, isto é, as ofertas de liberalização de seus países hospedeiros deveriam conter termos e condições menos favoráveis do que os termos e condições vigentes para os estrangeiros já estabelecidos no país, a chamada cláusula *grandfather* (Dobson e Jacquet, 1998, p.75). Essa era uma demanda que parecia natural para quem chegou antes e pode eventualmente ter tido maiores despesas. Mas não deixava de ser um desafio para os países, na medida em que essa condição colidia com os princípios da NMF e Tratamento Nacional.

Não é de se surpreender que todo o esforço para se chegar ao final da Rodada Uruguai com um acordo em torno de serviços financeiros não tenha sido suficiente. Para superar o impasse, ficou decidido encerrar a Rodada Uruguai com os termos e condições já acertados para a maioria dos setores e estender o prazo para as negociações para serviços financeiros, assim como telecomunicações e transporte marítimo.[9]

Se, por um lado, essa decisão salvou a negociação de um fracasso geral, por outro, foi alvo de críticas. Segundo avalia Woolcock (1997, p.7), essa

[9] Conforme observou Woolcock (1997, p.37), a essa altura, a Coalizão de Serviços dos EUA e, em particular, seu Grupo de Serviços Financeiros, já estava se opondo a aceitar as obrigações gerais do GATS, até que os parceiros comerciais dos EUA, principalmente os países asiáticos e latino-americanos, assumissem mais compromissos de liberalização.

alternativa tirou a possibilidade de se fazerem barganhas entre setores. Nos termos do autor, "removeram qualquer elo entre Serviços Financeiros e outros temas, por isso negaram aos negociadores qualquer possibilidade de quebrar os impasses por meio de barganhas entre os setores". (Tradução livre)

Os esforços buscados para se chegar ao acordo

Assim, concordou-se em dar continuidade às negociações até 30 de junho de 1995, prazo que foi estendido depois para 1º de julho de 1995. Conforme já anunciado, ao final da Rodada Uruguai os EUA voltaram a insistir na prática da reciprocidade para a liberalização do comércio de Serviços Financeiros.

Como parte do esforço, cabe destacar que o Grupo Interino de Negociação em Serviços Financeiros (*Interim Group on Financial Services*) surgiu com a proposta de que um acordo independente fosse negociado para esse setor, com disciplinas próprias e descolado da classificação setorial do GATS. A proposta não foi aceita. Isso ia contra o acordado na Reunião Ministerial de 1990, que estabelecia que os anexos setoriais cuidariam apenas de especificar os setores e suas particularidades e/ou da aplicação de determinados princípios do acordo geral para o setor ou parte do setor (Marconini, 2003, p.87). Pode-se pensar que os ministros receavam ter que reiniciar as discussões e, possivelmente, perder todo o trabalho já empreendido até então.

Propôs-se, então, que países que desejassem abrir já naquele momento seus mercados poderiam aderir ao *Understanding on Commitments in Financial Services* (Entendimento sobre Compromissos em Serviços Financeiros). Entretanto, aqueles que não o desejassem, comprometeriam-se apenas com os termos e condições dispostos em um anexo específico para serviços financeiros (Anexo sobre Serviços Financeiros) (Marconini, 2003, p.88). Dessa forma, ficou assim acordado que existiriam dois documentos: o Entendimento sobre Compromissos em Serviços Financeiros e o Anexo sobre Serviços Financeiros.[10]

O Anexo, além da definição e classificação de serviços financeiros, incluiria disposições permitindo o reconhecimento de medidas prudenciais de outros países. Conforme o Artigo II do Anexo do GATS (WTO, 1994b), é permitido aos membros tomarem qualquer medida para proteger investidores e depositantes e para assegurar a estabilidade do sistema financeiro. As medidas prudenciais são tidas como emergenciais, portanto, não precisam ser programadas e não devem ser interpretadas como sinal

[10] Conforme já observado, a saída desse impasse por meio da adoção de dois documentos (o Anexo e o Entendimento) acabou gerando problemas de interpretação por conter disposições incoerentes.

de abandono de qualquer compromisso assumido por um membro ante os demais. Mas o Anexo sublinhou que tais medidas devem ser de caráter puramente emergencial e, por isso, estão sujeitas a mecanismos de resolução de controvérsias em caso de interpretações conflitantes.

O Primeiro Anexo do GATS, no Artigo IV, ainda dispôs sobre a abertura de painéis para resolver eventuais disputas: "Painéis para resolução de conflitos em questões prudenciais e outras questões financeiras devem contar com relevante *expertise* (especialista) necessário aos específicos Serviços Financeiros sob disputa" (idem). (Tradução livre)

Essa disposição parece ter sido providencial para assentar as inquietações das autoridades financeiras, que duvidavam da competência técnica do pessoal do fórum comercial multilateral. Cabe destacar, ainda, que o Anexo não dispôs sobre a aplicação dos princípios: Acesso a Mercados e Tratamento Nacional. Esses dois princípios, exatamente conforme estabelecido para os demais setores, seriam objeto das Listas de Compromissos Específicos.

Ao final de junho de 1995, com a decisão dos EUA de não mais restringir o Princípio da Nação-Mais-Favorecida (NMF), isto é, de permitir, conjuntamente com o Japão, a extensão do acordo bilateral EUA-Japão[11] em serviços financeiros para todos os membros da OMC, o Comitê de Serviços Financeiros, que veio a ser constituído a partir de 1° de janeiro de 1995, substituindo o então Grupo Interino de Serviços Financeiros, já contava com um número maior de adeptos. Dentre esses estava o Brasil, que fez sua nova oferta condicionada aos resultados da reforma financeira no Congresso Nacional, assim como da participação de capital estrangeiro na privatização de instituições financeiras públicas.

Novamente, contudo, os EUA não se satisfizeram com as ofertas apresentadas e se retiraram das negociações 24 horas antes do prazo final para o encerramento. Os EUA avaliaram que a melhor alternativa era optar por acordos bilaterais do que ceder ao princípio da NMF. Conforme pontuaram Dobson e Jacquet (1998, p.82), as instituições financeiras norte-americanas estavam visivelmente insatisfeitas com as ofertas dos outros países. Essa passagem pode ser analisada à luz da abordagem estrutural discutida no capítulo 1 – poder como recurso tático. Enfocando a alternativa por meio de possíveis acordos bilaterais, os EUA procuravam fazer que os outros membros se mobilizassem no sentido de melhorar suas ofertas, tentando configurar uma assimetria que pudesse favorecer os interesses estaduni-

[11] Nos termos de Marconini (2003, p.264), "o acordo EUA-Japão sobre Seguros cobriu a desregulamentação do processo de aprovação para produtos e tarifas de seguros, a introdução de *brokerage* de seguros, a transparência regulatória e políticas de concorrência no setor. O acordo sobre Serviços Financeiros incluiu a participação efetiva de companhias de consultoria de investimento no mercado de gerência de fundos de pensão, maior disponibilidade de licenças e a desregulamentação na área de *trusts* de investimento, maior abrangência de tipos de *securities*, e simplificação dos processos de aprovação e notificação para transações transfronteiriças".

denses. Pode-se dizer que, nesse caso, os EUA aplicaram os ensinamentos de estratégia de negociação: se a proposta deles é pior do que a alternativa que você tem ao acordo (*Best Alternative To No Agreement* – BATNA), então fique com a alternativa (Fisher, Ury e Patton, 1994; Zartman, 1987; Rapoport, 1964).

Entretanto, a UE, o Japão e os outros países,[12] que já haviam apresentado suas ofertas, resolveram encerrar as negociações com um acordo interino, que vigoraria até o final de 1997 com ou sem a presença dos EUA. Na avaliação de Woolcock (1997, p.31), embora inicialmente menos entusiasmada do que os EUA, a UE logo se tornou a maior defensora da liberalização do comércio de serviços financeiros. Mas, para a UE, esse objetivo orientado por resultados vinha acompanhado de um desejo de ver o acordo multilateral concluído, o que deveria, entre outras coisas, contribuir para conter as tendências unilaterais da política norte-americana.

Nas análises de Woolcock (1997, p.32), a UE tendia a ver o copo meio cheio, ao invés de meio vazio, como era o caso dos EUA. Além disso, a UE não estava sob pressão das altas expectativas do setor financeiro europeu. Os EUA reavaliaram sua posição e perceberam que não era de interesse do país ficar de fora do acordo. Dito de outra forma, nas novas avaliações dos EUA, a sua BATNA não era tão boa assim. Então, decidiram finalmente aderir ao acordo, mas mantiveram a restrição quanto à aplicação do princípio da NMF, exigindo, portanto, reciprocidade, e agora abrangendo todo o conjunto de Serviços Financeiros, inclusive Serviços de Seguros, que estavam fora até a última oferta.

O resultado foi a constituição, em 1995, do Acordo Interino ou Protocolo Interino sobre Serviços Financeiros, que contou com a adesão de 43 países. As Listas de Compromissos Específicos (LCE) de cada país-membro desse Acordo encontram-se disponíveis no sítio da OMC sob a sigla *Financial Services Commitments and MFN Exemptions*.

A LCE atualizada do Brasil correspondente ao Protocolo Interino é a World Trade Organization GATS/SC/13/Suppl.1/Rev.1 (1995). O Brasil, assim como outros países, destacou a Lista em Compromissos Horizontais e Compromissos Setoriais. Os Compromissos Horizontais referem-se aos aspectos regulatórios que se aplicam ao setor de serviços como um todo.

Na verdade, os Compromissos Horizontais dizem respeitos às normativas relativas aos fatores de produção: capital (investimento estrangeiro direto) e mão de obra (movimento de pessoas naturais). Esses compromissos permanecem os mesmos conforme a Lista original emitida sob a denomi-

[12] África do Sul, Austrália, Brasil, Canadá, Chile, Cingapura, Coreia do Sul, Egito, Filipinas, Hong Kong, Hungria, Índia, Indonésia, Kuwait, Malásia, México, Marrocos, Noruega, Paquistão, Polônia, República Checa, República Dominicana, República Eslovaca, Suíça, Tailândia, Turquia e Venezuela.

nação World Trade Organization GATS/SC/13 (1994d). Os Anexos 1 e 2 especificam quais são esses compromissos.

O pós-protocolo interino

Conforme previsto nos termos do Acordo Interino, as negociações em serviços financeiros seriam retomadas a partir de 1997 para rever os compromissos assumidos até então.

Como resultado das novas negociações, os EUA, Índia e Tailândia tomaram a decisão de retirar as exceções ao princípio NMF, isto é, a exigência de manter obrigatoriamente reciprocidade em termos de concessões. Os EUA, entretanto, ainda mantiveram a exceção do NMF para Serviços de Seguro, que seria aplicada em caso de despojamento de investimento norte-americano em países signatários da OMC. Na verdade, conforme observou Marconini (2003, p.266), essa era uma resposta à Malásia, que previa essas mesmas medidas. Essas mudanças e ainda ofertas melhoradas pelos países em desenvolvimento teriam levado a um novo grau de compromisso que seria traduzido no Quinto Protocolo (WTO, 1997a) e em novas LCES correspondentes.

Dobson e Jacquet (1998, p.82), entretanto, apontam três possíveis explicações para esse novo arcabouço de liberalização em serviços financeiros. Em primeiro lugar, EUA e UE perceberam que precisariam cooperar cada vez mais no âmbito do Quad, para evitar qualquer adiamento por parte dos países em desenvolvimento em razão de um "conflito transatlântico". Depois, as instituições privadas dos EUA e da UE se uniram em torno do Financial Leaders Group (FLG), criado em 1996, para tentar superar interesses conflitantes e identificar interesses mútuos. Esse esforço teria inclusive contribuído para os EUA adotarem uma nova posição em resposta às medidas impostas pela Malásia antes citadas e também teria alterado algumas oposições do Congresso e do Senado dos EUA. Por fim, a crise da Ásia (1997) teria sido fator condicionante para conter o ímpeto de uma liberalização mais ambiciosa, principalmente dos EUA, e teria permitido maior flexibilidade e ajudado a pavimentar o caminho do acordo.

Assim, o Quinto Protocolo e novas LCEs correspondentes surgem em substituição aos compromissos adotados anteriormente.

Conforme previsto, esse Protocolo deveria ser ratificado pelos membros até janeiro de 1999. No entanto, até hoje o Brasil, além de Bolívia, Jamaica e Filipinas, não o ratificou. O processo ainda se encontra pendente de aprovação por parte do Congresso Nacional.

A LCE do Brasil correspondente aos compromissos específicos do Quinto Protocolo é a World Trade Organization GATS/SC/13/Suppl.3 (1998). O Anexo 3 representa os compromissos especificados nessa Lista.

As mudanças nas ofertas brasileiras: da LCE original ao quinto protocolo

Analisando as ofertas brasileiras desde a primeira, feita em sua LCE original (WTO, 1994d), até a última World Trade Organization GATS/SC/13/Suppl.3 (1998), nota-se uma mudança significativa. E algumas mudanças merecem destaque.

No que se refere ao subsetor de Seguros, no Modo 1, os serviços de Seguros de Frete foram ofertados para consolidação, apesar da restrição prevista para aqueles referentes a contratos de importação de bens e Seguros de Responsabilidade Civil decorrente de importações de bens. Exige-se nesses casos a presença comercial da empresa seguradora no País. Também está prevista a autorização para a contratação de seguros de casco, máquinas e obrigações civis para embarcações registradas no Registro Especial Brasileiro.

O Modo 3 para vários subsetores (Vida, Frete, Propriedade, Assistência Médica, Responsabilidade Civil, Casco, Máquinas e Responsabilidade Civil de Embarcações) foi ofertado para consolidação, a despeito da exigência de observância à forma de constituição da empresa, que deve ser sociedade anônima, e da necessidade do Decreto Presidencial.

Sobre Seguro de Acidente de Trabalho, o Brasil previu em Compromissos Adicionais liberalizar em alguma medida o Modo 3, dentro de um prazo de dois anos da adoção de legislação regulando tal participação pelo Congresso Nacional.

Em Resseguros e Retrocessão, o Brasil previu que regulação futura permitirá o provimento por instituições privadas, já prevendo, portanto, a quebra do monopólio exercido pelo IRB. Em Compromissos Adicionais, o Brasil também se comprometeu a liberalizar em alguma medida o Modo 3, dentro de um prazo de dois anos da adoção de legislação regulando tal participação pelo Congresso Nacional.

Em Serviços Auxiliares de Seguros – agências e corretores de seguros –, o Modo 3 foi ofertado para consolidação, exigindo apenas que a incorporação seja feita de acordo com o previsto em lei. Por outro lado, em Serviços Auxiliares – consultoria, atuariais e de inspeção –, não só o Modo 3, mas também os Modos 1 e 2 foram plenamente oferecidos para consolidação.

No que diz respeito aos Serviços Bancários, a primeira coisa que se nota é a divisão dos Serviços Bancários fornecidos por *instituições financeiras* e Serviços Bancários fornecidos por *instituições não financeiras*, a qual aparece na última LCE. Na Lista original e mesmo na World Trade Organization GATS/SC/13/Suppl.1./Rev.1 (1995), o Brasil não havia apresentado ofertas para serviços concedidos por instituições que ele considera *não financeiras*.

Para os serviços prestados por *instituições financeiras*, o destaque cabe ao Modo 3. O Brasil se comprometeu na última LCE com a liberalização desse

Modo para aumentar o número de agências e subsidiárias, assim como a participação acionária de cidadãos e instituições estrangeiras no capital de instituições financeiras brasileiras mediante a aprovação por meio de Decreto Presidencial. A melhora nas ofertas também pode ser notada na possibilidade de pessoas estrangeiras poderem participar do programa de privatização das instituições financeiras do setor público (também, nesse caso, a autorização se dá por meio de Decreto Presidencial). Reforça ainda a afirmação da melhora no teor das ofertas brasileiras a possibilidade de aumento do número de agências, para bancos estabelecidos no Brasil depois de 5 de outubro de 1988.

Conforme observam os especialistas, apesar da discricionariedade expressa na exigência de aprovação presidencial e na necessidade de aprovação caso a caso, a nova oferta representa um progresso (Marconini, 2003, p.273).

Segundo chama a atenção Marconini, e que de fato pode ser constatado no exame dessas LCEs, os avanços também podem ser percebidos no que diz respeito ao princípio do Tratamento Nacional sem restrições comprometidos pelo Brasil no âmbito da última LCE. Havia na Lista original uma discriminação com relação à permissão para manter uma rede própria de *Automatic Teller Machines* (ATMs). Os bancos estrangeiros não podiam usufruir desse direito previsto para os bancos nacionais, a não ser dividindo o uso desses caixas automáticos com outros bancos e ainda assim em bases minoritárias. A situação regulatória sobre a exigência de depósito compulsório e patrimônio líquido que era discriminatória para bancos estrangeiros também foi equiparada, desaparecendo, portanto, as limitações ao Tratamento Nacional.

O Brasil ainda concedeu, a título de Compromissos Adicionais, o Tratamento Nacional a prestadores de serviços de Cartão de Crédito e *Factoring* no Modo 3, caso esses serviços sejam classificados como Serviços Financeiros em lei aprovada pelo Congresso Nacional.

O BRASIL E SUAS RESTRIÇÕES EM LIBERALIZAR O COMÉRCIO DE SERVIÇOS FINANCEIROS NO SISTEMA MULTILATERAL DE COMÉRCIO

Segundo Mattoo (1999, p.20), as negociações sobre serviços financeiros tendiam a se dividir entre os países que buscavam ganhos com a exportação e os que focavam apenas as condições de competição no mercado doméstico. Essa afirmação parece um pouco limitada para explicar os diferentes casos.

Em relação ao Brasil, sim, havia até a preocupação com a questão da competitividade em relação ao setor de serviços de um modo geral. No entanto, a liberalização do comércio de serviços financeiros implicava desafios muito maiores.

A análise que se faz aqui é que todo o rol de argumentações construídas para defender uma postura contrária à inserção do setor de serviços no âmbito do comércio multilateral, de modo geral, pode ser transposto para o segmento de Serviços Financeiros. Portanto, a posição do Brasil nesse segmento deve ser interpretada à luz da sua discussão diante da introdução de serviços nas negociações comerciais multilaterais.

Entretanto, além das preocupações com a harmonização de regras, redução no *policy space* e consequente diminuição da autonomia, da competitividade, havia a preocupação com o impacto da abertura na estabilidade financeira doméstica. É importante notar que o equilíbrio do sistema financeiro é percebido como essencial em qualquer economia nacional, e liberalizar Serviços Financeiros implica correr risco sistêmico. Para o Brasil, isso se aplica de forma ainda mais intensa.

Conforme já abordado, as instituições financeiras possuem determinadas características que as tornam específicas: o escopo de sua atuação, a complexidade de suas operações, os riscos inerentes, a prática da alavancagem,[13] as limitações das regulamentações e supervisões; isso tudo as torna suscetíveis a crises.

No caso do Brasil, havia muito receio sobre o que significaria a liberalização em termos de saúde e estabilidade do sistema financeiro. O Brasil, mais do qualquer outro país, tinha motivos para se preocupar com a questão da estabilidade financeira. Conforme se observa no capítulo A Abertura Financeira no Brasil na Década de 1990, o Brasil vinha enfrentando subsequentes crises financeiras desde a década de 1980, situação que só vai se alterar com as negociações do reescalonamento da dívida externa, sob os termos do "Plano Brady", em 1994.

Tendo como base as atas das reuniões do Comitê sobre Serviços Financeiros da OMC, percebe-se uma séria preocupação com a abertura da Conta de Capital e um possível impacto negativo sobre a estabilidade do sistema financeiro doméstico. O Brasil indica preferência pela liberalização do Modo 3 (Investimento direto ou Presença comercial) e demonstra grande receio com a liberalização do Modo 1 (Prestação transfronteiriça).

Pode-se dizer que o entendimento do Brasil é de que, se não há uma garantia de condições favoráveis à liberalização, como a fundamental estabilidade macroeconômica, há riscos significativamente maiores do que qualquer benefício potencial. A esperada redução da estrutura dos preços e juros, defendida pelos analistas pró-liberalização, pode acabar se revertendo em aumento, em razão dos riscos aos quais os operadores estarão submetidos no caso de instabilidade macroeconômica. Além disso, está

[13] Por alavancagem entende-se que os bancos operam com um capital próprio relativamente pequeno em relação ao total de obrigações assumidas. Pode-se dizer que os bancos são capazes de multiplicar moeda, por meio de operações sucessivas de empréstimo para cada unidade monetária mantida em seu poder. Operar alavancado é operar endividado.

presente a preocupação com um possível reflexo negativo da liberalização do comércio transfronteiriço sobre o nível de investimento estrangeiro.

A preocupação com o impacto da abertura financeira irrestrita sobre a estabilidade econômica, e em especial sobre a estabilidade das instituições financeiras, não é infundada. Na verdade, há várias análises que apontam para potenciais riscos.

Beck (2000, p.15), em estudo que examina a relação entre volatilidade dos fluxos de capitais, penetração dos bancos estrangeiros e a liberalização do comércio de Serviços Financeiros, concluiu que a liberalização deve ser colocada em prática somente em um ambiente institucional apropriado, como os que dispõem de supervisão bancária adequada e padrões apropriados de demonstração de normas, procedimentos, políticas, enfim, processos. Além disso, deve haver um critério legítimo estabelecido previamente por regulamentos internos para assegurar que apenas as instituições saudáveis e robustas entrem no mercado interno. Em relação à liberalização do comércio transfronteiriço, especificamente, muito mais cuidado é necessário, uma vez que isso envolve fluxos de capitais. Beck é incisivo ao recomendar:

> Com relação à liberalização do comércio de serviços transfronteiriço, mais precaução deve ainda ser tomada, uma vez que necessariamente isso envolve fluxos de capitais. Isso somente deveria ocorrer como parte de uma coerente e bem sequenciada estratégia de liberalização, dentro de uma consistente estrutura macroeconômica e regime de câmbio. Geralmente, livre comércio transfronteiriço não impede a introdução de controle temporário de controle de capital. (Tradução livre)

A Conferência das Nações Unidas sobre Comércio e Desenvolvimento (UNCTAD) também é de opinião que a liberalização financeira excessiva, o que compreende a liberalização do comércio transfronteiriço mais especificamente, é responsável por criar instabilidade no sistema financeiro e crises frequentes (UNCTAD, 2001).

E, refletindo todas essas restrições, a posição do Brasil diante da liberalização de Serviços Financeiros no GATS/OMC foi tida pelos *demandeurs* como moderada. Para usar a linguagem da OMC, o Brasil consolidou muito pouco nos Modos 1, 2, 3 e 4. De fato, ao comparar o grau de liberalização do Brasil com o de outros países da América Latina, como Argentina, Chile, Colômbia e México, no âmbito da OMC, o Brasil adota uma posição bem mais restritiva. Na verdade, a posição destes assemelha-se à posição dos países desenvolvidos e não às posições dos países em desenvolvimento.

Considerações finais

Esta parte da análise, além de uma abordagem conceitual, procurou destacar os eventos sucessivos que levaram o setor de serviços a ser tratado dentro de uma perspectiva comercial.

Como se verificou, o consenso internacional para incluir o setor de serviços nas negociações comerciais multilaterais não se deu espontaneamente. Na verdade, só foi conseguido após um longo processo de discussão, marcado por posições extremadas.

A emergência do setor de serviços nas negociações comerciais multilaterais é um exemplo de como se vende um novo conceito. A instituição do novo conceito – que serviços poderiam ser comercializados – requisitou um grande investimento.

Os EUA, mais do que qualquer outro país, impulsionaram essa venda, usaram de todo poder de que dispunham para fazer com que os países relutantes viessem a concordar. Exerceram explicitamente o poder, tanto no sentido de recursos táticos, como de ameaça propriamente. O Brasil, assim como a Índia, foi até o limite de suas capacidades, que não eram suficientes, em se tratando das condições de vulnerabilidade externa do país. Pode-se pensar que a coalizão liderada por Brasil e Índia fracassou por não representar de fato uma ameaça à contraparte. Predominou, entre os membros dessa aliança, uma percepção de grande risco de se virem isolados em sua resistência, na medida em que os EUA lançavam mão da tática dividir para governar.

Cabe talvez refletir sobre as análises de Abreu (*OESP*, 01 set. 2003), que observa que Brasil e Índia focaram o alvo errado para resistir às demandas dos EUA, pois deviam ter escolhido propriedade intelectual em vez de serviços. Assim teriam uma agenda positiva com interesses mais próximos.

Essa observação de Abreu segue no mesmo sentido do argumento defendido por Narlikar (2003, p.81). Para a autora, os fatores de coerência e de compatibilidade entre as agendas dos membros são essenciais. Em suas análises a falta de interesses propriamente econômicos na hora de definir a agenda e negociar os termos dificulta a manutenção e atuação da coalizão. Certamente, quanto mais estreitos os interesses mais fortes tornam-se as alianças; entretanto, o fator poder, de que dispunham os EUA em contraste com Brasil e Índia, foi preponderante. Diante das circunstâncias, o Brasil adotou uma postura mais flexível e tratou de encontrar alternativas para minimizar as perdas, adotando uma postura de maior interesse na liberalização agrícola.

Assim, a Rodada Uruguai foi marcada por posturas bastante agressivas das partes, cada uma defendendo seu quinhão, caracterizando, assim, uma negociação preponderantemente competitiva, em que o poder foi exercido explicitamente por aqueles que o detinham.

A forte resistência do grupo de países contrários à entrada do tema serviços na agenda de negociações multilaterais devia-se ao fato de que estes defendiam seus próprios interesses em primeiro lugar. Interesses esses que eram, além da solução de questões remanescentes da Rodada Tóquio (como as questões agrícolas, têxteis e a solução de medidas protecionistas não tarifárias), o de manter a margem de manobra na condução das políticas públicas, manter o *policy space*. A ideia de harmonização de marcos regulatórios no âmbito global, que visava reduzir barreiras ao comércio de serviços, ia de encontro com esses interesses. O direito de estabelecimento que deveria ser concedido às empresas estrangeiras pleiteado pelos países desenvolvidos, por exemplo, era avaliado pelo Brasil como sendo incompatível com o direito dos países de regularem a entrada de investimentos estrangeiros.

O que chama a atenção, entretanto, nesse posicionamento, é o fato de o Brasil adotar uma posição preponderantemente reativa sobre a questão de serviços em geral. A despeito de toda a situação adversa que o colocava em posição de desvantagem, o Brasil acabou apostando todas as fichas na estratégia de veto. Até mesmo os estudos, propostos pelos EUA e outros países da OCDE sobre o setor de serviços, não foram feitos pelo Brasil (Caldas, 1998, p.53, 59, 75). Essa postura do Brasil, independentemente da motivação, não contribuiu para aumentar sua capacidade de negociação já enfraquecida por problemas de ordem econômico-financeira, porque não permitiu antecipar futuros problemas, necessidades ou mudanças.

Já a Índia, agiu de forma um pouco diferente. Apesar de ter ficado contra a proposta dos estudos, quando se viu vencida, tentou encontrar as alternativas através de extensivos estudos das questões envolvidas e, certamente, por meio de consultas aos setores envolvidos. Conforme observou Velasco e Cruz (2005, p.46), a Índia teve que operar em um ambiente de fortes expressões de interesses dos diversos grupos, diante dos novos temas, em especial TRIPs.

Observa-se, ainda, que quando as negociações chegaram ao ponto em que cada país devesse apresentar propostas específicas de compromissos de liberalização por segmentos, dentre esses os Serviços Financeiros, os conflitos recrudesceram não só entre países desenvolvidos e países em desenvolvimento, mas também entre os próprios países desenvolvidos. A análise que se faz é que o ponto de convergência da conduta cautelosa dos países (países desenvolvidos e países em desenvolvimento) contrários à liberalização de serviços financeiros deve-se principalmente ao papel central atribuído ao setor para a economia. Havia entre muitos países o medo da instabilidade financeira. Não obstante, esse ponto de convergência foi se dissipando, na medida em que os países desenvolvidos iam percebendo o potencial exportador que esse segmento reservava para eles.

Os EUA, entretanto, mantinham uma posição bem mais ambiciosa em relação à liberalização, a ponto de preferir abandonar a negociação a aceitar a disposição do princípio da NMF de modo irrestrito.

Para países como o Brasil, se em relação a serviços em geral havia uma preocupação em manter a autonomia diante da necessidade de implementar políticas públicas, em serviços financeiros essa preocupação era ainda maior. Não era uma questão só de querer e, portanto, procurar manter meios de desenvolver uma economia nascente, mas uma questão de precisar manter a estabilidade financeira do país em condições plenamente adversas.

É interessante observar aqui o papel da situação de fragilidade econômico-financeira do País. Se, nas negociações para a introdução do tema serviços no âmbito do GATT, a situação econômico-financeira enfraqueceu a do Brasil diante dos demais (com a pressão dos EUA, principalmente), nas negociações para a liberalização do comércio de serviços financeiros essa mesma situação parece ter servido de escudo para defender uma posição mais cautelosa do País. Os países não tinham certeza do impacto da liberalização do comércio de serviços financeiros sobre a estabilidade financeira. A questão do balanço de pagamentos preocupava sobretudo as economias mais vulneráveis a choques externos como o Brasil, mas também dizia respeito aos demais países na medida em que isso podia desencadear uma crise sistêmica de alcance internacional. O Brasil evidencia, no fórum multilateral de negociações comerciais, sua preocupação com a ampla liberalização do comércio de serviços financeiros; e o que se verifica é uma preferência por uma liberalização de caráter prudencial.

Em suma, esta parte da análise demonstrou o clima de conflito que se estabeleceu desde o início do debate sobre a liberalização do comércio de serviços e destacou a participação do Brasil. Apesar de protagonista, o Brasil não logrou reunir elementos indispensáveis à constituição de uma base oposicionista sustentável. Por outro lado, essa atuação evidenciou a tendência conservadora do Brasil, em face da consolidação da liberalização do setor de serviços em geral, em especial o setor de serviços financeiros.

Parte 3

ABERTURA FINANCEIRA NO BRASIL NA DÉCADA DE 1990

6
A ABERTURA FINANCEIRA NO BRASIL NA DÉCADA DE 1990

Conforme observou-se na Parte 2, mais especificamente no início do capítulo Serviços no Sistema Multilateral de Comércio, fazia-se uma avaliação por parte dos países desenvolvidos, em especial EUA, de que era necessário transformar a abertura financeira ocorrida de fato em uma situação de direito, ou seja, consolidada no âmbito do fórum multilateral de comércio de serviços. Vale dizer que quando as negociações para a consolidação da liberalização do comércio de Serviços Financeiros se iniciaram no GATT, já estava acontecendo na prática nos países, inclusive no Brasil. Mas o que significou isso?

Este capítulo discorre sobre a evolução da abertura do sistema financeiro ocorrido no Brasil na década de 1990. O objetivo é procurar entender como foi o processo, identificando suas particularidades e o contexto em que se deu.

ASPECTOS TEÓRICOS DA ABERTURA FINANCEIRA

Para Chesnais (1996, p.264), o termo *abertura* deve ser entendido sob duas perspectivas: o processo referente às barreiras internas, antes estanques, entre as diferentes especializações bancárias ou financeiras; e o processo relativo às barreiras que separam os mercados nacionais dos mercados externos.

No Brasil, há uma tendência em se referir à abertura financeira ou à liberalização financeira usando o termo *integração financeira*, uma vez que o Sistema Financeiro Nacional (SFN) integra-se, torna-se parte do sistema financeiro global.

Nas análises de Prates (2005-2006, p.121-2), a abertura financeira diz respeito à facilidade com que os residentes podem adquirir ativos e passivos denominados em moeda estrangeira e ao acesso de não residentes ao mercado financeiro doméstico, envolvendo tanto a liberalização dos movimentos de capitais (Conta de Capital) quanto a permissão de transações monetárias e financeiras em moeda estrangeira no país. A autora observa diferentes categorias de transações que caracterizam a abertura financeira. O Quadro 1 sintetiza os diferentes níveis de abertura, de acordo com a categorização da autora.

Quadro 1 – Níveis de Abertura Financeira

Nível	Modalidade Abertura
I. *Inward transactions*	Entrada de não residentes no mercado financeiro doméstico e captação de recursos externos pelos residentes.
II. *Outward transactions*	Saída de capitais pelos residentes e endividamento de não residentes no mercado financeiro doméstico. Operações que incluem a propriedade de ativos no exterior e a transferência de divisas por parte dos nacionais e lançamentos de títulos de endividamento dos agentes econômicos estrangeiros nos mercados financeiros e de capitais domésticos.
III. Conversibilidade interna da moeda	Permissão de transações em (ou denominadas em) moeda estrangeira no espaço nacional, como depósitos no sistema bancário doméstico e emissão de títulos indexados à variação cambial.

Para efeito desta análise, usar-se-á o termo abertura financeira no sentido mais amplo, conforme definição de Chesnais (1996), referindo-se tanto às reformas internas quanto à abertura que se refere à redução das barreiras que separam o mercado doméstico dos mercados internacionais.

A ABERTURA FINANCEIRA NO BRASIL NA DÉCADA DE 1990

A década de 1990 costuma ser apontada como um marco da abertura financeira no País, muito embora mudanças possam ser verificadas também em outros períodos (Lei n.4.131, de 1962; Lei n.4.390, de 1964).

Com efeito, pode-se dizer que a promulgação da Constituição de 1988 iniciou uma série de medidas sobre o tema, buscando flexibilizar as barreiras sobre o fluxo de capitais e ajustar o SFN ao cumprimento da onda transmitida pelo sistema internacional. No entanto, essa abertura, a despeito da crescente flexibilização, sempre manteve um determinado grau de controle, o que caracteriza uma abertura administrada.

Pode-se dizer que essa foi a maneira de administrar o receio de ocasionar movimentos fortes da saída de capital (e consequente desequilíbrios no balanço de pagamentos) e, ao mesmo tempo, a necessidade de manter o ambiente favorável aos investimentos externos para financiar o desenvolvimento econômico interno. Dessa perspectiva, as normas foram evoluindo para que fossem conformando os interesses mútuos – interesses nacionais e interesses do capital externo (Prates, 1997).

As mudanças na estrutura financeira interna

A partir de 1989, a configuração do SFN, que havia sido constituído a partir de 1964 (Lei n.4.595), sofreu uma mudança com a edição da Resolução n.1.524, de 21.09.1988. De um modelo de sistema financeiro constituído por instituições especializadas, condicionadas pela regulamentação a operar em nichos de atividades, voltou-se para um sistema mais abrangente, permitindo a existência de "instituições universais". Nas análises de Rodrigues de Paula (1998), essa mudança na verdade alinhou a regulamentação do setor à realidade do mercado, pois as grandes instituições financeiras, muito embora mantivessem razões sociais e contabilidades em separado, na prática já atuavam como instituições múltiplas. Nas observações do autor, apesar das restrições legais, a gestão da tesouraria acabava integrando na prática as várias instituições em uma mesma.

A reforma também extinguiu a carta-patente, instrumento até então necessário para o funcionamento de novas instituições financeiras. Com essa extinção, a autorização para o funcionamento de novas instituições financeiras passa a obedecer os requisitos de capital mínimo necessário, índice de alavancagem, idoneidade e competência de seus gestores (Rodrigues de Paula, 1998, p.87-116).

Carcanholo (2002, c.3) destaca que em 1991 apresentou-se o Plano Diretor para o Mercado de Capitais (parcialmente implementado em 1993). Esse plano implicou na alteração da lei das Sociedades Anônimas (S.A.) e permitiu a criação de novos instrumentos e fundos de investimento em títulos visando à captação de poupança interna e externa. Em suas análises, a oferta de títulos públicos, embalados por uma atraente alta de juros, fez com que houvesse uma reestruturação na carteira de ativos das instituições financeiras, isto é, as operações com títulos da dívida e valores mobiliários ganharam destaque em detrimento das operações de crédito bancário.[1]

A redução das barreiras que separam o mercado doméstico do internacional

O Quadro 2 procura sintetizar a abertura financeira, da perspectiva da redução das barreiras sobre os fluxos de capitais, ocorrida no Brasil na década de 1990.[2]

[1] Segundo dados da ANDIMA (2001), entre 1994 e 2000, o patrimônio líquido dos fundos passou de 47 bilhões de reais (13% do PIB) para 296 bilhões de reais (27% do PIB).

[2] O Quadro 2 foi elaborado com base nas observações de Bastos (2006).

Quadro 2 – Modalidade de Abertura Financeira no Brasil na década de 1990

Modalidade Abertura	Permitido	Não Permitido
Entrada de não residentes no mercado financeiro doméstico = Aquisição de ativos internos por investidores estrangeiros	X	
Captação de recursos externos pelos residentes = Endividamento externo de residentes	X	
Saída de capitais pelos residentes = Aquisição de ativos externos por residentes	X	
Endividamento de não residentes no mercado financeiro doméstico		X
Conversibilidade interna da moeda		X

Fonte: Bastos (2006).

Entrada de não residentes no mercado financeiro doméstico

Rodrigues de Paula (1998, p.87-116) aponta que uma mudança de relevância, ocorrida na segunda metade da década de 1980 e início da década de 1990, que diz respeito à legislação sobre investimento estrangeiro no mercado local.

A Resolução n.1.289, de março de 1987, determinou as normas para as aplicações em fundos de renda variável, no País, de residentes ou domiciliados no exterior, através da constituição das Sociedades de Investimento/Capital Estrangeiro, dos Fundos de Investimento/Capital Estrangeiro, Carteira de Títulos e Valores Mobiliários, regulamentados (Anexos I, II e III). Depois, a Resolução n.1.832, de 31.05.1991, incluiu o Anexo IV como parte integrante da Resolução n.1.289, que versava sobre o investimento, no País, em carteira de títulos e valores mobiliários mantida por investidores institucionais estrangeiros.

Prates (1997) observa que o Anexo IV significou a flexibilização dos canais de investimento de *portfólio*[3] estrangeiro nas bolsas de valores domésticas porque, diferentemente dos demais, não incluía requerimentos de diversificação e de capital inicial, prazos determinados e prévia isenção de tributação sobre ganhos de capital.

Biancareli (2004, p.2) também ressalta o papel do Anexo IV, criado em 1991, como passo inicial e decisivo para a entrada de investidores estrangeiros no mercado financeiro local. Permitia a aplicação no mercado brasileiro a partir de carteiras próprias (com exigências de prazos e de diversificação menores que nos Anexos anteriores). O processo atinge seu ápice em 1999 e

[3] De acordo com a definição do BACEN (2005b), *portfólio* é uma palavra estrangeira que designa carteira ou, em termos de mercados financeiros e de capitais, um conjunto de ativos (títulos, contratos etc.) detidos por uma pessoa ou por uma empresa. A expressão – investimento em *portfólio* – designa qualquer aplicação de recursos por estrangeiros (não residentes) nos mercados financeiro e de capitais do País.

2000, com a abolição das diferenças entre os Anexos e a livre aplicação dos recursos ingressantes, inclusive em relação aos investimentos de renda fixa.

Carcanholo (2002, c.3) repara também no Fundo de Renda Fixa de Capital Estrangeiro. Segundo ele, esse fundo, autorizado em 1993, permitia o investimento dos recursos em títulos do tesouro ou do BACEN, até a faixa de 35%, em títulos de renda fixa de empresas e instituições financeiras sediadas no País (CDBs e quotas do FAF).

Pode-se destacar ainda outra medida que teve o intuito de favorecer a entrada de capitais externos no SFN. Tratava-se da Resolução n.2.212, de 16.11.1995, que eliminou a exigência de que o capital mínimo de um banco estrangeiro fosse o dobro do exigido para um banco nacional. Esta exigência havia sido instituída em 1994 (Resolução n.2.099, de 17.08.1994), quando o Brasil aderiu ao Acordo de Basileia, e com isso definiu novos valores mínimos de capital para os bancos (Freitas, 1999, p.103).

Outra medida caracterizada nesse âmbito é a trazida pela Resolução n.2689, de 26.01.2000. Embora não tenha o mérito de liberalizar propriamente as barreiras ao capital externo de *portfólio*, seu caráter é de flexibilização e de facilitação das aplicações desse capital (Carcanholo, 2002, c.3).

Captação de recursos externos pelos residentes = Endividamento externo de residentes

Esse período também é marcado pela expansão do acesso das empresas nacionais às fontes externas de financiamento. Nas análises de Carcanholo (2002, c.3), flexibilizaram-se as restrições nas emissões de instrumentos de dívida no mercado financeiro internacional, como Certificados de Depósitos; Export Securities; Títulos – American Depositary Receipt (ADR);[4] e debêntures conversíveis em ações. Alteraram-se os prazos mínimos para captação e ainda concedeu-se isenção de impostos incidentes sobre essas operações.

Por fim, ele aponta as seguintes resoluções: Resolução n.2.148, de 16.03.1995, a qual permitiu a captação de recursos externos pelos bancos, para repasses a pessoas físicas e jurídicas (para custeio, investimento e comercialização da produção agropecuária); a Resolução n.2.170/96, que permitiu a captação dos bancos para repasse à pessoa física ou jurídica (financiamento imobiliário); a Resolução n.2.312/96, que autorizou o repasse captado pelos bancos no exterior a empresas exportadoras.

[4] *American Depositary Receipt* significa Recibo de Depósito de Ações e foi criado pelo Governo, através da Resolução n.1.927, de 18.05.1992, com o objetivo de incrementar o mercado brasileiro de ações. Os ADRs são papéis emitidos e negociados nos EUA e representam a propriedade de ações de empresas brasileiras.

Saída de capitais

A liberalização cambial, iniciada em 1989 com a criação do segmento de taxas flutuantes, marca o início da redução das barreiras que separavam o mercado doméstico do internacional. O regime cambial dual (câmbio comercial e câmbio flutuante) expandiu o acesso ao mercado cambial, na medida em que qualquer banco comercial passou a ter autorização para operar no mercado de câmbio. Houve ainda ampliação dos limites das posições comprado ou vendido dos bancos autorizados a operar no mercado de câmbio, e da possibilidade de não identificação do vendedor no segmento de câmbio flutuante.

Além disso, passou-se a permitir remessas para pagamento de juros e principal da dívida de médio e longo prazos, tanto para o setor privado como o público não financeiro. O câmbio comercial era o padrão usado para as operações referentes à balança comercial; para conversão de moeda nacional destinada à remessa; e para conversão de investimentos e de empréstimos no exterior. Mais tarde, especificamente em fevereiro de 1999, ocorreu a unificação dos dois segmentos de câmbio, comercial e flutuante (Prates, 1999a).

Outra medida que alarga a liberalização cambial é a alteração da Carta Circular n.5 do Banco Central do Brasil, regulamento que permitiu a movimentação de capital com contas de não residentes. A Resolução n.1.946, de 29.07.1992, e as Cartas Circulares n.2.242, de 07.10.1992, e a n.2.259, de 20.02.1992, concederam às instituições financeiras esse mesmo direito, isto é, desobrigaram-nas de autorização para o movimento de capital. Mesmo no começo de 1992, o Banco Central já havia autorizado a livre conversibilidade dos depósitos denominados em moeda nacional, em contas de instituições financeiras não residentes.[5]

A Carta Circular n.2.677, de 1996, vem depois para consolidar as normas já existentes em relação à regulamentação cambial de não residentes e revogar as Cartas Circulares n.5; n.2.242; e n.2.259. Portanto, fica facultado o crédito em conta de instituições financeiras no exterior de moeda nacional,

[5] De acordo com as definições do BACEN (2005c), CC-5 é a abreviatura do documento normativo Carta Circular 5, editada pelo Banco Central em 1969, regulamentando a abertura e movimentação de contas em moeda nacional tituladas por domiciliados no exterior e mantidas em bancos no Brasil. O objetivo inicial da CC-5 era permitir que estrangeiros que internalizassem recursos pudessem posteriormente repatriá-los. Em especial, os diplomatas faziam uso desse instrumento. Até março de 2005, os recursos mantidos nas contas tituladas por instituições financeiras, domiciliadas no exterior, podiam ser automaticamente convertidos em moeda estrangeira para remessa ao exterior, ainda que os recursos não fossem de propriedade da instituição financeira, o que era conhecido como "operação CC-5". Além disso, até essa data, os recursos mantidos nas contas tituladas por domiciliados no exterior que não fossem instituições financeiras estavam impedidos de ser convertidos e enviados livremente ao exterior, a não ser que tais recursos fossem obtidos a partir de operações de câmbio.

de propriedade de terceiros, que podem ser posteriormente convertidos em moeda estrangeira e enviados ao exterior. Em síntese, a liberalização cambial refletiu na ampliação dos limites das operações cambiais e dos investimentos brasileiros no exterior.

Em março de 2005, novas medidas foram tomadas pelo BACEN, no que diz respeito às normas cambiais. Por meio das Resoluções n.3.265/05 e n.3.266/05 do Conselho Monetário Nacional (CMN), a transferência de fundos para o exterior deixou de ocorrer através da CC-5; transferências de recursos do Brasil para o exterior, inferiores a dez mil reais, não precisariam mais ser registradas no Sistema Banco Central do Brasil – SISBACEN (sistema de informação entre BACEN e as instituições financeiras); extinguiu-se a diferenciação entre câmbio flutuante (turismo) e comercial; ocorreram mudanças nas regras de funcionamento de transação de divisas relativas à exportação. Com essas últimas alterações das normas cambiais, embasadas na Resolução do CMN n.3.265, de 04.03.2005, os "residentes" continuam podendo transferir numerários para o exterior, porém não mais por intermédio de conta de terceiros, mas fechando contratos de câmbio junto aos bancos autorizados para realizar suas transferências ao exterior. Portanto, as atuais contas de não residentes servem apenas para as movimentações de pessoas físicas e jurídicas domiciliadas no exterior.

Conforme os termos do BACEN (2005a), essa nova Resolução vetou o uso das contas em reais, tituladas por pessoas físicas ou jurídicas residentes, domiciliadas ou com sede no exterior, para a realização de transferência internacional em reais de interesse de terceiros. Além disso, permitiu que os saldos de recursos próprios existentes em tais contas pudessem ser livremente convertidos em moeda estrangeira, para remessa ao exterior, independentemente de o titular da conta ser instituição financeira ou não.

As novas alterações cambiais também afetaram as normas referentes às receitas de exportação. Os recursos provenientes de exportação tinham que entrar no País na data prevista no contrato de compra e venda, registrado no BACEN, ou no dia do recebimento do dinheiro com prazo máximo de 210 dias, variando conforme o caso. Com a alteração, passam a ter que entrar no prazo limite e único de 210 dias, independentemente da data do recebimento do dinheiro (BACEN, 2005a).

Conversibilidade interna da moeda

Não há plena conversibilidade da moeda no País. Se comparada às aberturas de países como Argentina, México e Uruguai, a brasileira desse período caracterizou-se como uma abertura controlada. A regulamentação interna diz que apenas o real pode ser usado para pagamentos no Brasil; todas as divisas originárias de exportação têm de ingressar no País. Todas as operações de câmbio têm de ser feitas de forma individual para cada agente econômico e requerem contrato de câmbio. O capital estrangeiro no país precisa ser registrado.

O Banco Central (BACEN), apesar de ter eliminado a necessidade de prévia autorização para transações regulamentadas de moeda estrangeira, determinou o devido registro dessas operações. Nas colocações de Baer e Macedo Cintra (2004, p.16), dentre as mudanças relativas ao capital estrangeiro no âmbito regulamentar e institucional verificadas a partir de meados de 1990, a instituição do registro do capital estrangeiro significou um "passaporte" para todas as operações de entrada e remessa de capital vinculado ao investimento estrangeiro (remessa de lucros, dividendos, *royalties*, juros, repatriação do capital investido). A partir de 2000, o registro passa a ser feito eletronicamente e todas as transações regulamentadas de moeda estrangeira passam a ser realizadas sem prévia autorização do BACEN.

Para Gustavo H. B. Franco, presidente do Banco Central do Brasil (BACEN), de 20.08.1997 a 04.03.1999, entretanto, essa mudança não deve ser desprezada. Para ele, houve uma significativa flexibilização dos procedimentos, na medida em que o novo procedimento adquire caráter quase que exclusivamente estatístico.

> O "monopólio cambial" se transformou num regime de "repasse-cobertura", onde o BC (BACEN) "intermediava" todas as compras e vendas acima de certo valor (fora da posição de câmbio, como se diz), e posteriormente evoluímos para a formação de um mercado interbancário ativo quase que sem travas a seu funcionamento. Sempre há o que melhorar, mas o fundamental já foi feito. (*OESP*, 19 ago. 2001)

A vinda dos bancos estrangeiros

Apesar de os bancos estrangeiros estarem no Brasil desde o fim do século XIX, como foi o caso do Lloyds, somente a partir de meados da década de 1990 é que a chegada ao País de diversos grupos estrangeiros faz-se notável.

Na verdade, essa expansão se torna possível em grande medida pela expressiva flexibilização das regras internas que permitem a entrada do capital estrangeiro no setor financeiro. A despeito das restrições previstas em lei à entrada de capital externo, o Governo buscou contornar essa restrição por meio do previsto nas disposições transitórias da Constituição de 1988, que permite que o presidente da República excepcionalmente possa autorizar, caso a caso, a entrada de bancos estrangeiros no país. Essa matéria será retomada no item O Contexto da Abertura Financeira no Brasil, mais adiante.

Não menos importante do que essa alteração foram as mudanças na estrutura financeira interna que visavam, em última instância, ao fortalecimento do sistema financeiro nacional.

Rodrigues de Paula (1998, p.87-116) enumera as seguintes medidas como de grande importância para a reestruturação geral dos bancos:

(i) estabelecimento de incentivos fiscais para a incorporação de instituições financeiras (MP n.1.179, de 03.11.1995);
(ii) instituição do Programa de Estímulo à Reestruturação e ao Fortalecimento do Sistema Financeiro Nacional – PROER (Resolução n.2.208, de 03.11.1995), dando acesso a uma linha de crédito especial às instituições financeiras que viessem a participar do programa e permitindo que as mesmas pudessem diferir em até dez semestres os gastos com a reestruturação;
(iii) aprovação do estatuto e regulamento do Fundo de Garantia de Créditos – FGC (Resolução n.2.211, de 16.11.1995), que estabeleceu uma garantia de até vinte mil reais para o total de créditos de cada pessoa;
(iv) dificultou-se a constituição de novas instituições financeiras e criou-se incentivo para os processos de fusão, incorporação e transferência de controle acionário (Resolução n.2.212, de 16.11.1995).

Assim, nesse contexto de mudanças, o ingresso de instituições bancárias estrangeiras no mercado nacional ocorreu de diferentes formas. Entre 1995 e 2002, houve ingresso de bancos estrangeiros no âmbito do Programa de Estímulo à Reestruturação e ao Fortalecimento do Sistema Financeiro Nacional (PROER) e do Programa de Incentivo à Redução da Presença do Estado na Atividade Bancária (PROES),[6] assim como houve aquisições de bancos domésticos com problema de solvência, sem pagamento de "pedágio"[7] e outras aquisições de bancos nacionais saudáveis com pagamento de "pedágio".

O Quadro 3 ilustra o aumento da presença de bancos estrangeiros no País no período entre 1995 e 2003.

Quadro 3 – Bancos Estrangeiros no Brasil – Uma amostragem do período entre 1995 e 2003

Ano	Nome da instituição	Origem	Natureza da operação
1995	Bankers Trust	EUA	Constituição em sociedade com Banco Itaú de Banco de Investimento
1995	Comercial do Uruguay	Uruguai	Constituição de Banco Múltiplo
1995	Rabobank do Brasil	Holanda	Constituição de Banco Múltiplo
1996	Banque Nacionale de Paris – BNP Paribas Brasil	França	Aquisição do Banco Comercial de São Paulo
1996	BankBoston S.A.	EUA	Constituição de Companhia Hipotecária
1996	BBA Creditanstalt	Áustria/Brasil	Aquisição da Financiadora Mappin

Continua

[6] Além desses dois programas de reestruturação, também existiu o PROEF – Programa de Fortalecimento das Instituições Financeiras Federais, que implicou a recapitalização do SFN, assim como a adoção de regras de contabilidade e de supervisão previstas nos Acordos de Basileia.

[7] Nos termos de Gustavo Franco (2000, p.1-2), "pedágio significava uma contribuição voluntária que o Banco Central do Brasil (BACEN) solicitava aos interessados na abertura de uma instituição financeira; corretora; DTVM; companhia de *leasing* ou uma nova carteira; por parte de um grupo estrangeiro já estabelecido ou buscando se estabelecer no País. Essa contribuição tinha como fim resolver problemas no sistema bancário, como a compra de ativos podres detidos pelo BACEN e que tinham sido herdados de liquidações anteriores".

Quadro 3 – *Continuação*

Ano	Nome da instituição	Origem	Natureza da operação
1996	Citibank	EUA	Constituição de Companhia Hipotecária
1996	Deutsche Sudamerikanisch Bank (Dresdner Bank Group)	Alemanha	Constituição de Banco Múltiplo
1996	Korea Exchange Bank – KEB do Brasil	Coreia do Sul	Constituição de Banco Múltiplo
1996	Republic National Bank of New York	EUA	Constituição de Banco Múltiplo
1996	Socimer	Suíça	Adquiriu 50% do capital acionário do Milbanco
1996	Tokyo-Mitsubishi Brasil	Japão	Aumento na participação acionária do Banco Mitsubishi S.A.
1997	AGF Braseg	França	Aumento na participação acionária integrando os 100% do Banco AGF Braseg e da Distribuidora de Valores
1997	AIG Consumer Finance Group	EUA	Aquisição de 51% do capital do Banco Fenícia
1997	American Express	EUA	Aquisição do Banco SRL
1997	Arab Banking Corporation – ABC Brasil	Arábia Saudita	Aumento na participação acionária do Banco ABC Roma e da ABC Roma Corretora de Valores Mobiliários
1997	Banco de La Provincia de Buenos Aires	Argentina	Constituição de Banco Comercial
1997	Banco InterAtlântico	França/ Portugal	Aquisição do Banco Boavista e de suas controladas
1997	Barclays	Inglaterra	Aumento na participação acionária do Banco BCN Barclays S.A. e da ITA DTVM S.A.
1997	Capital Market Latin América	Espanha	Constituição de distribuidora de títulos e valores mobiliários (DTVM)
1997	Cartepillar Financial Services Corporation	EUA	Constituição de Sociedade de Arrendamento Mercantil e Financeira
1997	Crédit Suisse First Boston – CSFB	Suíça	Constituição de Banco Múltiplo (carteira comercial, de investimento e de crédito imobiliário)
1997	Hewlett-Packard Finance Company	EUA	Constituição de sociedade de Arrendamento Mercantil
1997	HongKong Shangai Banking Corporation – HSBC Brasil	Inglaterra	Aquisição do Banco Bamerindus
1997	Lloyds TSB	Inglaterra	Aquisição do Banco Multiplic e de sua Financeira Losango
1997	Mellon Bank (Gr. Brascan/ Gr. Mellon)	EUA	Aquisição do Brascan
1997	Mercedes-Benz Leasing	Alemanha	Consituição de Banco Múltiplo

Continua

Quadro 3 – *Continuação*

Ano	Nome da instituição	Origem	Natureza da operação
1997	Morgan Stanley Dean Witter	EUA	Constituição de distribuidora de títulos e valores mobiliários (DTVM)
1997	NationsBank	EUA	Aquisição do Banco Liberal
1997	PSA Peugeot Citroen	França	Constituição de Banco Múltiplo (Investimento, Financiamento e Leasing)
1997	Robert Fleming Holdings	Inglaterra	Aquisição do Banco Graphus e da Graphus Corretora
1997	Santander	Espanha	Aquisição do Banco Noroeste e do Banco Geral de Comércio
1997	Sudameris Brasil	França/Itália	Aumento de Capital Social
1997	Suiss Bank Corporation	Suíça	Aquisição do Banco Omega (banco múltiplo com carteira comercial, de investimento e corretora de câmbio)
1997	Transbanco Banco de Investimento (Banco Volvo)	Suécia	Aumento na participação acionária do Banco e da DTVM
1997	Wachovia Corporation	EUA	Aquisição do Banco Português Atlântico do Brasil (banco múltiplo)
1998	ABN Amro Real	Holanda	Aquisição do Banco Real e o Banco do Estado de Pernambuco
1998	Barclays	Inglaterra	Fusão com o Banco Galicia y Buenos Aires (Argentina)
1998	BBV Argentaria Brasil	Espanha	Aquisição do Banco Excel-Econômico
1998	Caixa Geral de Depósitos	Portugal	Aquisição de 79,3% do capital votante do Banco Bandeirantes
1998	Chase Manhattan	EUA	Aquisição do Banco Patrimônio (Banco de Investimento)
1998	Credit Suisse First Boston – CSFB	Suíça	Aquisição do Banco Garantia
1998	DaimlerChrysler	Alemanha	Constituição de Banco Múltiplo
1998	General Eletric Capital Service	EUA	Aquisição da Financiadora Mesbla e Constituição de Banco Múltiplo
1998	Sudameris (Intesa Crédit Agricole)	França/Itália	Aquisição do Banco América do Sul
1998	Toyota do Brasil	Japão	Constituição de Banco Múltiplo
1999	Banif Primus	Portugal	Aquisição do Banco Primus (banco comercial)
1999	Societé Générale Brasil	França	Aumento na participação acionária do Banco Sogeral, somando, portanto, 100% do capital em seu poder
2000	American International Group (AIG)	EUA	Aquisição do controle do Banco Fenícia
2000	BankBoston	EUA	Constituição de Sociedade Corretora de Valores Mobiliários

Continua

Quadro 3 – *Continuação*

Ano	Nome da instituição	Origem	Natureza da operação
2000	Bank of America	EUA	Aquisição do Multi Banco S.A.
2000	BES Investimento do Brasil	Portugal	Constituição de Banco de Investimento – participação acionária de 80% do BES Investimento Portugal e 20% do Banco Bradesco
2000	Cargill S.A.	EUA	Constituição de Banco Múltiplo
2000	Goldman Sachs Group	EUA	Constituição de Banco Múltiplo
2000	Honda	Japão	Constituição de Banco Múltiplo
2000	Merril Lynch	EUA	Constituição de banco de investimento
2000	Morgan Stanley Dean Witter	EUA	Transformação da Morgan Stanley Dean Witter DTVM em Banco Múltiplo e Sociedade de Títulos e Valores Mobiliários
2000	Santander	Espanha	Aquisição do Banco Estadual de São Paulo-Banespa e aquisição do Banco Meridional/Bozano Simonsen
2000	Unión C.A.	Venezuela	Constituição de banco comercial
2000	Volkswagen Leasing	Alemanha	Aumento da participação acionária no capital de *Leasing*
2001	Credit Lyonnais	França	Constituição de banco de investimento
2002	IbiBank (Grupo C&A)	Holanda	Constituição de Banco Múltiplo
2003	HongKong Shangai Banking – HSBC Brasil	Inglaterra	Aquisição do Lloyds TSB
2003	Standard Bank	África do Sul	Constituição de banco de investimento
2003	WestLB	Alemanha	Transformação em banco múltiplo

Fontes: BACEN, revistas (*Exame*, *IstoÉ Dinheiro*, *Veja*, outras), jornais.

Conforme se verifica com os dados do Quadro 3, o movimento de entrada das instituições financeiras estrangeiras no Brasil é notável nesse período. De acordo com o levantamento do Governo, entre 1995 e 2000, considerando-se apenas os casos particularmente mais significativos, os investimentos estrangeiros na aquisição e capitalização de instituições financeiras superaram os vinte bilhões de reais (Mensagem ao Congresso Nacional, 2002).

Entretanto, o processo de expansão do capital externo no setor financeiro do País seria interrompido. O movimento crescente é verificado até 2001. A partir daí, o movimento começa a cair.

A Tabela 1, a seguir, demonstra a evolução da participação de mercado dos bancos estrangeiros, desde os anos imediatamente anteriores à vinda maciça destes, até o ano 2003, em comparação com os bancos nacionais privados e estatais. A Tabela 2 expressa quantitativamente a participação dos bancos estrangeiros no total de bancos que operam no Sistema Financeiro Nacional.

Tabela 1 – Participação (%) das Instituições nos Ativos Totais do Segmento Bancário

Instituição do Segmento Bancário/Ano	1993	1994	1995	1996	1997	1998	1999	2000	2001	2002	2003
Bancos com controle estrangeiro	8,35	7,16	8,39	9,79	12,82	18,38	23,19	27,41	29,86	27,38	20,73
Bancos privados nacionais	40,67	41,21	39,16	39	36,76	35,29	33,11	35,23	37,21	36,93	40,76
Bancos públicos (+ caixas estaduais)	13,41	18,17	21,9	21,92	19,06	11,37	10,23	5,62	4,3	5,87	5,79
Caixa Econômica Federal	14,51	15,15	16,4	16,47	16,57	17,02	17,06	15,35	10,97	11,66	13,04
Banco do Brasil	22,93	18,28	13,91	12,52	14,42	17,44	15,75	15,63	16,76	17,12	18,4
Cooperativas de crédito	0,13	0,2	0,24	0,3	0,37	0,5	0,66	0,76	0,9	1,04	1,28
Setor Bancário	100	100	100	100	100	100	100	100	100	100	100

Fonte: BACEN (2003).

Tabela 2 – Número de Bancos por Estrutura de Capital

Bancos (1)/Ano	1995	1996	1997	1998	1999	2000	2001	2002	2003
Públicos (2)	32	32	27	22	19	17	15	15	14
Privados	210	198	190	182	175	175	167	152	150
Nacionais	144	131	118	105	95	91	81	76	78
Nacionais com participação estrangeira (3)	28	26	23	18	15	14	14	11	10
Controle estrangeiro (4)	21	25	33	43	50	57	61	56	53
Estrangeiros (5)	17	16	16	16	15	13	11	9	9
Total	242	230	217	204	194	192	182	167	164

Fonte: BACEN (2003).

(1) Inclui bancos múltiplos, bancos comerciais e caixa econômica.
(2) Inclui Caixa Econômica Federal.
(3) Inclui bancos que detêm participação estrangeira.
(4) Bancos múltiplos e comerciais com controle estrangeiro (exceto filiais).
(5) Filiais de bancos estrangeiros.

Cabe destacar que a regulamentação interna sofre uma mudança em 1999. Em meados de julho de 1999, o Banco Central do Brasil decidiu mudar os critérios de acesso de bancos estrangeiros ao SFN. Os estrangeiros que quisessem entrar no País teriam necessariamente que adquirir ou se associar a instituições existentes, a não ser em casos excepcionais.

Nas análises de Campelo Jr. e Costa (2004, p.26-7), a inflexão observada no movimento de entrada dos bancos estrangeiros foi devido: à paralisação do programa de privatizações; ao redirecionamento do capital estrangeiro para outros países da América Latina; e, em alguns casos, à constatação tardia de que a competição no Brasil se tornaria acirrada.

Dando destaque ao fator competição, realmente a concorrência externa despertou uma reação nos bancos privados nacionais.

Conforme já analisara Freitas (1999, p.138), a decisão do Governo Fernando Henrique Cardoso de promover a abertura do Sistema Financeiro Nacional (SFN) ao capital estrangeiro não provocou, de imediato, manifestações de desagrado da parte dos banqueiros nacionais, mas na medida em que os bancos estrangeiros começaram a dominar uma parte significativa dos ativos do sistema financeiro, alguns começaram a solicitar a reavaliação da política de abertura. Com efeito, a partir da vinda do HSBC (que comprou o Bamerindus), em 1997, os banqueiros e consultores financeiros locais começaram a discutir a questão publicamente. Conforme Freitas (1999, p.138-9), eles alertavam, por meio da imprensa, para o fato de que a participação estrangeira no SFN estaria próxima de atingir um suposto "limite ideal de 20% dos ativos totais"; e alguns ainda alardeavam uma ameaça à soberania nacional, caso os estrangeiros chegassem a deter 30% dos ativos totais do sistema financeiro.

Nas análises de Freitas (op. cit.), uma das principais vozes contra a ampliação da presença estrangeira no sistema financeiro brasileiro foi de Roberto Egydio Setúbal, presidente do Banco Itaú, que se declarara favorável à abertura, mas com discordância em relação à intensidade do processo e da predominância estrangeira. Com efeito, Setúbal, entre outras declarações à imprensa, fez o seguinte comentário por ocasião da vinda do HSBC: "A entrada de um banco dessa categoria vai aumentar a concorrência no varejo e mudar a cara do mercado brasileiro" (*FSP*, 30 mar. 1997, p.B1).

Conforme Freitas (1999, p.140), a visão de Setúbal se concentrava nos seguintes pontos:

(i) o Real ficaria mais vulnerável, pois os bancos estrangeiros poderiam lucrar apostando contra a moeda nacional, usando seu *funding* em reais e comprando dólares do BACEN;
(ii) o BACEN poderia perder crédito, pois um banco brasileiro dá crédito ilimitado ao BACEN, enquanto um banco estrangeiro o considera como um banco qualquer e, portanto, calcula os riscos como o faz em relação a outros bancos;

(iii) o poder do BACEN sobre os bancos nacionais é maior, porque o *funding* deles é local. Já o nível de ascendência sobre os bancos estrangeiros seria muito menor;
(iv) os controles sobre os capitais externos seriam menos eficazes, pois enquanto os bancos brasileiros com base *offshore* têm capacidade restrita em relação ao acesso a recursos, os bancos estrangeiros podem acessar enormes quantias fora do controle da autoridade monetária brasileira;
(v) a decisão sobre a alocação da poupança seria tomada no exterior, já que as matrizes dos bancos estrangeiros estão lá;
(vi) e nenhum país desenvolvido, na prática, permite que seus maiores bancos sejam comprados por estrangeiros.

Em sintonia com o presidente do Banco Itaú, também estavam Lázaro de Mello Brandão e Sérgio Soch – então presidente e vice-presidente do Banco Bradesco, respectivamente: "A abertura internacional veio forte. Vamos aguçar as nossas unhas" (*FSP*, 30 mar. 1997, p.B1).

Sérgio Soch, ao ser questionado sobre sua visão a respeito da entrada de investimentos externos no mercado financeiro nacional, sobre o motivo do ímpeto em continuar sendo o primeiro, e sobre uma eventual aspiração a que o Estado interferisse na entrada do capital externo no mercado financeiro nacional, disse o seguinte:

> Mesmo que um banco estrangeiro adquira o Banespa, Banestado ou Besc, ele não vai ameaçar a posição do Bradesco. Nossa posição na primeira colocação está bastante distante da segunda. *É lógico que devemos acompanhar e promover o sistema financeiro nacional. Como maior banco, temos que estar atentos para que o controle fique no País.* Mas não podemos ser contra a participação desses investimentos, mesmo porque outros setores caminham nessa linha de abertura. Isso não é um problema de alçada de um banco (ser ideologicamente contra a entrada dos bancos estrangeiros). O País está caminhando dessa maneira, nesse sentido, e nós fazemos a nossa parte. No Banco Central existem pessoas muito competentes, e se chegaram a esta conclusão, optando pela abertura, é porque é o melhor para o País. Não há qualquer aspiração por parte do Bradesco para que o governo interfira (contrariamente) à entrada desses bancos. A intenção do Bradesco está em manter a liderança, e para isso vamos continuar atentos às privatizações e a aquisição de algum banco que possa surgir. (*A Notícia*, 21 fev. 2000) (grifo meu)

Para além do discurso que expressava certo desconforto, a resposta dos concorrentes privados nacionais veio por meio da expansão das atividades, isto é, crescimento orgânico, como também por meio de incorporações e aquisições. O Unibanco comprou o Nacional e o Bandeirantes; o Bradesco comprou o BCN Credireal, o Mercantil de São Paulo e o BBVA no Brasil; o Itaú comprou o Banerj e o BBACreditanstalt S.A.

Esse movimento vai impulsionar um outro movimento que é o da concentração bancária. A despeito de sua relevância, essa questão não será tratada aqui por ir além do escopo dessa análise.

A abertura do setor de seguros, resseguros e outras atividades relacionadas

Assim como ocorreu no setor de serviços bancários, o de seguros também foi objeto de abertura na década de 1990. Com o plano de estabilização da economia, a mudança no mercado segurador brasileiro foi bastante significativa. Segundo os analistas, o crescimento proporcionado pela estabilidade da moeda superou todas as expectativas de crescimento elaboradas. Em 1993, a participação dos Serviços de Seguros no PIB brasileiro era de apenas 1,42%, e, em 2006 estava em torno de 3,4%. O Quadro 4 mostra a evolução da participação do setor no período de 1995 a 2002.

Quadro 4 – Participação do Setor de Seguros no PIB Brasileiro

Ano	% PIB
1995	2,53
1996	2,87
1997	2,87
1998	2,86
1999	2,90
2000	2,98
2001	3,14
2002	3,16

Fonte: *Revista Brasileira Risco e Seguro* (out/mar., 2006, p.89, 119).

A nova conjuntura econômica fez despertar o interesse dos agentes econômicos internacionais. Com a possibilidade de se conceder maior acesso ao capital estrangeiro, a partir de 1996, essa participação, que até então estava restrita a 33% do capital votante ou 50% do capital total de instituições seguradoras no Brasil, encontrou uma porta aberta para, então, instalar-se no País.

Até 1996, eram pouquíssimas as empresas genuinamente estrangeiras[8] operando no Brasil. Na verdade, as seguradoras em operação eram, até esta data, nacionais e algumas com participação de capital estrangeiro. Mas a partir desse ano, o governo brasileiro, baseado no Parecer da Advocacia-Geral da União – GQ-104, de 05 jun. 1996 – sobre a Liberação ao Capital Estrangeiro (*Diário Oficial*, 10 jun. 1996), decidiu flexibilizar as restrições impostas à participação do capital estrangeiro e, assim, as empresas estrangeiras marcaram uma maior presença no Brasil.

[8] No contexto desta análise, empresa estrangeira com atuação no Brasil deve ser entendida como uma empresa estabelecida no País, por meio de uma filial ou sucursal, em nome de sua matriz.

Nas conclusões do Parecer antes citado, o Artigo 52 do Ato das Disposições Constitucionais Transitórias de 1988 não se aplica às sociedades seguradoras, de previdência e de capitalização, mas exclusivamente às instituições financeiras. Até a edição da lei complementar prevista no Artigo 192 da Constituição, para disciplinar as condições de participação do capital estrangeiro nessas entidades (Inciso III), não existe no ordenamento jurídico nacional qualquer regra que restrinja a participação do capital estrangeiro nas sociedades seguradoras, de previdência e de capitalização.

Cabe observar que essas medidas permitiram uma maior participação estrangeira no capital empregado em Seguros, porém, desde que as empresas estrangeiras operassem também o Seguro Saúde.

Tabela 3 – Participação do Capital Estrangeiro no Valor Total de Prêmios

Capital/Ano	1996	1997	1998	1999	2000	2001
Estrangeiro	6,33%	17,94%	25,05%	29,54%	31,10%	35,17%
Nacional	93,67%	82,06%	74,95%	70,46%	68,90%	64,83%
Total	100	100	100	100	100	100

Fonte: Froéz Cruz (2004).

A Tabela 3 mostra a evolução da participação acionária das instituições estrangeiras no setor de Serviços de Seguros no Brasil a partir do ano de 1996 até 2001. Houve um aumento significativo de quase cinco vezes no período.

Quanto à colocação de seguros e resseguros no exterior, essa operação está limitada, conforme Decreto-Lei n.73 de 21 nov. 1966, aos riscos que eventualmente não possam ser cobertos pelas empresas aqui instaladas ou que não convenham aos interesses nacionais. Entretanto, conforme observa Marconini (2003, p.205-6), na prática, o que ocorre é que o consumidor brasileiro não pode contratar seguro com seguradora estrangeira que não possua filial ou subsidiária no País. Além disso, é vedado às seguradoras brasileiras contratar resseguro com resseguradora estrangeira.

Esse Decreto também determina que o Conselho Nacional de Seguros Privados (CNSP) deve aplicar às seguradoras de capital estrangeiro que exerçam atividade no Brasil as vedações ou restrições equivalentes àquelas em vigor para as sociedades seguradoras brasileiras que atuam nos países das respectivas matrizes das estrangeiras (Decreto-Lei n.73/66, Art. 32, X).

Quanto aos serviços de corretagem, a Lei n.4.594, de 29 dez. 1964, Art. 3, alínea "a", parágrafo único, reza que podem apenas ser prestados por brasileiros ou estrangeiros com residência permanente no Brasil, se forem pessoas físicas. Segundo as normas brasileiras, as sociedades organizadas precisam ter sede no País, devidamente registrada na SUSEP, e seus executivos preencher os requisitos necessários para pessoas físicas.

Em 1999, a Lei n.9.932 procedeu a transferência das atribuições do Instituto de Resseguros do Brasil (IRB) para a Superintendência de Seguros Privados (SUSEP). Entretanto, essa Lei foi objeto de arguição, junto ao Supremo Tribunal Federal, sobre sua constitucionalidade (ADI n.2.223-7). O argumento era de que as alterações no Sistema Financeiro Nacional (SFN) deveriam ser feitas por meio de lei complementar e não por lei ordinária, conforme reza o Artigo 192 da Constituição. Com isso, foi retirada a base jurídica que permitia a privatização do IRB.

Assim, o processo de abertura do mercado ressegurador brasileiro ficou suspenso. Cabe observar que a ADI n.2.223-7 não questionou o monopólio de resseguros, mas discutiu somente o tipo de ato normativo utilizado pelo Governo para disciplinar a matéria. Depois de outras iniciativas para se tentar levar adiante o processo de abertura do setor em referência, seguiu para o Congresso o Projeto de Lei Complementar (PLC) n.249, que regulamentava a abertura do setor de Serviços de Resseguros, pondo fim ao monopólio estatal. O PLC n.249 não previa a privatização completa do Instituto de Resseguros do Brasil (IRB), que é uma empresa mista, com capital dividido entre o Tesouro e as seguradoras. Na verdade, ele reafirmava a transferência das funções de regulação e fiscalização do IRB para o CNSP e para a SUSEP, e autorizava a participação de três tipos de ressegurador – o "local", cuja pessoa jurídica esteja constituída no Brasil; o "admitido", cuja pessoa jurídica possua um escritório de representação no País; e o "eventual", cuja sede da empresa esteja no exterior, mas que segue a legislação nacional. Nos termos do PLC n.249, o IRB manteria sob seu poder as operações de ações governamentais (áreas de interesse do Governo), que respondem por aproximadamente 20% do total.

Finalmente, em 2007, foi aprovada a Lei Complementar n.126, de 15.01.2007, que aboliu o monopólio estatal em resseguros exercido pelo IRB. E, sob essa nova Lei, instituições estrangeiras de resseguros poderão operar no mercado local.

Cabe notar que em relação a resseguros, mesmo antes da aprovação pelo Congresso da Lei Complementar n.126, o mercado já está semiaberto na prática. Na administração do IRB, sob o comando de Marcos Lisboa, já havia algumas medidas que permitiam que as corretoras ou seus clientes fizessem cotações de preços de resseguros diretamente no exterior.

O CONTEXTO DA ABERTURA FINANCEIRA NO BRASIL

Primeira metade da década de 1990

O período entre 1989 e 1994 – referente a um primeiro momento do processo recente de liberalização financeira no Brasil – é marcado pela transição das restrições e dificuldades na renegociação da dívida e pela abundância dos novos fluxos de capital privado, o que inverte o sinal do balanço de pagamentos e contribui para a formulação e implementação do Plano Real.

O Brasil vinha enfrentando subsequentes crises financeiras ao longo da década de 1980 e a poupança interna era insuficiente para financiar os investimentos necessários para a manutenção da economia. Então, entre 1993 e 1994, depois de várias tentativas, o Governo finalmente concluiu as negociações do reescalonamento da dívida externa, sob os termos do "Plano Brady".[9]

A renegociação da dívida junto com o movimento de entrada de capital já verificado em 1992 (principalmente pelos novos canais institucionais e dirigidos para aplicações em ações e renda fixa) fizeram com que o estoque de reservas internacionais se elevasse, aliviando a administração do balanço de pagamentos. Conforme avaliação dos analistas, o Plano Brady inaugurava uma nova fase de disponibilidade de financiamento internacional e ensejava uma reinserção do Brasil na economia internacional.

Para Bacha (1991, p.11-2), a normalização das relações com os bancos encorajaria os investidores privados e as agências internacionais de financiamento a promover os investimentos necessários nos países devedores. E, na percepção de Langoni (1991, p.45), a abertura comercial e em relação ao capital externo, inclusive de risco, seria a forma de recuperar o atraso relativo acumulado durante o período da década de 1980.

Segunda metade da década de 1990

Já a partir da segunda metade da década de 1990, a tendência dos especialistas é apontar as variáveis endógenas como condicionantes da abertura. No geral, a avaliação que se faz é que houve atração direta de capital, tanto na forma de IED, como de *portfólio*, além da flexibilização nos fluxos de saídas de capitais domésticos, em função da estratégia do Governo da época de estabilização da economia. Nas observações de Baer, Macedo Cintra, Mendonça de Barros e Silva (2004, p.73), a motivação tende a ser de ordem estratégica e não exatamente em função de pressões externas por liberalização vindas do âmbito comercial multilateral.

Para Bastos (2006), o sentido da abertura financeira no Brasil foi de adaptar instrumentos e marco regulatório à globalização financeira e produtiva, integrando o Brasil no "mercado emergente"; mais especificamente,

[9] Para Biancareli (2004, p.3), o Plano Brady, lançado em 1989, incorporava às intenções do governo norte-americano os elementos mais presentes na discussão internacional: securitização, deságio, recompra e redução das dívidas. Duas referências importantes sobre o Plano Brady são: Portella Filho (1994), cuja visão é mais crítica, e Bacha (1991), cuja visão é mais otimista.

estimulando IDE nos setores de serviços e a constituição de redes globais integradas. Além disso, a inserção do SFN nos mercados globais de ativos confeririam maior liquidez ao sistema. Tanto o mercado de capitais, incluindo os leilões de privatização, como o mercado de crédito seriam beneficiados. Ao regulamentar operações securitizadas gerou-se facilidade de movimentação de capitais, aumentando, consequentemente, a liquidez do sistema.

Quanto às medidas para flexibilizar as restrições sobre a presença estrangeira no sistema bancário doméstico, Freitas (1999, p.102) avalia que tal decisão foi tomada no contexto de fragilidade crescente do sistema bancário nacional, que sofria as consequências de uma brutal contração de liquidez associada à implementação de políticas restritivas em resposta aos impactos da crise mexicana. Além disso, havia o desejo do Governo de que essa decisão trouxesse ganhos que iriam além de um equilíbrio imediato.

Nas análises de Freitas (op. cit., p.103), o aumento da participação estrangeira é visto como desejável pelas autoridades governamentais, pois é baseado no pressuposto de que o capital financeiro externo permite, pelo acirramento da concorrência, o equacionamento das principais deficiências do mercado financeiro doméstico.

O mercado, de um modo geral, era avaliado como pouco competitivo, caracterizado pela concentração em operações de curto prazo; *spreads* (margens de ganho) bancários e custos operacionais muito elevados *vis-à-vis* os padrões internacionais; ausência de instrumentos de financiamento de longo prazo; mercado de capitais pouco expressivo (concentrado em poucas empresas, na maioria estatais); e tímida participação dos investidores institucionais (fundos de pensão, fundos mútuos de investimentos, seguradoras).

Rodrigues de Paula (2004) afirma que a vinda dos bancos estrangeiros para o País se deu no contexto de profundas mudanças internas. O Brasil iniciava a flexibilização das normas restritivas relativas à presença daqueles no setor financeiro; o programa de privatização de bancos estaduais; a estabilização de preços a partir de 1994; a promessa de crescimento do setor bancário de varejo; a possibilidade de desenvolvimento do mercado de fundos e de títulos no Brasil; além da abertura comercial. Entretanto, observa o autor, a crise do sistema bancário de 1995 foi muito importante nesse processo, na medida em que se abriu uma janela de oportunidade para os estrangeiros, ao desvalorizar significativamente os bancos existentes e colocar um grande número deles sob o comando do BACEN.

Portanto, conforme a maioria dos especialistas afirmam, a abertura financeira implementada nesse período decorre de uma condicionante interna, mais especificamente do plano de estabilização econômica levado à prática pelo governo brasileiro. A entrada dos bancos estrangeiros foi promovida devido à escassez de capitais nacionais e à aposta do Governo na maior capacidade desses bancos para melhorar a eficiência de todo o sistema financeiro doméstico. Pode-se dizer que o governo brasileiro dispensou tal cuidado aos bancos por temer que a crise bancária pudesse transformar um desequilíbrio localizado em uma situação de crise maior, justamente no momento em que se estava operando um plano de ajuste da economia.

Para autorizar a abertura do sistema bancário brasileiro ao capital externo, o Governo usou de brechas legais, pode-se dizer assim. Pela Lei Magna do País, a entrada de capital estrangeiro está proibida, na medida em que o Artigo 192 da Constituição Federal de 1988 prevê que o Sistema Financeiro Nacional (SFN) deva ser regulado por lei complementar (ainda não aprovada), incluindo o referente às condições de participação estrangeira. Não obstante, o Artigo 52 das Disposições Constitucionais Transitórias, que veda a instalação de novas instituições financeiras domiciliadas no exterior e o aumento do percentual da participação das já instaladas, possibilita o acesso das instituições financeiras ao País, ao prever exceções como: decisões resultantes de acordos internacionais, aplicação do princípio da Reciprocidade e de interesse do governo brasileiro.

Lançando mão dessa prerrogativa, o governo brasileiro declarou ser do *interesse* do País a entrada e/ou o aumento da participação de instituições estrangeiras no SFN (Exposição de Motivos n.311).

Conforme a Exposição de Motivos n.311 sobre a participação ou o aumento do percentual de participação de estrangeiros no capital das instituições financeiras nacionais, os argumentos do Governo foram:

a. Escassez de capitais nacionais para dar continuidade ao necessário processo de atualização tecnológica, que assegura melhor remuneração ao poupador e menor custo ao tomador de crédito, mediante a redução da margem de intermediação.
b. Elevados índices de qualidade dos serviços bancários prestados pelas instituições estrangeiras já presentes no Brasil.
c. Introdução de novas tecnologias de gerenciamento de recursos e inovações de produtos e serviços que resultarão em ganhos econômicos e, por consequência, maior eficiência alocativa da economia brasileira.
d. Eficiência operacional e capacidade financeira superiores dos capitais externos promoverão maior concorrência dentro do sistema financeiro nacional, com reflexos substancialmente positivos nos preços dos serviços e no custo dos recursos oferecidos à sociedade brasileira. (apud Freitas, 1999, p.128)

Depois, em mensagem ao Congresso Nacional (2002), o Governo reafirmou essa orientação dizendo que, ao promover o ingresso de capital estrangeiro no SFN, buscava-se ao mesmo tempo estimular a concorrência e aumentar a solidez do sistema, condições consideradas necessárias para que as operações de crédito ocorressem com custo menor e maior segurança.

Segundo Gustavo Franco, presidente do Banco Central do Brasil (BACEN), de 20.08.1997 a 04.03.1999, as autorizações para o aumento da participação estrangeira no SFN, concedidas por meio de decretos presidenciais, tinham por objetivo fortalecer as áreas mais frágeis do sistema. Nos termos do ex-presidente do BACEN,

> isso é bastante óbvio quando se trata das operações que envolveram a entrada de bancos como o HSBC e o BBV, bem como as aquisições dos bancos Bandeirantes (pela Caixa Geral de Depósitos), Boavista (pelo grupo formado pelo Credit Agricole, Banco Espírito Santo e Monteiro Aranha) e América do Sul (pelo Sudameris). Note-se que, nesses casos, nenhum grupo nacional se interessou por resolver o problema (...) se não tivéssemos os bancos estrangeiros, as soluções seriam muito mais caras para a viúva e/ou para os depositantes. (2000)

Poder-se-ia aqui abrir uma discussão a respeito dos resultados efetivos desse processo, isto é, dos ganhos concretos em termos de eficiência operacional e as externalidades positivas do aumento da concorrência no SFN, que seriam traduzidas em mais crédito, *spreads* menores. No entanto, essa questão foge aos objetivos da análise.

Os interesses das instituições financeiras estrangeiras

É óbvio que esse movimento não teria acontecido se os próprios bancos estrangeiros não estivessem interessados em vir.

Nas análises de Rodrigues de Paula (2004), a presença marcante dos bancos europeus no Brasil nesse período explica-se pelo fato de ser essa uma estratégia deles fortalecerem sua posição no mercado europeu, tendo em vista as pressões resultantes da união econômica monetária. Nos termos do autor,

> ao analisar-se as estratégias de expansão dos maiores bancos estrangeiros na América Latina, uma das características comuns desses bancos é que todos eles são grandes bancos universais que escolheram se expandir para outros países como estratégia de crescimento de suas atividades. De acordo com a literatura internacional, bancos que operam em países onde o setor bancário é grande e mais lucrativo devem ser capazes de exportar uma habilidade superior e são, assim, mais prováveis de expandirem suas atividades para o exterior. De fato, todos os maiores bancos europeus na América Latina – BSCH, BBVA, HSBC e ABN Amro – aumentaram recentemente seu *market share* nos seus mercados domésticos via fusões e aquisições, alcançando uma posição de liderança nesses mercados. A expansão para o exterior não foi somente uma fonte de diversificação de receitas para esses bancos, mas também uma forma deles fortalecerem sua posição no mercado bancário europeu no contexto das pressões resultantes da união econômica e monetária.

Esses interesses serão melhor explorados na Parte 4. Dessa perspectiva, a vinda das instituições financeiras estrangeiras, em especial os bancos, fazia parte da estratégia de internacionalização destes, tendo em vista buscar novos mercados e reagir ao aumento da concorrência nos mercados desenvolvidos.

A ABERTURA ADMINISTRADA

O que se nota é que, a despeito das medidas liberalizantes tomadas durante o período em análise, o Governo não as tornou permanentes. Na verdade, o Governo lançou mão de variáveis de controle sobre a abertura financeira.

A partir de meados de 1993, o Governo implementou algumas medidas, ora para restringir o fluxo líquido de capital externo, ora incentivando a entrada e saída dos recursos, porque precisava deter o manejo do grau de abertura. Era necessário poder fazer ajustes, devido ao crescimento da dívida pública e às limitações acerca da política macroeconômica.

Podem-se citar, como exemplos, as alterações referentes à emissão de títulos no exterior, como a ampliação dos prazos mínimos de amortização e dos prazos para benefícios fiscais (de dois e cinco anos para três e oito anos, respectivamente). Em dezembro de 1994, foi suspensa a autorização automática dessas emissões e os prazos de renovação foram alterados. No que se refere à tributação direta, tem-se verificado a mesma prática. O Imposto sobre Operações Financeiras (IOF) sobre emissões de títulos no exterior, que era de 3%, foi elevado a 7% em outubro de 1994, depois passou a ser isento em março de 1995, para em seguida ser elevado para 5% a partir de agosto de 1995 e, novamente isento, em abril de 1997 (Carcanholo, 2002, cap.3).

No segmento de investimento de *portfólio*, em setembro de 1993, ficaram vedadas as aplicações nos fundos de *commodities* no Anexo V e, ainda no final de 1993, proibiu-se a utilização desses recursos na aquisição de valores mobiliários de renda fixa e de debêntures em operações que resultassem rendimentos predeterminados. A tributação sobre as operações financeiras, em especial sobre recursos referentes ao Anexo IV (que era de 1% em outubro de 1994), passou a ser isenta a partir de março de 1995. Mais tarde, esse tipo de aplicação foi proibida no mercado de derivativos, mas, em abril de 1997, essa restriçao foi anulada (Carcanholo, 2002, cap.3).

Também em meados de 1993, aumentou-se o limite das posições compradas dos bancos, de dois milhões de dólares para dez milhões de dólares, sem, entretanto, haver necessidade de depósito no BACEN. Em agosto de 1995, o IOF sobre as CC-5 correspondia a 7%; já em abril de 1997, passou a ser apenas 2%.

Sobre os Fundos de Renda Fixa – Capital Estrangeiro –, que foram autorizados a partir de 1993, o IOF correspondente que era de 5% passou para 9%, a partir de outubro de 1994, e depois voltou para 5%, em março de 1995. Ainda em agosto de 1995, esse imposto aumentou para 7% e tornou a diminuir para 2% em abril de 1997.

Conforme os dados da ANDIMA (2004, p.19), com a piora da percepção do risco para financiamento de países emergentes com vulnerabilidade externa, em face da crise mexicana em 1995, o Governo passou a adotar uma estratégia que reunia desvalorizações graduais do Real (em torno de

7,5% ao ano), intervenções sistemáticas no mercado cambial e mudanças de caráter conjuntural nas regras de captação de recursos externos.

Em abril de 1996, o Banco Central, por meio da Carta Circular 2.677, de 10.04.1996, passou a requisitar a apresentação de documentos para transferência acima de dez mil dólares, além de estabelecer condicionalidades adicionais para a abertura de contas (Prates, 1999b, p.28).

Em 1998, para atenuar os reflexos da crise russa no mercado financeiro, como evitar a fuga dos investidores estrangeiros e reequilibrar as contas públicas, o Governo adotou uma série de medidas. Dentre elas, destacam-se: redução dos prazos mínimos dos empréstimos externos (um ano para as captações e seis meses para as renovações); aumento de 50% para 100% do limite existente para aplicações em títulos cambiais dos recursos captados pelos bancos para repasse à agricultura (Resolução 63 "Caipira"); isenção do Imposto de Renda sobre os rendimentos dos Fundos de Renda Fixa para estrangeiros; além de outras medidas para alongar o perfil da dívida pública (ANDIMA, 2004, p.15).

Em janeiro de 1999, após quatro anos de câmbio controlado, foi introduzido o regime de livre flutuação, no qual a taxa de câmbio é definida de acordo com a lei da oferta e da procura. Cabe ressaltar que essa alteração não significou a eliminação das inúmeras regras e controles sobre o câmbio. Houve mudanças nos depósitos compulsórios dos bancos, com o intuito de expandir o nível de atividade da economia, ampliando o acesso dos agentes econômicos ao crédito bancário. A alíquota sobre depósitos a prazo, que chegou a ser 30% em março de 1999, recuou gradativamente até chegar a zero em outubro de 1999. A alíquota relativa aos depósitos à vista baixou de 75% para 65%, o que aumentou em 2,7 bilhões de reais as disponibilidades do sistema bancário (ANDIMA, 2004, p.22).

Em meados de julho de 1999, o Banco Central do Brasil decidiu mudar os critérios de acesso de bancos estrangeiros ao SFN. Os estrangeiros que quisessem entrar no País teriam necessariamente que adquirir ou se associar a instituições existentes, a não ser em casos excepcionais.

Em 2002, as autoridades brasileiras mudaram as regras de contabilização dos ativos para fundos de investimento. De acordo com o relatório da ANDIMA (2004, p.36-7), essa mudança provocou uma altíssima volatilidade no valor das cotas dos fundos, o que acabou gerando um movimento expressivo de saques, devido à desconfiança dos investidores. O momento era delicado, com incertezas quanto à política econômica do novo Governo, expectativas em torno da economia norte-americana, agravamento da crise argentina e instabilidade política no Oriente Médio.

Em março de 2005, para incrementar as exportações, novas medidas foram implementadas. As restrições cambiais foram reduzidas, segundo o Banco Central do Brasil (BACEN), a um terço do que era até então. Entretanto, aumentou-se o controle sobre as remessas ao exterior, restringindo o uso das contas de não residentes.

O que revelam essas medidas que ora vão, ora vêm? Revelam que o Governo optou por uma estratégia que lhe permitisse maior controle do capital externo. O que se verifica é que em situações de relativa calma, com maior liquidez, o Governo optou por impor pequenas restrições, tendo em vista diminuir o fluxo de capital especulativo. Em situações de escassez, o Governo pôde relaxar na tributação e regulamentação, de forma que essas medidas pudessem atrair o capital externo; ou pelo menos não desestimular a permanência do capital já internalizado no mercado.

Conforme se verifica pelas datas das medidas, o movimento para o lado esquerdo do pêndulo, isto é, o movimento de contração da abertura financeira, deu-se mais intensamente no início do Plano Real. Depois disso, a tendência foi seguir adiante, com a abertura por um longo período. Nas análises de Blumenschein e Guinle (*FSP*, 12 maio 2002), ao longo da década de 1990, a legislação brasileira foi liberalizante, com exceção de medidas de curto prazo como as tomadas para o controle de capital volátil em momentos de crise.

Mas, para o que interessa aqui, é importante observar que a possibilidade de retroceder sempre existiu. A despeito de toda uma controvérsia sobre a eficácia da aplicação dos instrumentos de controle da abertura ou, por outro lado, do pouco uso de tais instrumentos, o fato é que a abertura pode ser potencialmente controlada por via administrativa.[10]

Uma evidência do cálculo do Governo sobre os riscos potenciais de uma institucionalização da abertura pode ser constatada na fala de Gustavo Franco, em artigo que contesta a tese de que se o processo de desregulamentação cambial avançasse a ponto de entrar de verdade na conta de capitais, o regime de flutuação cambial funcionaria melhor.

Gustavo Franco disse que sempre questionam se as velhas leis (Decreto n.23.258, de 1933, que versa sobre a obrigatoriedade de as exportações terem "cobertura cambial"; e a Lei n.4.131, de 1962, que garante o direito de repatriação e de remessa de dividendos sobre capital estrangeiro de risco e de empréstimo que entraram de fato e foram devidamente registrados no BACEN), pilares do controle da conta de capitais, serão revogadas. Em sua opinião, lembrando que ele era parte da autoridade financeira do período em questão,

> é difícil vislumbrar modificações muito substanciais ao regime que temos sem ocasionar movimentos muito significativos da saída de capital, como ocorreria caso fossem revogadas as duas leis velhas antes mencionadas. É difícil ver também como a flutuação cambial seria melhor. (*OESP*, 19 ago. 2001)

[10] Para Garcia e Barcinsky (1996), os instrumentos de controle não eram eficazes, não atingiam o objetivo final de disciplinar o movimento. E, para Cardoso e Goldfajn (1997), os instrumentos de controle tinham no máximo efeito a curto prazo, pelas brechas que acabavam sendo encontradas na legislação.

Reforça, ainda, a afirmação sobre a estratégia do governo brasileiro na década de 1990 de manter a abertura de forma administrada (e não institucionalizada) a postura crítica adotada por membros da equipe econômica daquele período em relação à decisão do Governo Lula, em 2006, de isentar de impostos aplicações estrangeiras em títulos públicos de longo prazo por meio de lei e não por medidas administrativas (portaria ou circular) (Bastos, 2006).

A análise que se faz aqui é de que a abertura financeira seguiu os princípios do pragmatismo, procurando ajustar, na medida do possível, os interesses internos e os interesses externos. Essa abordagem, como é possível observar, contrasta em grande medida com o caráter liberal fortemente "missionário" adotado por determinados países latino-americanos nesse mesmo período.

Considerações finais

Esta parte da análise procurou verificar como foi o processo de abertura financeira implementada no Brasil na década de 1990, identificando suas especificidades, o contexto em que se deu e os atores envolvidos. A ideia era procurar reunir elementos para depois examiná-los da perspectiva da liberalização do comércio internacional.

O que se verificou foi que a abertura do Sistema Financeiro Nacional (SFN) em grande medida já ocorreu. A abertura financeira foi marcada por medidas que envolviam basicamente a redução de barreiras à entrada de investidores estrangeiros no mercado financeiro brasileiro e a flexibilização das restrições de acesso de residentes às fontes externas de recursos.

Pode-se dizer que o Brasil passou a fazer parte dos fluxos internacionais de capitais. Destacam-se a entrada de bancos estrangeiros no mercado nacional (objetivando sanear o sistema); os investimentos de *portfólio* nos mercados de capitais domésticos; e as emissões de títulos soberanos, ações e recibos de depósitos de ações no mercado internacional.

Cabe observar que o acesso dos investidores estrangeiros à Bolsa de Valores verificou-se de forma concentrada em alguns setores, os quais passaram pelo processo de privatização. A ampliação das oportunidades de captação de recursos no exterior, conforme percepção do mercado, beneficiou apenas uma parcela das empresas, em especial as grandes, já com significativa capacidade de autofinanciamento.

Em relação à área de Seguros e outras atividades relacionadas a Seguros, a liberalização também já ocorreu sob a modalidade da presença comercial (Modo 3). Em 1996, o Brasil eliminou a distinção entre capital nacional e estrangeiro referente a Seguros. Muitas empresas estrangeiras entraram no mercado, em especial por meio de parcerias com empresas já estabelecidas.

Quanto a Resseguros, esse setor permaneceu sob o monopólio do Estado até 2007, quando foi aprovada a Lei Complementar n.126, de 15.01.2007, que aboliu tal *status*, muito embora a reforma de 1996 já prever seu fim. Essa mudança trouxe possibilidades concretas de abertura do mercado local para empresas estrangeiras.

Assim, fazendo uma avaliação de todas as medidas apontadas sobre a liberalização do comércio de Serviços Financeiros, o que se observa é que a abertura foi preponderantemente por meio de presença comercial e de flexibilização dos fluxos de capitais.

E, conforme se constatou, a abertura financeira foi um processo que se deu em um contexto de dificuldades macroeconômicas, pelas quais o Brasil vinha passando ao longo da década de 1980. Depois de um longo e difícil período, conhecido como a década perdida para os países excessivamente endividados como Argentina, México e Brasil (principal devedor dentre eles), verificaram-se, já a partir do início da década de 1990, alguns movimentos que reinseririam o País no sistema financeiro internacional.

O retorno dos fluxos internacionais, impulsionados pelo evento da renegociação da dívida externa, pareceu ao governo brasileiro uma oportunidade de colocar em prática um necessário plano de estabilização econômica. Para garantir, portanto, a entrada contínua dos fluxos de capitais, seria necessário adaptar a legislação às mudanças internacionais de forma que garantisse a livre circulação dos recursos. Além disso, a crise bancária fez com que o Brasil expandisse ainda mais o grau de abertura financeira. Consequência em parte da crise mexicana (contração da liquidez internacional) e dos reflexos do plano doméstico de estabilização econômica (redução dos ganhos dos bancos com a inflação), ela surge coincidentemente em momento considerado propício pelos bancos internacionais, para investimentos diretos (IDE).

O Governo escolheu a forma administrada para implementar a abertura, com o intuito de exercer relativo controle do capital externo. Assim, em situações de relativa calma, com maior liquidez, poder-se-ia eventualmente impor restrições, tendo em vista diminuir o fluxo de capital especulativo. Compensando, em situações de escassez, o Governo teria condições de relaxar na tributação e regulamentação, de forma que essas medidas pudessem atrair o fluxo de capital.

A leitura da equipe econômica do momento foi de que a liberalização plena da conta de capital deveria ser o último passo dado em um programa mais extenso, para evitar o aumento de fragilidade externa. O IDE e as emissões no mercado de capitais deveriam ser privilegiados como fontes de financiamento. Os demais tipos de fluxo de capital deveriam ser mantidos sob relativo controle, via impostos, recolhimentos e compulsórios.

Pode-se afirmar que a abertura implementada pelo governo brasileiro na década de 1990 teve um caráter *a priori* prudencial. Os objetivos eram atrair investimentos estrangeiros, fortalecer e desenvolver o setor financeiro nacional, e trazer para o País novos competidores com capital, tecnologia, produtos e processos de padrões internacionais. Os resultados efetivos dessa liberalização dão margem para mais uma extensa discussão. Não cabe aqui, entretanto, discuti-los.

Parte 4

O BRASIL NAS NEGOCIAÇÕES DO SETOR DE SERVIÇOS FINANCEIROS: OMC; ALCA; MERCOSUL; MERCOSUL-UE

7
O Brasil nas negociações do setor de Serviços Financeiros: OMC

Conforme visto na Parte 3, a abertura financeira implementada no Brasil ao longo da década de 1990 foi significativa. No entanto, no âmbito dos fóruns comerciais internacionais, essa abertura não foi consolidada. Na verdade, o Brasil se encontra como participante de um complexo de negociações comerciais internacionais que se desenvolvem não só na OMC, mas também em outros fóruns: ALCA; Mercosul; Mercosul-UE.

E qual é a posição do Brasil, sobre o setor em referência, em cada um dos fóruns citados? Quais são os interesses? Quais são as táticas? Quais são as estratégias de negociação usadas pelas partes em cada um desses fóruns? São essas questões que este e os três próximos capítulos procuram examinar.

Antes de responder a essas questões, cabe fazer um esboço comparativo entre iniciativa de abertura financeira verificada no Brasil e os compromissos consolidados até agora nos fóruns de negociações internacionais, com o intuito de proporcionar melhor visualização de tudo o que já se falou até aqui. O Quadro 1 procura fazer isso.

Quadro 1 – Comércio de Serviços Financeiros: Abertura x Consolidado

Serviços de seguros e relacionados com seguros: seguro de vida; seguro de transporte; seguro de propriedade; seguro de assistência médica; seguro de responsabilidade; seguros de casco, máquinas e responsabilidade civil de embarcações; seguro de acidente de trabalho; serviços de resseguro e retrocessão.		
Modos de Prestação de Serviços	Abertura verificada	Compromissos consolidados
Modo 1	– Seguro de vida; crédito e garantia podem ser comprados no exterior se aqui não são oferecidos.	Não consolidado

Continua

Quadro 1 – *Continuação*

Modos de Prestação de Serviços	Abertura verificada	Compromissos consolidados
Modo 2	– Seguros de Viagens Internacionais.	Não consolidado
Modo 3	– Presença das seguradoras estrangeiras no Brasil.	Incorporação segundo a lei brasileira, na forma de S.A. e Decreto Presidencial são requeridos. Para Seguro de Acidente de Trabalho, INSS é o único provedor autorizado. Seguro de resseguro e retrocessão: regulamentação futura permitirá o provimento por instituições privadas. Enquanto isso, é de competência exclusiva do Instituto Brasileiro de Resseguro (IRB) aceitar resseguros obrigatórios ou facultativos no Brasil ou no exterior, assim como distribuir resseguros que não retém.
Modo 4	– Conforme autorizações concedidas pelas autoridades competentes.	Não consolidado, exceto o indicado nos compromissos horizontais.
Serviços bancários: depósitos; empréstimos; custódia; serviços de pagamentos; transferência de recursos monetários; corretagem de câmbio; *underwriting*; administração de ativos; serviços de liquidação; pesquisa e assessoria.		
Modos de Prestação de Serviços	Abertura verificada	Compromissos consolidados
Modo 1 Modo 2	– CC-5. – *Private banking*. – Escritórios de Representação.	Não consolidado
Modo 3	– Vinda dos bancos estrangeiros e expansão de agências.	O estabelecimento de novas agências e subsidiárias de instituições financeiras estrangeiras, assim como o aumento de participação acionária de pessoas estrangeiras no capital de instituições financeiras incorporadas de acordo com a lei brasileira, somente são permitidos quando sujeitos à autorização caso a caso pelo Poder Executivo por meio de Decreto Presidencial. Condições específicas podem ser requeridas aos investidores interessados. Pessoas estrangeiras podem participar do programa de privatização das instituições financeiras do setor público e em cada caso presença comercial será concedida, também por meio de Decreto Presidencial. Em outras situações a presença comercial não é permitida.

Continua

Quadro 1 – *Continuação*

Modos de Prestação de Serviços	Abertura verificada	Compromissos consolidados
		Para os bancos estabelecidos no Brasil antes de 5 de outubro de 1988, o número de agências é limitado ao existente naquela data. Para aqueles bancos autorizados a operar no Brasil depois daquela data, o número de agências está sujeito às condições determinadas, em cada caso, à época em que a autorização é concedida. Instituições financeiras, a menos que de outra forma especificada, serão constituídas sob a forma de sociedade anônima quando incorporadas segundo a lei brasileira.
Modo 4	– Conforme autorizações concedidas pelas autoridades brasileiras competentes.	4) Não consolidado, exceto o indicado nos compromissos horizontais.

OMC

Com base no mandato contido no GATS, em que se estabeleceu uma agenda contínua de negociação, as discussões sobre Serviços foram retomadas em janeiro de 2000, antes, portanto, do lançamento da Rodada Doha.[1] Com o lançamento dessa Rodada, reafirmaram-se os termos do documento sobre Diretrizes e Procedimentos para as Negociações de Serviços (WTO, 2001a).

O documento revigora elementos importantes do GATS, como a flexibilidade assegurada aos países em desenvolvimento para assumir novos compromissos, assim como o aumento de sua participação no comércio internacional do setor de serviços. O documento também estipulou um cronograma específico para as negociações de acesso a mercado. Além do acesso a mercados, o mandato prevê também a definição de regras horizontais do GATS, como regulamentação doméstica, salvaguardas, subsídios e compras governamentais.

Entretanto, conforme a opinião geral dos negociadores oficiais, o avanço têm sido lento. As causas atribuídas a isso têm sido diversas. Uma delas seria

[1] A Rodada Doha de Desenvolvimento foi lançada em 2001, na capital do Qatar. O prazo original para o fechamento do acordo no que diz respeito às modalidades, isto é, delimitação dos objetivos, escopo, era final de 2005; entretanto, esse prazo foi estendido para 30.04.2006 e, certamente, será estendido pelo menos mais uma vez.

a característica estrutural do próprio GATS, por adotar os procedimentos de "listas positivas", o que teoricamente favorece as preocupações defensivas. Outro fator seria a ausência de parâmetros de comparação entre diferentes setores de serviços e entre os diferentes países.

O caráter competitivo das negociações na OMC

Muito além das causas de caráter estrutural, as negociações do GATS são, seguindo o padrão já verificado na Parte 2, de natureza predominantemente competitiva. Os interesses conflitantes sobrepõem-se aos interesses comuns. Antes de abordar as negociações sobre serviços, mais especificamente sobre Serviços Financeiros, é preciso introduzir o contexto atual das negociações no âmbito da OMC.

A importância de se analisar as negociações de uma perspectiva geral é que, embora tratadas por temas específicos, são imbricadas, isto é, interesses sobre um determinado tema se sobrepõem a interesses sobre outros temas.

Conforme afirmação dos negociadores brasileiros,

> eventuais posições negociadoras brasileiras em serviços dependerão dos nossos interesses específicos no setor e também de avanços em outras áreas como agricultura ou produtos industriais. Haverá sempre a possibilidade de intercâmbios (*trade-offs*) que permitam ao Brasil modular o nível de compromissos assumidos. (*Carta de Genebra,* ano 1, n.1, 2002)

Os principais países negociadores (EUA, UE, Japão, Brasil, China e Índia) mantêm uma postura de pressão recíproca. E, conforme denunciam as reuniões mais recentes da Rodada Doha, em que não chegaram a abordar serviços, mas apenas agricultura e bens industriais, as perspectivas de mudanças não são positivas, pelo menos não no curto prazo. As partes encontram-se ancoradas em suas posições e demonstram pouca margem de manobra para avançar além do *framework*, o que significa nada mais que um Acordo-Quadro em que são definidos os conceitos e princípios.

Na última Reunião Ministerial de julho de 2008, em Genebra, convocada por Pascal Lamy, no papel de Diretor Geral da OMC, houve um confronto principalmente entre EUA, de um lado, e Índia e China, do outro, no que diz respeito às questões de salvaguardas e subsídios agrícolas. Susan Schwab, representante dos EUA, colocou sobre a mesa uma proposta de limitar os subsídios agrícolas em torno de US$14,5 bilhões (cifra que corresponde ao dobro do valor efetivamente subsidiado no momento), mas afirmava que não poderia aceitar a proposta de Índia e China sobre os mecanismos de salvaguarda especial, para conter os aumentos súbitos de importações agrícolas. A imprensa do mundo inteiro noticiou o fracasso das negociações no sistema multilateral de comércio. A frase de Peter Mandelson (comissário de comércio da UE) revela, mais uma vez, o caráter predominantemente competitivo: "uma força irresistível se encontrou com um objetivo inamovível...". (*FSP*, 30 jul. 2008, p.A3).

Certamente que os conflitos nessas negociações não se resumem a essas duas únicas questões, assim como não se limitam a esses três países. Tanto as propostas de EUA, como as de Índia e China, vão contra os interesses do Brasil. Sendo o Brasil um grande exportador agrícola, suas posições são de reduzir substancialmente os subsídios agrícolas, praticados principalmente por EUA e UE e que distorcem o comércio internacional, e de tentar evitar as salvaguardas, que restringem as importações.

No entanto, o Brasil, diante das estratégias competitivas, principalmente de EUA, Índia e China e analisando sua alternativa – *Best Alternative to Negotiated Agreement* (BATNA), buscou adotar uma estratégia de natureza mais cooperativa, fazendo concessões, para fechar o acordo sobre a questão agrícola em negociação naquele momento. Conforme visto no capítulo 1, pode-se dizer que o Brasil via o acordo em si como um prêmio, de acordo com o quanto dependia dele. O que acabou não surtindo resultado, em função da atuação mais linha dura de EUA, Índia e China.

É interessante notar a distância que há entre as partes em termos de expectativas. Essas expectativas desalinhadas já vinham se caracterizando desde antes de julho de 2008.

Durante a Conferência Ministerial da OMC, em Cancún (2003), os países em desenvolvimento juntaram esforços para barrar o texto de um possível acordo proposto pelos EUA e pela UE. Nos termos de Amorim,

> o verdadeiro dilema que muitos de nós tivemos de enfrentar foi decidir se era sensato aceitar um acordo que, em sua essência, consolidaria as políticas das duas superpotências subsidiadoras com ganhos extremamente modestos e até mesmo algum retrocesso (a nova definição de subsídios da "caixa azul" para acomodar os Estados Unidos, por exemplo) – e ter de esperar outros 15 ou 18 anos para lançar uma nova rodada, depois de gastar preciosos trunfos de negociação. (*Wall Street Journal*, 25.9.2003, p.A18)

Os representantes do Brasil e da Índia agem com base na percepção de que não é justo ceder mais uma vez. Para eles, não há que cobrar qualquer abertura em bens industriais e serviços, como fazem os norte-americanos e europeus, para compensar as concessões em agricultura, pois estas já deveriam ter sido feitas no passado.

O Brasil e a Índia, ao serem pressionados por uma maior oferta em termos de abertura de seus mercados de bens industriais e serviços, alegam que já fizeram concessões antecipadas na Rodada Uruguai. Na verdade, os países em desenvolvimento, de um modo geral, têm a percepção de que, enquanto implementaram significativas reduções em suas tarifas industriais, flexibilizaram as restrições ao comércio de serviços e se comprometeram com regras sobre a observância de direitos de propriedade intelectual, os países desenvolvidos pouco ou nada fizeram, na prática, em termos de redução de barreiras contra produtos agrícolas provenientes daqueles países; tampouco reduziram os subsídios internos e os destinados à exportação desse setor.

Conforme observou William R. Cline (*VE*, 12 dez. 2005, p.A11), membro do Institute for International Economics (IIE) e do Center for Global Development (CGD – Washington, DC), a liberalização agrícola resultante da Rodada Uruguai pôs fim às quotas, mas substituiu a maioria delas por tarifas e *tariff-rate* quotas (que pode ser traduzido como uma fórmula de taxar os produtos até que o total importado atinja um determinado nível). Além disso, a eliminação de quotas no setor têxtil e produtos de vestuário só veio a entrar em vigor a partir de 2006.

Respondendo a um recado da UE antes da VI Conferência Ministerial da OMC em Hong Kong (dezembro de 2005), em que dizia que a proposta da UE não permaneceria sobre a mesa se não houvesse concessões nas áreas de seu interesse – bens industriais e serviços –, Celso Amorim, ministro das Relações Exteriores do Brasil, rebateu: "Eles oferecem redução tarifária de 39% em agricultura e cobram 75% em bens não agrícolas. É brincadeira..." (*FSP*, 29 out. 2005, p.B5).

Celso Amorim, por várias vezes, deu a entender que estava recusando uma promessa vazia, em troca de concessões concretas nas áreas de interesse dos países desenvolvidos.

Peter Mandelson, representante da UE, por sua vez, parecia buscar atingir suas metas a qualquer custo. Demonstrava excessiva preocupação com a aceitação dos resultados pelos seus próprios constituintes. Conforme já declarou publicamente, seu público interno precisa ver ganhos palpáveis.

Em seus termos, "Temos que fazer progressos em todas as frentes simultaneamente e com similar nível de ambição" (*FSP*, 27 nov. 2005, p.B13).

E esses ganhos parecem ter de representar uma perda para o outro lado. Isso se evidenciou ao final da VI Conferência Ministerial, quando Pascal Lamy, Diretor-Geral da OMC, que já ocupara o papel de Peter Mandelson, acabou atuando como conciliador na negociação. Lamy, já conhecendo os limites dos europeus, pois já estivera outrora no lugar de Mandelson, tentou estimular a opção pela data-limite de 2010 ou 2013, na época, como data para o fim dos subsídios, mas Mandelson foi irredutível (*VE*, 19 dez. 2005, p.A6).

Essa é uma evidência de que Mandelson estava tentando alcançar seu objetivo à custa de um suposto adversário; estava adotando uma tática tipicamente competitiva – *jogo de soma zero*. E, conforme dizem os especialistas, em matéria de negociação, esse tipo de abordagem pode variar desde um tipo de intimidação a formas mais sutis de manipulação (Fisher,

Ury e Patton, 1994; Cohen, 2000; Shell, 2001; Saner, 2002). Mais uma vez, verifica-se a balança pendendo para o lado que tem mais poder. O custo de manter o *status quo*, isto é, de não sair o acordo sobre essa questão agrícola é maior para os países em desenvolvimento. Portanto, a UE tem mais poder de influência, tem mais capacidade relativa de oferecer o que aqueles querem e está testando esses limites.

Celso Amorim, falando em nome dos interesses do Brasil, defende-se, afirmando que falta compreensão (do outro lado) de que, sem um compromisso ambicioso de liberalização, não haverá acordo. Nos termos de Amorim, referindo-se à demanda do Brasil pela redução tarifária e dos subsídios domésticos no setor agrícola:

> É claro que países como o Brasil entrariam com a contrapartida, na forma de uma liberalização de seus setores industrial e de serviços, desde que não se peça que façam algo comparável ao que o mundo rico terá de fazer na agricultura, porque o preço da abertura industrial e de serviços já foi pago na rodada anterior (a do Uruguai, encerrada em 1994). (*FSP*, 14.03.2006, p.B6)

No setor de serviços de um modo geral, os países desenvolvidos têm interesse no livre acesso a setores, como: serviços financeiros; telecomunicações; energia; meio ambiente (incluindo saneamento); serviços profissionais (em especial serviços legais); transporte marítimo (no caso da UE e do Japão); serviços de distribuição e de correios.

Brasil e Índia, já desde a Rodada Uruguai, demonstram preferência pela liberalização do comércio de serviços de mão de obra temporária, o que estaria dentro do escopo do Modo 4. Em outras palavras, Brasil e Índia solicitam liberalização do movimento internacional de um dos fatores de produção do qual dispõem, ou seja, mão de obra temporária. A Índia tem proposto até a criação de um *core group on services* (grupo especial de serviços) para equacionar seus interesses ofensivos em relação ao Modo 4, mas sem sacrificar seus setores de serviços considerados sensíveis, como serviços financeiros, além de distribuição e energia (*Carta de Genebra*, ano 4, n.7, 2005).

Os EUA, juntamente com Canadá, Japão e UE, respondem que a abertura do Modo 4 já é suficientemente ampla. Entretanto, esses países estão interessados na liberalização desse mesmo Modo para trabalhadores de nível gerencial e para os autônomos. Na verdade, conforme avalia o Brasil, a incapacidade dos EUA de se moverem em Modo 4 acabou minando sua capacidade de liderar as demandas por liberalização em outros temas (*Carta de Genebra*, ano 2, n.5, 2003; ano 4, n.6, 2005).

O Brasil demanda acesso aos setores de construção civil; distribuição; informática (tecnologia da informação – TI); postais; e turismo; inclusive, já apresentou ofertas específicas nesses setores. Conforme já abordado no capítulo Serviços no Sistema Multilateral de Comércio, o Brasil possui vantagens comparativas no setor de Construção Civil e pretende se desenvolver competitivamente em TI. O Brasil também confia que pode explorar e incentivar mais o potencial de crescimento do setor exportador de serviços de um modo geral.

Ainda que faltem iniciativas, há uma percepção no Brasil de que o comércio de serviços poderia ganhar mais importância na estratégia da política comercial brasileira, alinhado com interesses ofensivos da agricultura e manufatura.

Na avaliação do Brasil, a UE, apesar de sua postura demandante em serviços, com a adesão de seus dez novos membros, revisou sua lista de compromissos específicos (LCE), o que despertou bastante crítica, sobretudo em relação à ampla retirada de compromissos em plena rodada de negociação. Também a resistência à liberalização do setor de serviços audiovisuais, demonstrada no processo de negociação da Convenção de Diversidade Cultural na Organização das Nações Unidas para Educação, Ciência e Cultura (UNESCO), prejudicou a legitimidade de Canadá e UE como costumeiros demandantes no GATS (*Carta de Genebra,* ano 4, n.6, 2005). A resistência da França em permitir acesso estrangeiro ao mercado de serviços audiovisuais deve-se à preocupação com a ameaça à cultura doméstica (Aggarwal, 1992).

Mas, muito além de querer negociar setores específicos pela oferta e demanda de abertura, conforme o é no GATS/OMC, os EUA e a UE querem um modelo que se apóie na obrigatoriedade de se negociar um número determinado de setores. O Brasil não quer, pois prefere continuar oferecendo o que possa proporcionar-lhe mais benefícios e proteger seus setores mais sensíveis (*FSP*, 27 nov. 2005, p.B13).

Em relação às regras sobre serviços, o Brasil e outros países em desenvolvimento têm demonstrado interesse na elaboração de disciplinas de salvaguardas. A adoção de um determinado instrumento de defesa comercial conferiria maior segurança jurídica aos membros para assumirem compromissos de liberalização, pois se permitiriam eventuais reajustes em face de aumentos imprevistos de importações de serviços (*Carta de Genebra*, ano 1, n.1, 2002).

As demandas sobre o Brasil em Serviços Financeiros

Um dos principais alvos de liberalização dos países desenvolvidos nas negociações comerciais multilaterais é o setor financeiro. Em termos mais específicos, as pressões são para que se removam as barreiras ao investimento estrangeiro nos subsetores bancário e seguros e para que se liberalize o Modo 1, para empréstimos, administração de fundos, depósitos bancários e fundos de pensão.

E como isso se expressa hoje na OMC? Conforme visto nas negociações da Rodada Uruguai e nas negociações que se estenderam sobre especificamente o setor de serviços financeiros, o pedido plurilateral sobre esse setor compreende 16 tipos de atividades listadas no Anexo de Serviços Financeiros, o que compreende serviços de seguros, serviços bancários e demais serviços financeiros.

Por Modo de Prestação, o pedido destaca:

a. Modo 1: assumir compromissos de seguros de transporte, de aviação e marítimo; resseguros; intermediação de seguros, serviços auxiliares de seguro; assessoria financeira e de informação e processamento de dados financeiros.
b. Modo 2: assumir compromissos de seguros de transporte, de aviação e marítimo; resseguros; intermediação de seguros, serviços auxiliares de seguro; e todos os serviços financeiros não relacionados a seguros.
c. Modos 1 e 2: liberalização adicional, especialmente em casos de consumidores sofisticados como os de serviços de valores mobiliários.
d. Modo 3: assumir compromissos em todos os subsetores de serviços financeiros que permitam o estabelecimento de novas firmas e aquisição das existentes, na forma de subsidiárias, *joint ventures* e filiais com 100% de capital estrangeiro.
e. Modos 1, 2 e 3: remoção de tratamento discriminatório entre fornecedores doméstico e estrangeiro.
f. Modos 1, 2 e 3: remoção de limitações tais como monopólios, quotas numéricas ou testes de necessidade econômica. (*Carta de Genebra*, ano V, n.2, 2006)

Na percepção dos países demandantes, em geral os países desenvolvidos, o ponto de partida é fazer as iniciativas unilaterais em termos de desregulamentações e abertura dos sistemas financeiros serem amarradas junto ao sistema multilateral. Dito de outra forma, da perspectiva destes, os países precisavam pelo menos levar em conta em seus compromissos internacionais o nível de abertura já colocado em prática de forma unilateral. Recordando, isso já se verificou na Rodada Uruguai.

Os demandantes também exigem uma maior transparência dos marcos regulatórios e agilidade na expedição de licenças e outros requerimentos. Suas principais demandas podem ser sintetizadas nos seguintes itens: (i) ratificação do Quinto Protocolo; (ii) liberalização de Resseguros; (iii) abolição do requerimento de Decreto Presidencial; (iv) flexibilização das regras para incorporação de subsidiárias na forma de sociedades anônimas; (v) liberalização do comércio eletrônico de Serviços Financeiros.

Os EUA têm sido um dos maiores críticos sobre a não ratificação do Quinto Protocolo. Conforme já observado, além do Brasil, outros dois países – Jamaica e Filipinas – também não o ratificaram. Conforme expressão da representante dos EUA em uma das reuniões do Comitê sobre Serviços Financeiros da OMC: "Membros continuam enfatizando a importância da rápida ratificação do Quinto Protocolo" (WTO, 2002). (Tradução livre)

Além da ratificação do Quinto Protocolo, há também o acesso a serviços de resseguros, autorização para a instalação de bancos estrangeiros sem a necessidade do decreto presidencial, flexibilização de requisitos para Modo 3 (Presença Comercial) por meio de subsidiárias incorporadas como sociedade anônima e a liberalização do comércio de serviços financeiros pela internet, isto é, via comércio eletrônico.

Sem subestimar o interesse dos outros países desenvolvidos, é digno de nota o papel dos EUA. Conforme visto no capítulo O Brasil no Debate sobre a Liberalização do Comércio de Serviços, no início de década de 1980 os EUA buscavam manter sua segurança econômica por meio de uma estratégia bastante agressiva em termos de política comercial. E essa política comercial agressiva se manteve.

Em 1997, por ocasião da Reunião de Hong Kong do FMI, Robert Rubin, então Secretário do Tesouro dos EUA, defendeu veementemente uma maior abertura do setor financeiro, afirmando que essa era a melhor forma de se compatibilizar os sistemas financeiros dos "emergentes".[2] E isso incluía a entrada de bancos estrangeiros. Para o Secretário, os bancos estrangeiros podiam ajudar a manter sólidos e estáveis os sistemas financeiros.

> A experiência mostra que a abertura para fora pode melhorar a capacidade do país de construir um sólido e estável sistema financeiro doméstico. É por isso que estamos pressionando por um aumento substancial do acesso dos estrangeiros aos maiores mercados financeiros emergentes nas nossas atuais negociações para um acordo de liberalização dos serviços financeiros no âmbito da Organização Mundial do Comércio (OMC). É também por isso que todos os países-membros do Fundo Monetário Internacional (FMI) estão se movendo para fazer da liberalização do mercado de capitais um objetivo básico do FMI e estender seu alcance para incluir os movimentos de capital. (*GM*, 23 set. 1997)

Outros países, em especial o Japão, a Suíça, a Noruega e o Canadá, também têm cobrado o Brasil pela não ratificação do Quinto Protocolo. Na percepção desses países, é "desapontador e perturbador" o fato de o Brasil não estar se esforçando para cumprir com as obrigações apresentadas no âmbito do GATS/OMC, e que isso dificultaria levar adiante novos compromissos que adviriam da Rodada Doha. Além disso, na opinião destes, isso não seria justo com os demais membros da OMC (WTO, 2005c).

Nas avaliações de Pascal Kerneis (2004), representante do Fórum de Serviços Europeu (uma espécie de coalizão de empresários do setor de serviços da União Europeia), as ofertas do Brasil e Índia (no âmbito da

[2] Conforme considerado no Fórum Econômico Mundial, Davos, Suíça, 2006, os países emergentes são: China, Índia, Brasil, Rússia, e um grupo de países menores: Indonésia, Tailândia, Irã, Turquia, Egito e México.

OMC) são decepcionantes, especificamente as referentes aos setores de telecomunicações; transportes e serviços financeiros. A despeito do destaque dado às ofertas "desqualificadas" de Brasil e Índia, conforme os termos de Kerneis, alguns países desenvolvidos (Austrália, Canadá e EUA) também foram alvos de suas críticas.

Os impasses verificados em torno das negociações multilaterais levaram representantes das instituições financeiras dos países desenvolvidos a se juntarem aos representantes de outros setores, para elaborar estratégia de pressão em favor do aprofundamento da abertura em seus mercados. A ideia era atuar para que as propostas previamente discutidas em julho de 2005 entre os membros da OMC não fossem esvaziadas na VI Conferência Ministerial da OMC, de Hong Kong, em dezembro de 2005 (*VE*, 15 dez. 2005, p.A4).

A propósito, durante essa Conferência, Pascal Kerneis afirmou que os agentes econômicos querem, sobretudo, que o Brasil se comprometa formalmente com a abertura já feita, isto é, que o Brasil coloque sob obrigação legal a abertura verificada na prática. Isso, em sua opinião, tranquilizaria os investidores (*VE*, 13 dez. 2005, p.A).

Essas demandas trazem em seu núcleo os interesses das próprias instituições financeiras privadas. Nos termos de Vasconcelos, Strachaman e Fucidji (2003, p.117-8):

> Diante desse quadro de alteração das condições de concorrência, reforçaram-se as pressões dos próprios agentes financeiros em favor de novas rodadas de desregulamentação, as quais foram a tônica desse setor, nas décadas de 1980 e 1990, principalmente nos EUA e Europa (Kroszner, 1999). O objetivo era (e é) o de possibilitar a tais agentes, em especial os bancos, o ingresso em novos mercados setoriais e geográficos, inclusive por meio de pressões *muitas vezes auxiliadas pelos negociadores internacionais de seus respectivos países ou conjunto de países*, a fim de que se perceba com maior acuidade os interesses do setor financeiro e de seus próprios países. (grifo meu)

Freitas (1999, p.102) também afirma que a abertura financeira verificada no Brasil veio ao encontro dos interesses de várias instituições financeiras internacionais e, pelo menos em parte, às exigências internacionais expressas em diferentes fóruns, tais como: OMC, Mercosul e ALCA.

Como se verifica, há uma forte pressão vinda dos países desenvolvidos, não só pela abertura concreta, mas principalmente pelo compromisso de assinar um acordo que sele essa abertura. Contudo, é preciso ter em conta que a demanda pela abertura visa também ao disciplinamento de regras. Trata-se de um esforço de harmonização para evitar a concorrência desigual, com base na ideia de se criar um *level the playing field*, ideia essa que já vem desde a Rodada Uruguai com a entrada dos novos temas na pauta de negociação.

A resposta do Brasil às demandas

Os constrangimentos de ordem jurídica interna

Um grande problema que impacta a liberalização do setor financeiro é o fato do Sistema Financeiro Nacional ser regido por normas constitucionais. Para reduzir esse obstáculo, o Governo teria de desconstitucionalizar algumas dessas normas, o que não é fácil, pois envolve um processo complexo de aprovação junto ao Congresso Nacional e, além disso, as novas normativas podem estar sujeitas a questionamento da Suprema Corte.

A não aprovação do Quinto Protocolo da OMC pelo Congresso é emblemática desse tipo de constrangimento.

A cobrança da aceitação desse Acordo já se incorporou à agenda do Comitê de Serviços da OMC. Invariavelmente, o Brasil tem respondido, de forma sucinta, que a aceitação depende dos procedimentos do Congresso. Entretanto, na reunião de comitê, de 10 de fevereiro de 2005, o representante brasileiro, alterando o padrão de resposta, considerado bastante vago pelos outros países, deu a seguinte declaração:

> O representante brasileiro disse que a situação em relação à ratificação do Quinto Protocolo no Brasil não havia mudado muito desde a última reunião. A falta de aprovação pelo Congresso não era devido a nenhuma objeção ao conteúdo do Protocolo. Na verdade, o conteúdo do Protocolo correspondia ao nível de acesso ao mercado previsto na regulação existente no Brasil. O atraso estava ligado aos compromissos adicionais que tinham sido empreendidos pelo Brasil sob o Protocolo, e que estavam condicionados à lei. Essa lei havia sido aprovada, mas seu caráter de constitucionalidade havia sido questionado na Suprema Corte de Justiça. Uma vez que o caráter constitucional dessa lei ainda se encontrava sob disputa, o Congresso achava que não era apropriado aprovar o Quinto Protocolo. Ele também esclareceu que o questionamento da lei não havia sido motivado pelo seu conteúdo, mas por um aspecto formal ligado ao tipo de lei que deveria ter sido adotado nesse caso. Assim, não era possível indicar um cronograma para o aceite final do Protocolo, mas esforços estavam sendo alocados para contornar essa situação e proceder ao aceite formal. (WTO, 2005b) (Tradução livre)

Essa resposta do negociador brasileiro revela que efetivar qualquer oferta de liberalização que implique ter que enfrentar mudanças nas leis internas, principalmente quando isso envolve o caráter de constitucionalidade, significa ter que enfrentar um possível questionamento da Suprema Corte de Justiça.

O Brasil, ao se comprometer com liberalizações que dependiam de reformas que passariam pelo Congresso ou que foram determinadas apenas pelo Executivo, mas que acabaram sendo questionadas internamente por força de lei, evidenciou uma expressiva limitação em seu grau de ofertas de liberalização nas negociações comerciais internacionais.

Nas ofertas apresentadas pelo Brasil em 1997 e destacadas na LCE World Trade Organization GATS/SC/13/Suppl.3 (1998), previa-se a permissão para o provimento do serviço de resseguros por instituições privadas, portanto, a quebra do monopólio estatal de resseguros até então exercido pelo Instituto Brasileiro de Resseguros, mediante uma regulamentação interna. O problema é que essa quebra de monopólio só foi possível por meio de lei complementar. Trata-se de dispositivo legal que normalmente passa por um processo de aprovação de maioria absoluta do Congresso, requerendo um tempo maior. Foi conseguido em 2007 com a Lei Complementar n.126 de 15 jan. 2007, que quebrou tal monopólio. Sendo esse um fator importante de restrição da aprovação desse Protocolo especificamente, é possível que com a nova Lei as coisas mudem.

O jogo competitivo também do Brasil

No entanto, pensando no contexto maior da negociação, isto é, no histórico das rodadas, pode ser que os avanços não sejam tão promissores.

Adotando a mesma postura competitiva dos países desenvolvidos, o Brasil diz que não deve arcar com a maior parte dos custos dessa rodada. O Brasil afirma que está disposto a fazer ofertas no setor de serviços financeiros, mas de acordo com suas próprias limitações.

Diante das táticas duras dos países desenvolvidos e seus agentes, projetadas para pressionar as partes-alvo a fazer coisas que não fariam em outra situação, o Brasil contra-ataca.

Como se viu em várias ocasiões, os países desenvolvidos quiseram controlar as negociações. Abriam-nas com ambiciosas exigências, ameaçando, dando ultimatos e chegando mesmo a deixar as salas para demonstrar comprometimento com suas metas. Isso serviu para o Brasil avaliar com quem estava negociando e fez com que começasse a dar o melhor para atingir suas metas, de acordo com os problemas a ser enfrentados e os negociadores do outro lado. Significou inclusive uma maior resistência em consolidar a abertura.

Conforme se verifica também no âmbito da Rodada Doha, os países desenvolvidos não têm a percepção de que os países em desenvolvimento possam ser encarados como credores de aberturas efetivadas anteriormente, sejam decorrentes de reestruturações econômicas (implementadas unilateralmente), sejam as liberalizações decorrentes da Rodada Uruguai com expectativas de ganhos recíprocos que não se constataram. Isso fez com que os países em desenvolvimento percebessem que estavam diante de negociadores extremamente competitivos, despertando nestes um comportamento defensivo.

Em termos concretos, o Brasil tende a colocar na mesa, como moeda de troca, toda a abertura já efetivada no País. O Brasil recorre aos termos do Parágrafo XIII das Diretrizes e Procedimentos para as Negociações de Serviços (*Guidelines and Procedures for the Negotiations on Trade in Services* – WTO, 2001a), que em consonância com os termos do Parágrafo XV da Declaração Ministerial de Doha (WTO, 2001b), estabelece que, no caso de países procederem a liberalizações unilaterais previamente às negociações, haverá direito a créditos com base no princípio de equilíbrio entre direitos e obrigações no processo de negociação, desde que a situação real seja consolidada nas LCES.

O Brasil e outros países em desenvolvimento propõem discutir se o crédito deve ou não estar condicionado à consolidação das medidas de liberalização nas LCES e, além disso, propõem que esse direito seja atribuído apenas aos países em desenvolvimento (*Carta de Genebra*, ano 1, n.3, 2002), pois, do contrário, não se atingiria o propalado princípio do equilíbrio.

A questão da autonomia: tentativa de assegurar o policy space

Como abordado no capítulo O Brasil no Debate sobre a Liberalização do Comércio de Serviços, o Brasil já havia manifestado sua preocupação em não comprometer o princípio da soberania ao assinar acordos comerciais internacionais. A queixa do Brasil, assim como de outros países em desenvolvimento, é de que as regras da OMC limitaram, expressa ou implicitamente, a flexibilidade dos países quanto à adoção de instrumentos que possam ser usados na implementação de metas de políticas públicas, isto é, limitaram o *policy space*.

O Brasil pode querer intervir eventualmente na economia, combinando políticas setoriais tradicionais e políticas de capacitação tecnológica. As políticas setoriais, vale destacar, envolvem critérios de favorecimento a determinados setores da economia tendo em vista alcançar objetivos estratégicos. Essas políticas podem envolver incentivos fiscais, crédito público diferenciado e direcionado e tarifas diferenciadas para importação e exportação de determinados produtos (Fiori, 1999).

Conforme Celso Amorim (Ministro das Relações Exteriores), o Brasil ainda precisa garantir que a OMC preserve espaço para políticas públicas e para o desenvolvimento industrial. Além do mais, o nosso próprio marco regulatório precisa ser rearranjado tendo em vista a nova realidade.

Nos termos do Ministro: "Temos um déficit de regulamentação tanto na área financeira quanto na trabalhista e não podemos abrir mão disso" (*OESP*, 5 mar. 2005, p.B11).

No que diz respeito à regulamentação, Umberto Celli (2009) observa que propostas relativas à Regulamentação Doméstica têm sido apresentadas por vários países desenvolvidos. Entretanto, conforme observa o autor, muitas dessas propostas fugiram do objetivo inicial de estabelecer disciplinas voltadas exclusivamente para serviços profissionais, abrangendo outras que cobrem todos os setores de serviços. Nos termos do autor,

> pode-se afirmar que seu propósito foi o de claramente delimitar o espaço dos Membros (*policy space*) para regulamentar o setor de serviços a partir do momento em que assumirem compromissos no âmbito do GATS. (p.42)

O interesse dos países desenvolvidos, e em especial dos EUA, em disciplinar os marcos regulatórios de forma a coibir a concorrência desigual pode ser legítimo. Entretanto, a crítica é que não se levam em conta diferenças nos níveis de desenvolvimento. Isso significa que os países desenvolvidos, ao tentarem coibir a prática de concorrência desigual no âmbito dos acordos comerciais, também encerram qualquer possibilidade dos países ainda em desenvolvimento implementarem políticas setoriais e disciplinarem suas próprias regras de mercado.

Em termos concretos, para o Brasil a própria política de pêndulo que se verifica na abertura financeira administrada não poderia ser implementada, evidenciando o que pode significar perda do *policy space*.

Se um país assumir compromissos específicos em determinado setor, não poderá determinar qualquer norma ou procedimento novo em matéria de licenças e qualificações, procedimentos técnicos que venham a impactar esses compromissos específicos, pois estaria sujeito a questionamentos e consultas do órgão de Solução de Controvérsias.

A resposta do Brasil nesse fórum de negociação tende a demonstrar que o Governo está sopesando os custos e benefícios desse acordo, tendo em vista também os interesses de outros setores, e do quanto isso pode impactar negativamente o desenvolvimento da economia em geral. Além disso, a resposta também reflete o zelo que está se tentando ter com um possível engessamento regulatório.

Manter a estabilidade macroeconômica

A resposta do Brasil às demandas também reflete a preocupação com a autonomia decisória, no que diz respeito à possibilidade de reverter a abertura implementada em função de exigências de política econômico-financeira.

Há ainda uma significativa preocupação com a repercussão da liberalização do comércio de serviços financeiros sobre a liberalização da conta de capital e o consequente impacto sobre o desequilíbrio das contas externas, fator extremamente sensível para o Brasil.

Conforme declarações do representante do Brasil na reunião do Comitê de Serviços Financeiros da OMC, de 2 de dezembro de 2002, a questão da liberalização da conta de capital deveria ser deixada de fora das negociações. Em sua opinião, essa seria uma atitude positiva que deveria contribuir para aumentar o conforto dos membros durante as discussões sobre o setor (WTO, 2002).

O que se depreende dessa fala é que haveria pouco sentido em arriscar a estabilidade macroeconômica liberalizando plenamente a conta de capital.

No que diz respeito à liberalização do comércio de serviços financeiros por meios eletrônicos (Internet), o Brasil se defende destacando vários argumentos. Em primeiro lugar, há o risco de descompensação no nível de emprego. Depois, há receio quanto a uma maciça perda de divisas. Além disso, há uma preocupação com o aspecto prudencial, pois se considera inviável a fiscalização da regulação interna em um contexto como esse. Conforme pontuou o Brasil na Reunião do Comitê de Serviços Financeiros da OMC, de 23 de junho de 2005 (WTO, 2005b), quando se liberaliza o comércio transfronteiriço via Internet, algumas formas de fraude acabam sendo facilitadas. O Brasil argumenta que ainda está desenvolvendo regulamentações específicas para o comércio eletrônico, e que é preciso considerar vários aspectos antes de se comprometer com liberalizações futuras.

A percepção do Brasil sobre a questão do comércio eletrônico é de que seriam necessários maiores entendimentos sobre em que Modo isso se encaixa. No entendimento do Brasil, alguns tipos de serviços consumidos por vias eletrônicas podem ser caracterizados no Modo 1, mas outros, no entanto, podem ser caracterizados no Modo 2, uma vez que poderia haver uma estada virtual do consumidor no território do prestador através da Internet. Por conta disso, o Brasil solicitou que se fizesse uma distinção explícita de que o Modo 2, em relação a Serviços Financeiros, serve apenas para os serviços concretamente consumidos no território do fornecedor; isto é, o Brasil solicitou que se fizesse uma menção de que o comércio eletrônico não deve ser caracterizado como Modo 2, pois assim o nível de compromisso dos membros no Modo 2 poderia aumentar.

8
O Brasil nas negociações do setor de serviços financeiros: ALCA

A Área de Livre Comércio das Américas (ALCA), projeto de integração regional, incluindo 34 países do hemisfério, foi iniciada formalmente em 1994 durante a Primeira Cúpula das Américas, em Miami, EUA.

De acordo com essa estratégia inicial, o modelo de Zona de Livre Comércio proposto pelo governo norte-americano se configuraria em inúmeros acordos bilaterais entre os EUA e cada um dos demais países do continente americano, exceto Cuba. A proposta foi amplamente criticada. Especificamente o Brasil criticou o modelo de integração concebido pelos EUA, qual seja, o de *hub and spoke* (eixo e raio), onde os EUA representariam o eixo e os demais países se movimentariam em sua órbita.

O Brasil achava que esse modelo só reforçaria o grau de dependência dos demais países em relação ao poder dominante dos EUA (Guilhon Albuquerque, 2003, p.47). Mas, a despeito da falta de êxito na prática, a ideia de uma possível integração entre os EUA e os demais países do continente permaneceu no plano das discussões, até que em 1994, durante a primeira Cúpula Presidencial das Américas, Miami, EUA, surge a proposta da ALCA.[1]

[1] Segundo Guilhon Albuquerque (2003, p.45), embora de largo espectro, pois envolvia temas de cooperação em educação e comunicação, temas sobre segurança, combate às drogas, cláusulas ambientais, democracia, governança, a agenda da Cúpula de Miami não englobava comércio, que só entrou mais tarde, graças às pressões de grupos de interesse.

O CARÁTER PREDOMINANTEMENTE COMPETITIVO DAS NEGOCIAÇÕES NA ALCA

Modelo de Integração da Alca: Mercosul x Nafta

O Brasil, por não perceber a ALCA como um processo que pudesse trazer ganhos ao País, na medida em que afetaria, a curto prazo, a sobrevivência das empresas brasileiras e não brasileiras aqui instaladas, adotou uma postura de distanciamento das negociações (Guilhon Albuquerque, 2001).

Nesse contexto pessimista, por assim dizer, o compromisso com a constituição da ALCA parecia algo muito abstrato. Até que, a partir da II Cúpula das Américas, ocorrida em abril de 1998, em Santiago, Chile, as negociações começaram a se verificar de fato.

As negociações sobre serviços na ALCA se iniciaram em abril de 1998, sob as atribuições do Grupo de Trabalho sobre Serviços, criado já em 1996, na Reunião Ministerial de Cartagena, Colômbia.

Desde o início dessas negociações, duas tendências sobre o modelo de liberalização a ser adotado na ALCA são observadas: uma baseada no modelo adotado no Mercosul, que por sua vez foi baseado no GATS/OMC; outra baseada no modelo NAFTA. Diferentemente da GATS/OMC, que trata serviços de forma específica, no NAFTA, incluem-se disposições sobre o comércio de serviços na Parte V – Investimentos, Serviços e Questões Relacionadas (Capítulos: XI – Investimentos; XII – Comércio Transfronteiriço de Serviços; XIII – Telecomunicações; XIV – Serviços Financeiros; XV – Legislação em Matéria de Concorrência; XVI – Entrada Temporária de Pessoas de Negócios).

Na III Cúpula Presidencial das Américas, em Québec, Canadá, 2001, Fernando Henrique Cardoso, no papel de presidente do Brasil, definiu explicitamente seus interesses em relação à ALCA:

> Queremos impor um limite aos instrumentos unilaterais de protecionismo; queremos acesso mais livre a setores em que somos competitivos; queremos padrões mínimos negociados de proteção aos direitos humanos, aos direitos sociais, à competição; e queremos condições factíveis de ajuste para setores sensíveis, mais tempo, políticas compensatórias.[2]

A partir da VII Reunião Ministerial em Quito, Equador, 2002, passa-se definitivamente para as ofertas concretas, ou seja, acesso a mercados. Vale registrar que esse é o momento do início dos maiores conflitos. O Brasil concentra interesse nas questões: acesso a mercado, principalmente agrícola; subsídios; *antidumping*; medidas de salvaguarda; barreiras não tarifárias; e, também, mecanismo de lista positiva. Os EUA, diferentemente, concen-

[2] Parte do discurso do então presidente Fernando Henrique Cardoso em Québec (Guilhon Albuquerque, 2003, p.57).

tram esforços nas questões sobre regras para investimentos, propriedade intelectual, serviços, compras governamentais e na questão da lista negativa.

A VIII Reunião Ministerial, em Miami, EUA, 2003, representou o ponto de ebulição das tensões, configuradas principalmente no confronto direto entre Brasil e EUA sobre a relevância e prioridade dos temas a serem tratados na negociação. Contudo, emerge um entendimento para se prosseguir a caminho do que se convencionou chamar de ALCA *Light*, ou seja, um acordo de dois níveis, onde o nível básico seria constituído por um conjunto de direitos e deveres comuns a todas as partes e um segundo nível, opcional, conteria termos específicos.[3]

A multilateralização dos marcos regulatórios deles

Os EUA buscam uma harmonização de regras que teria como parâmetro suas próprias regras internas. A proposta dos EUA sobre a liberalização do setor de serviços reproduz os termos e condições acordados no âmbito do NAFTA. Nesse acordo, é exigido que tudo seja consolidado, limitando assim a flexibilidade dos demais países-membros, do Canadá e, principalmente, do México, de reservar algum poder de regulação.

Uma ALCA nesses termos oferece aos EUA, *a priori*, poder para regular todo o Continente, portanto, um curso que confronta com os interesses do Brasil, em termos de prerrogativa regulatória.

Segundo Celso Amorim, o governo do presidente Luiz Inácio Lula da Silva segue a conduta de perseguir a abertura de novos mercados, sem, entretanto, deixar de respeitar o direito soberano do povo brasileiro de decidir sobre seu modelo de desenvolvimento. Nos termos do Ministro,

> e "negociações exitosas", no caso do Brasil, significam preservar espaço para decidir de forma autônoma nossas políticas socioambientais, tecnológicas e industriais e obter melhores condições de acesso para os setores em que mais somos competitivos e que enfrentam as mais elevadas barreiras protecionistas. O governo do Presidente Lula não aderirá a acordos que forem incompatíveis com os interesses brasileiros, mas explorará, soberanamente, todas as alternativas para a promoção de nosso comércio e a aceleração de nosso desenvolvimento. (*FSP*, 08 jul. 2003, p.A3)

[3] Conforme Declaração Ministerial de Miami, 20 nov. 2003, ficou entendido que: "[...] Levando em conta e reconhecendo os mandatos existentes, os Ministros entendem que os países podem assumir diferentes níveis de compromissos. Procuraremos desenvolver um conjunto comum e equilibrado de direitos e obrigações, aplicáveis a todos os países. Além disso, as negociações devem permitir que os países que assim o decidam, no âmbito da ALCA, acordem obrigações e benefícios adicionais. Uma das possíveis linhas de ação seria a de que esses países realizem negociações plurilaterais no âmbito da ALCA, definindo as obrigações nas respectivas áreas individuais". Disponível em: http://www.fta-alca.org/ministerials/miami_s.asp. Acesso em: 20 nov. 2004. Para uma análise sobre possíveis vantagens e desvantagens decorrentes da ideia da ALCA *Light*, ver Vigevani e Mariano (2004).

Em outra declaração pública, Amorim afirmou:

> A arte de negociar é precisamente a de extrair soluções do embate entre diferentes ambições e percepções da realidade – de preferência, em um ambiente de boa-fé e de aceitação das regras mutuamente acordadas. O que não podemos fazer é – em nome de um pretenso realismo – nos dobrarmos às ambições alheias sem lutarmos pelas nossas. (*GM*, 19, 20 e 21 set. 2003, p.A6).

Depois tornou a afirmar que há uma significativa preocupação em *não* se hipotecar o futuro do País em prol de ganhos pouco significativos, isto é, o Brasil tem um interesse legítimo em preservar sua autonomia, que é fundamental à realização das políticas de desenvolvimento (Amorim, 2004).

O Governo já recebeu inúmeras críticas dos agentes econômicos e outros analistas de negociações comerciais internacionais de que estaria postergando a ALCA por motivos ideológicos. Conforme os termos de Christian Lobauer, então gerente de Relações Internacionais da Federação das Indústrias do Estado de São Paulo (FIESP): "O governo tem a percepção, um tanto equivocada, de que os americanos são mal-intencionados" (*FSP*, 5 out. 2004, p.B11).

Respondendo especificamente a essa crítica, Celso Amorim disse que não havia absolutamente nada de motivação ideológica. O fato é que os EUA querem discutir regras comuns e rígidas para todos os demais países americanos. Nas palavras de Amorim,

> o que há de ideologia em ter uma política de fármacos? O que há de ideologia em ter uma política industrial que preserve a possibilidade de exigir índices de desempenho? (*FSP*, 5 out. 2004, p.B11)

Questionado depois sobre o que respaldaria a resistência do atual governo à ALCA na retomada das negociações, Amorim respondeu,

> não adianta querer fazer acordos apressadamente, ainda que se possa beneficiar um setor específico. A gente tem de olhar o conjunto. É preciso ter uma ALCA não como um contrato de adesão que você é obrigado a assinar embaixo, mas sim uma ALCA negociada. Risco é não poder ter uma política de medicamentos que atenda ao público, é você descobrir que, se fizer um código de águas para São Paulo ou Rio, não pode aplicar porque um investidor estrangeiro se sentiu lesado na sua expectativa de lucro. (*FSP*, 10 jan. 2005, p.A10)

A colocação de Amorim sobre a proposta estadunidense de apresentar a ALCA como "um contrato de adesão" evidencia também uma tentativa dos EUA de tentar atrair os outros membros para o acordo, sem, no entanto, fazerem eles próprios qualquer movimento. Pode-se dizer que os estadunidenses estão testando a hipótese de que o acordo, em quaisquer condições, é acima de tudo desejável pelos outros, ou seja, que os EUA têm maior capacidade relativa de oferecer o que o outro quer.

Adhemar Bahadian, que copresidiu a ALCA, entre meados de 2003 e dezembro de 2005, também afirma a preocupação com a preservação dos interesses brasileiros. Conforme o Embaixador, todas as instruções que ele recebeu de Amorim foram adequar as negociações aos interesses do Brasil (*VE*, 21 dez. 2005, p.A5). Nessa mesma linha, Samuel Pinheiro Guimarães (*FSP*, 15 dez. 2001, p.B5), que é hoje secretário geral do Itamaraty, considera que a política norte-americana marginaliza os interesses dos outros países.

Também enfatizando os interesses nacionais, Marco Aurélio Garcia, assessor especial do Planalto para assuntos internacionais, afirmou que o Governo negociará a ALCA tendo em conta os interesses do conjunto da economia, e não de apenas um setor (*FSP*, 22 jun. 2003, p.A8).

A preocupação com uma possível perda significativa da autonomia do País em função de acordos comerciais, em especial em relação à ALCA, também aparece durante o governo de Fernando Henrique Cardoso. Nos termos do ex-presidente:

> Nossa agenda se pauta por propósitos comuns, sem deixar de oferecer um amplo espaço para que se expressem as nossas fortes individualidades, nossos interesses legítimos. E, muitas vezes, esses interesses não coincidem inteiramente. Ou são mesmo concorrentes. (Cardoso, 1997)
>
> É mais fácil, "ideológica e politicamente", negociar acordos comerciais com a UE do que com os EUA, pois o poder dos norte-americanos oferece risco maior à soberania dos outros países. (*GM*, 25 out. 2001, p.A5)

O "Toma Lá, Dá Cá"

Enfatizando o aspecto econômico, Fernando Henrique Cardoso dizia que a posição do Brasil era de um livre mercado que de fato funcionasse, sem estar sujeito a salvaguardas, *antidumping* indiscriminado, picos tarifários e barreiras não tarifárias (*GM*, 25 out. 2001, p.A5). Ele já havia afirmado que a ALCA dependia da preparação da estrutura econômica do País, para enfrentar as relações comerciais resultantes do possível acordo (Cardoso, 1997).

E Luiz Felipe Lampreia, que foi ministro das Relações Exteriores durante o governo FHC, disse durante sua estada que a ALCA só seria realizada se fossem dadas condições de equilíbrio no comércio entre os dois países, e se a ALCA fosse mal negociada, poderia causar impactos bastante negativos para a economia doméstica (*FSP*, 03 set. 1997, p.2-3).

Há uma cobrança recíproca de avanço nas medidas protecionistas impostas pelos dois países. Se os EUA cobram por medidas que avancem na direção da liberalização do setor de serviços, o Brasil direciona suas cobranças para a liberalização do setor agrícola e para a mudança da lei *antidumping*.[4] Conforme Amorim,

[4] A lei *antidumping* (que barra as importações a preços de custo ou abaixo dos custos) dos EUA pode afetar fornecedores estrangeiros que de fato conseguem manter um baixo custo de produção. Além disso, ela é severamente criticada, porque faz da denúncia um negócio rentável para os denunciantes. Na verdade, a Lei estimula as empresas norte-americanas a denunciar o produto estrangeiro, porque além de servir de mecanismo de proteção de mercado, a sobretaxa aplicada a esses produtos é destinada às empresas denunciantes.

> nas áreas de investimentos, compras governamentais e propriedade intelectual, verifica-se grande empenho norte-americano para obter disciplinas mais ambiciosas do que as da OMC, postura que contrasta com a recusa dos EUA em discutir subsídios agrícolas e instrumentos de defesa comercial, que são de interesse brasileiro. (*GM*, 22 maio 2003, p.A5).

Depois, Amorim afirmou ser muito difícil diminuir o hiato que há entre as partes na negociação em torno da ALCA. Nas palavras dele,

> vai haver um impasse permanente. Nós não vamos aceitar essas regras (regras sobre propriedade intelectual, serviços e investimentos), enquanto os EUA não aceitarem discutir regras sobre subsídios (*FSP*, 10 jan. 2005, p.A10).

O conflito não termina nas regras. Conforme reclama o governo brasileiro, os EUA propõem criar uma categoria de produtos que poderiam ficar fora do Acordo. Para o Brasil isso é inadmissível, pois teme que essa lista englobe justamente os produtos em que o País é mais competitivo (aço, açúcar, suco de laranja, são alguns exemplos).

No geral, conforme as análises, o Brasil desde a Conferência de Miami, em 2000, sempre manteve a postura de condicionar o acordo a concessões mútuas (*GM*, 20 set. 2005, p.A2).

Em inúmeras vezes pôde-se perceber uma troca de acusações pelo atraso do cronograma de negociações da ALCA. Ora os EUA responsabilizando o Brasil, "por não estar se esforçando como deveria"; ora o Brasil destacando as incógnitas em torno da ALCA, como a resistência do Congresso norte-americano, as negociações da OMC e a própria questão da prevalência do multilateralismo sobre o regionalismo. Conforme protestou Luiz Felipe Lampreia, no exercício da função de Ministro das Relações Exteriores:

> Não é verdade que o Brasil está com o pé no freio. O que acontece é que os EUA estão exportando sua contradição interna, porque ao mesmo tempo querem e não querem a ALCA, e por isso procuram passar a culpa para frente. (*FSP*, 14 dez. 2000, p.B4)

Em termos tarifários, o Brasil já apresentou estudos que comprovam os elevados picos sobre os principais itens da pauta de exportação do Brasil. Os EUA rebatem as críticas dizendo que há mais barreiras formais postas pelo Brasil para os EUA do que o contrário (*FSP*, 13 jun. 2000, p.B1).

Depois Bahadian, que disse que o Mercosul não estaria preparado para negociar um acordo com os EUA devido à sua resistência em discutir regras, respondendo à crítica de Petter Allgeir (representante dos EUA e copresidente da ALCA junto com Bahadian), fez a seguinte afirmação:

> Allgeir tem consciência de que o Ministro Celso Amorim propôs que fizéssemos negociação de acesso a mercados em bens agrícolas, não agrícolas, serviços e até em

investimentos, e os americanos nunca aceitaram. Então, quem não está preparado? (*VE*, 21 dez. 2005, p.A5)

Todas essas falas demonstram invariavelmente a predominância da estratégia competitiva nas negociações da ALCA, e isso vale inclusive para o setor de serviços.

É interessante notar como os EUA exercem poder fazendo pressão e de certa maneira explorando as dificuldades dos países. Em 1998, com a renovação do acordo com o FMI, no qual se colocaram disponíveis 41 bilhões de dólares para o Brasil, foi exigido como contrapartida, a regulamentação das reformas de ajuste estrutural, como as reformas administrativa e da previdência, inclusive o engajamento na criação da ALCA.[5] Com efeito, na reunião interministerial de San José, Costa Rica, que precedeu o encontro de chefes de Estados realizado em Santiago do Chile, em abril de 1998, foi aprovado consensualmente documento que estipula o formato e o calendário das negociações da ALCA (Velasco e Cruz, 1999). Nas análises desses autores, a fragilidade financeira, a solicitação de ajuda e a aceitação dos termos estabelecidos pelo FMI (leia-se o Tesouro americano) para que o empréstimo fosse liberado, reduziram significativamente a margem de liberdade do governo brasileiro nas relações com os EUA (1999, p.34).

Durante a reunião anual do FMI, BIRD e G-20, em novembro de 2001, Otawa, Canadá, Claudio Loser, Diretor do FMI para os países do Hemisfério Ocidental, fez a seguinte declaração:

> Creio que, nos EUA, há uma visão muito favorável à ALCA, que seria o elemento essencial para nossos países nessa região. Vamos fazer muita *pressão* para que ela seja criada. (*FSP*, 19 nov. 2001, p.A13) (grifo meu)

Quando questionado sobre de que forma seria representada essa pressão, Loser respondeu que seria por meio do debate.

A fragilidade financeira e a necessidade de exportar dos países concedem o espaço necessário para os EUA colocarem em prática a estratégia de dividir os países, impondo mais dificuldades para a já frágil capacidade de mobilização de lideranças dos países emergentes. O assédio dos EUA sobre os países menores para conformarem acordos bilaterais é na verdade uma ameaça para o Brasil, na medida em que propicia o desvio de comércio. Com essa tática, os EUA procuram forçar o Brasil a aceitar um acordo com termos e condições desequilibradas, para não ficar fora da ALCA. E, nos termos de Bastos (2004, p.34-42):

[5] Em 1998, devido às crises asiática e russa, o que resultou em uma atitude bastante conservadora dos investidores com relação aos mercados emergentes, o empréstimo do FMI, concedido somente após a interferência de Bill Clinton, presidente dos EUA, serviu de tábua de salvação para o Brasil na tentativa de superar a sua própria crise (ANDIMA, 2004, p.17).

> Com isso, procuram estender os "protótipos" criados pelos acordos bilaterais para o âmbito regional, fazendo da ALCA um acordo profundo em regras (que lhes interessem regular) e tímido em acesso a mercados sensíveis (que lhes interessem proteger).

Em 2007, a visita de George W. Bush ao Uruguai, país-membro do Mercosul, criou expectativas nesse país. A despeito de não se ter concretizado qualquer acordo, Bush enfatizou o fortalecimento da relação diplomática e passou a ideia de se poder melhorar o intercâmbio comercial entre ambos países. Esse evento incitou o Uruguai a adotar uma postura extremamente assertiva em relação aos demais membros do Mercosul, em especial, ao Brasil, que acabou fazendo concessões às exigências do Uruguai para continuar no Mercosul (*FSP*, 24 fev. 2007, p.B5).

SERVIÇOS FINANCEIROS NA ALCA

As mesmas questões da OMC

Novamente, os EUA tentam o disciplinamento de regras de concorrência tendo por base o seu próprio modelo.

É legítimo? Sim, é legítimo; entretanto, a percepção do Brasil é que os EUA indicam não estar observando o princípio da igualdade de direitos, isto é, que sejam tratados igualmente os membros iguais e desigualmente os desiguais. O tratamento desigual dos casos desiguais é exigência tradicional do conceito de justiça.

O Banco Interamericano de Desenvolvimento (BID) vinha fazendo frequentes apelos para que os países se comprometessem com a liberalização no âmbito da ALCA, pois seria esse o caminho para o desenvolvimento econômico e solidificação das democracias. Em uma análise mais detida desses apelos, pode-se perceber a defesa da harmonização de regras. Isso vai ao encontro dos interesses dos EUA.

Em uma mesa-redonda promovida pelo Instituto de Finanças Internacionais (IIF), durante a Reunião do FMI em Hong Kong, em 1997, Ricardo Hausmann, economista-chefe do BID, observou que a entrada dos bancos estrangeiros nos mercados emergentes tem o efeito de promover a supervisão bancária, em benefício dos depositantes.

> Os bancos estrangeiros estão sujeitos à supervisão bancária de seus próprios países de origem, isso representa uma vantagem em termos de competitividade e forçará os bancos nativos a requererem melhor supervisão nos países emergentes. (*GM*, 23 set. 1997)

Os EUA, diretamente ou através dos diversos organismos multilaterais, estão levando em conta os interesses econômicos internos.

No Quarto Foro Empresarial das Américas (1998), as instituições financeiras internacionais trouxeram as seguintes demandas:

Serviços bancários:

a. liberalizar de imediato e por completo a conta de capitais;
b. liberdade de estabelecimento de empresas radicadas em qualquer país da ALCA e manter o princípio de Tratamento Nacional, observando os princípios do Acordo de Basileia sobre o particular;
c. ratificar o princípio da Nação-Mais-Favorecida;
d. adoção dos acordos de bitributação. Além disso, a adoção de acordos de prevenções que facilitem o movimento de pessoas;
e. o setor privado deve ser consultado no processo de adoção de normas;
f. eliminar os controles cambiais;
g. eliminar as restrições ao investimento estrangeiro;
h. promover a adoção de ampla informação financeira aos mercados com regras claras e transparentes;
i. com o objetivo de propiciar uma maior eficiência e redução de custos na atividade bancária, os governos devem considerar a possibilidade de que a informação financeira contábil seja processada fora de suas jurisdições, sempre que se observem as normas locais;
j. facilitar da maneira mais ampla possível a provisão de informação financeira, incluindo aquela provinda do exterior;
k. facilitar os processos de registro de fundos mútuos estrangeiros de acordo com a legislação nacional.

Serviços de seguros:

a. liberdade de estabelecimento de empresas radicadas em qualquer país da ALCA e manter o princípio do Tratamento Nacional;
b. buscar um maior grau de liberalização à prestação transfronteiriça de Serviços de Seguros, sem preconceito da adoção de medidas que estejam destinadas a proteger os direitos do consumidor;
c. deixar constar, de acordo com as regras do Acordo Geral sobre Comércio e Serviços, que a atividade de segurança social pode ser objeto de regulamentos especiais nessa comissao quanto ao Tratamento Nacional e livre direito de estabelecimento;
d. ratificar o princípio de Nação-Mais-Favorecida;
e. harmonizar normas contábeis, de supervisão e outras que facilitem o processo de integração do setor;
f. adoção de acordos para evitar a bitributação. Além disso, a adoção de acordos para evitar provisões que facilitem o movimento de pessoas;
g. o setor privado deve ser consultado no processo de adoção de normas;
h. eliminar os controles cambiais;
i. eliminar as restrições ao investimento estrangeiro;

j. promover a adoção de informação aos mercados com regras claras e transparentes.

Depois foi a vez do Financial Leaders Working Group (FLWG) – uma divisão da Coalizão das Indústrias de Serviços dos EUA (USCSI) – expressar o conteúdo do *lobby* que tem feito junto ao governo norte-americano para que este pressione os governos de outros países a assinar acordos de livre comércio. O trabalho desse Grupo tem sido municiar o Governo de informações a respeito dos sistemas financeiros dos países em desenvolvimento, para que os negociadores norte-americanos possam conduzir as negociações de forma a defender seus interesses. O Relatório *Third Countries Barriers to Trade in Services* (FLWG, 2002/2003) traduz as demandas dos agentes econômicos norte-americanos do setor de serviços financeiros:

Serviços bancários:

a. abertura aos estrangeiros para se oferecer serviços de administração de fundos de investimento para empresas e órgãos estatais, já que a legislação brasileira prevê que somente bancos brasileiros possam oferecer tais serviços;
b. abertura para o comércio de serviços transfronteiriços, inclusive os serviços auxiliares, como consultoria e serviços de processamento de informações financeiras;
c. relaxamento da restrição de que os níveis mais altos da administração sejam preenchidos por residentes no país;
d. relaxamento das restrições ou desincentivos, para se investirem os recursos dos fundos de pensão no exterior.

Serviços de seguros:

a. abertura do mercado de resseguros, seguro de frete e corretagem no modo transfronteiriço;
b. liberdade para se criar um padrão próprio na negociação e no contrato de resseguro;
c. relaxamento da restrição que exige que bens em trânsito sejam segurados por empresas sediadas no Brasil;
d. relaxamento das restrições que exigem que bens em trânsito só podem ser realizados em casos muito especiais: por incapacidade das empresas domésticas de realizar um determinado seguro; em casos de interesse nacional e com a devida autorização da SUSEP;
e. afrouxamento das restrições e burocracias excessivas nos contratos de seguro acordados em moeda estrangeira;
f. quebra do monopólio estatal no setor de resseguro e no setor de seguro de acidentes de trabalho;
g. dispensa do cumprimento de se obter decreto presidencial específico para a instalação de empresas.

No entendimento de Vastine (2004), presidente da USCIS e presidente do Comitê do Governo dos EUA em serviços, um dos maiores demandantes de liberalização do setor, o Brasil não tem por que não apresentar uma lista de compromissos do setor financeiro na ALCA, pois já a apresentou no GATS/OMC, e, conforme os princípios da ALCA, os acordos regionais precisam ser mais liberalizantes do que aquele, isto é, o compromisso na ALCA precisa ser necessariamente mais ambicioso do que na OMC. Vastine afirma que gostaria de ver o Mercosul fechar um acordo como o que outros países do hemisfério demonstraram disposição em fazer com Washington:

> É um acordo de alta qualidade, baseado no NAFTA (acordo de livre comércio entre EUA, Canadá e México) e em outros bilaterais, baseados em lista negativa (que diz os serviços que não entram no acerto), o que é muito importante. E esperamos que inclua comércio transfronteiriço, investimentos e transparência... Os EUA querem que outros países venham para o nosso nível. É isso o que está acontecendo nos acordos de livre comércio (que o país está fazendo). (*GM*, 22 jun. 2004, p.A10)

Nos termos de John Goyer, também representante da USCIS,

> queremos do Brasil liberalização adicional, e não apenas que o país se comprometa com o *status quo*. Queremos compromissos em setores-chave, como financeiro, telecomunicações, computação, entrega rápida, audiovisual. Uma das prioridades é obter do Brasil compromissos em todos os serviços financeiros (bancos, seguradoras, corretoras). (*VE*, 13 dez. 2005, p.A)

E todas essas demandas são levadas à mesa de negociação pelo Escritório do Representante do Comércio dos EUA (USTR). Além disso, o USTR também propõe compromissos sobre:

> Transparência da regulamentação e imparcialidade na aplicação das regulamentações dos serviços financeiros; e, para o setor de seguros, questões adicionais de estrutura reguladora, inclusive de iniciativas para acelerar o mercado. (*As Américas*, 2002, p.5)

Conforme destacou Vastine, a proposta dos EUA é estabelecer os mesmos termos e condições estabelecidos no âmbito do NAFTA para Serviços Financeiros. Nesse Acordo, há um capítulo específico sobre Serviços Financeiros, que estabelece as medidas aplicáveis aos investidores e investimentos em instituições financeiras no território de um país-membro, bem como o comércio transfronteiriço (Modo 1).

Embora exista um capítulo específico sobre Comércio Transfronteiriço de Serviços, em Serviços Financeiros esse tipo de comércio é regulado pelo próprio capítulo de serviços financeiros. O capítulo estabelece que os países-membros se comprometem a não adotar medidas que restrinjam a prestação transfronteiriça de serviços financeiros prestados por fornecedores de outro país-membro, bem como a permitir que seus nacionais ou residentes, em qualquer lugar em que se encontrem, possam adquirir Serviços Financeiros de prestadores via transfronteiriça.

O Princípio do Tratamento Nacional é amplo e alcança inclusive os prestadores de serviços transfronteiriços, isto é, no âmbito do NAFTA não pode haver distinção de tratamento na prestação dos serviços financeiros. O capítulo também prevê que as instituições financeiras dos países-membros prestem qualquer Serviço Financeiro novo que possa ser realizado em seus próprios países, reservando-se a esses países o direito de definir a modalidade institucional jurídica.

Outro termo do NAFTA que mina a autonomia regulatória dos países-membros é o compromisso com a comunicação prévia a todos os interessados, sobre qualquer medida de aplicação geral que um país-membro se dispõe a adotar, a fim de que esses interessados possam formular observações sobre a medida. Assim, caso a ALCA seja acordada nesses termos, o Brasil teria que notificar previamente qualquer projeto de lei sobre a regulamentação do Artigo 192 da Constituição Federal (1988), além de qualquer outra medida de caráter administrativo.

Além disso, a proposta dos EUA de se criar um subgrupo para as negociações do setor financeiro, não vai ao encontro dos interesses do Brasil, porque poderia comprometer seu objetivo de liberalização progressiva e o respeito a objetivos de política nacional (Marconini, 2004, p.36).

Em termos de compromissos específicos, os EUA insistem para que os demais países-membros ampliem o escopo da liberalização no setor, isto é, eles demandam maior liberalização do modo de prestação do Modo 1 – Prestação Transfronteiriça (ALCA, 17 jan. 2001).

O Brasil, entretanto, não quer colocar em pauta o Modo 1, pois, conforme observado anteriormente, considera que esse Modo tem implicações semelhantes à abertura da conta de capital (o que poderia implicar instabilidade financeira, de modo geral, mas em especial instabilidade cambial) e, ainda por cima, poderia desestimular o fluxo de IED referente ao setor financeiro.

Um receio do Brasil também em relação à maior abertura da conta de capital é o reflexo disso na facilitação da lavagem de dinheiro. Há um receio de que mesmo respeitando os princípios básicos de segurança, como o registro das operações e a comprovação da origem dos recursos, a liberalização da conta de capital acabe contribuindo para o aumento das práticas de lavagem de dinheiro.

Outra questão que distancia sobremaneira a zona de possível acordo, nessas negociações, diz respeito ao procedimento de consignação de compromissos de liberalização, ou seja, princípio das listas de compromissos estabelecidas pelas partes. Os EUA propõem as "listas negativas", ao invés das "listas positivas", conforme o Brasil prefere.

Mas, em termos táticos, qual o significado dessa escolha? Uma lista positiva permite que os membros reservem determinados setores e/ou subsetores fora do escopo do acordo, até que se possam rever ou mesmo estabelecer, caso ainda não haja, normas e procedimentos válidos para a operação deste setor em referência.

Uma lista negativa, entretanto, requer que se comprometa com regulamentações de todos os setores e/ou subsetores correspondentes aos diversos tipos de serviços relacionados no acordo. Portanto, se um dos membros ainda não consolidou sua própria regulamentação, ao se comprometer com o método da lista negativa, vai ter de fazê-lo imediatamente, pois caso contrário perderá o direito de regulamentar no futuro. Ainda que, em decorrência da liberalização, exija-se um novo conjunto de medidas para adaptar o setor às novas condições de mercado.

Dito de outra forma, a lista negativa é especialmente um problema para países em desenvolvimento, porque exige deles um amplo conhecimento de seus próprios regulamentos e que tenham uma acurada visão de quais medidas são necessárias à implementação de políticas nacionais futuras, e quais não.

Conforme Marconini (2004, p.29), no caso de serviços, os dois princípios centrais dos acordos de livre comércio – Acesso a Mercados e Tratamento Nacional – devem ser entendidos em conjunto com as disposições relativas à regulamentação doméstica, que garantem aos países o direito de regular, de acordo com prioridades setoriais que asseguram a qualidade do serviço e cumprem objetivos de política nacional.

Entretanto, se o mecanismo adotado no acordo for o de "lista negativa", a menos que o país tenha uma economia muito desenvolvida, essa garantia, de fato prevista nos acordos comerciais, é nula.

Em suma, o Brasil entende que a forma de listar setores e subsetores é absolutamente decisiva, uma vez que compromete medidas futuras, novos serviços e suas respectivas regulamentações. A consolidação ou não consolidação de setores exige que se tenha um profundo conhecimento sobre a natureza e funcionalidade destes, e se seja capaz de antecipar tendências futuras, o que é muito difícil em um ambiente constantemente em mudança. Portanto, a posição é a de que se adote o mesmo procedimento acordado na OMC e Mercosul (Protocolo de Montevidéu), que são as "listas positivas.

Outra questão divergente entre Brasil e EUA é a proposta acerca de investimento estrangeiro direto. No NAFTA, existe um capítulo específico sobre investimentos, tanto em bens quanto em serviços. Já no Mercosul, investimentos em serviços são tratados aparte de investimentos em bens. No Mercosul (Protocolo de Montevidéu), um dos quatro modos de prestação diz respeito à presença comercial de fornecedores de serviços, o que significa investimento estrangeiro direto no setor.

Os EUA alegam que Serviços Financeiros, por serem específicos, requerem disciplinas específicas e cláusulas especiais, que poderiam ser conseguidas por meio dos capítulos específicos: serviços e investimentos no Acordo da ALCA (ALCA, 17 jan. 2001)

Na percepção do Brasil, um acordo sobre investimentos que incluísse serviços não seria de interesse do País, pois a modalidade mais substancial, pelo menos para os países em desenvolvimento, de liberalização do comércio de serviços é a caracterizada pela presença comercial, isto é, o Modo 3. E um acordo nesses termos poderia dar à parte mais forte, no caso os EUA, mais poder ainda na proteção de seus interesses em detrimento dos interesses dos outros países. Como se sabe, o acordo sobre investimentos é bastante detalhado e dá-se uma ênfase bastante acentuada na proteção do investimento externo. Há especial preocupação a respeito dos possíveis litígios e a respectiva solução dos conflitos entre o investidor estrangeiro e o país receptor dos investimentos. Por isso, o Brasil prefere manter o acordo sobre serviços conforme o é no GATS/OMC e, inclusive, no Mercosul.

Ainda se pode citar a questão da falta de reciprocidade na liberalização do próprio setor financeiro. Como se sabe, a estrutura financeira dos EUA mistura estatutos federais e estaduais. Essa divisão na estrutura legislativa do setor financeiro norte-americano visa garantir os direitos constitucionais, que permitem autonomia às unidades federativas, mas disso resulta uma legislação muito descentralizada.

Assim, na percepção do Brasil, de nada adianta os EUA comprometerem-se a liberalizar serviços financeiros no âmbito federal, se as leis estaduais impõem suas próprias barreiras. Um acordo que tenha que observar essas particularidades pode impor dificuldades insuperáveis ao se buscar o grau de equilíbrio esperado pelas partes.

Por fim, todas essas posições podem ser interpretadas também à luz das restrições de liberalização observadas no âmbito da OMC, como a preocupação com a estabilidade macroeconômica e o insulamento da equipe econômico-financeira. Essas agências indicam estar reivindicando o monopólio da temática financeira, de forma a evitar que isso venha a ser objeto de discussão em outros fóruns ou de tratado multilateral que não os de competência estrita delas.

9
O Brasil nas negociações do setor de serviços financeiros: Mercosul

PROTOCOLO DE MONTEVIDÉU: A REFERÊNCIA DO GATS/OMC

Originalmente, a proposta do Brasil nas negociações do Mercosul para o setor de serviços tinha como objetivo uma harmonização de normativas, semelhante à da União Europeia. Isso não foi possível, e o Acordo, mais especificamente conhecido como Protocolo de Montevidéu sobre Comércio de Serviços do Mercosul, concluído em 15 de dezembro de 1997, e promulgado pelo Brasil através do Decreto n.6.480 em 11.06.2008, acabou saindo baseado no GATS/OMC (Araújo, 2004). Marconini (2003; 2004) também destaca o enfoque de livre comércio de serviços dado pelos países-membros ao Tratado em detrimento de um tratamento baseado em um mercado comum em serviços (como o da União Europeia).

No Protocolo de Montevidéu é adotada a mesma classificação de comércio de serviços baseada nos quatro modos de prestação (Modo 1; Modo 2; Modo 3; Modo 4), além de ser adotada a mesma metodologia de especificar os compromissos assumidos através da lista positiva (Mercosul, 1997; 2001). Essa metodologia revela um princípio de flexibilidade presente nas negociações, permitindo aos países-membros determinar quais compromissos poderiam de fato assumir.

Outra semelhança com o GATS que merece destaque é a sua universalização, isto é, nenhum setor, *a priori*, é excluído do âmbito de aplicação do acordo.

O acordo prevê a observância de princípios de não discriminação, como os Princípios Nação-Mais-Favorecida, Tratamento Nacional e Acesso a Mercado.

Conforme abordado no capítulo Negociações nos Fóruns Comerciais Internacionais, os acordos regionais, como o Mercosul, são previstos na OMC, mas desde que estejam em conformidade com o Artigo XXIV do GATT e com o Artigo V do GATS. Esses artigos rezam que o objetivo desses acordos sejam facilitar o comércio entre os países-membros e não impor barreiras ao comércio de outros países contratantes com esses. Em outras palavras, a OMC quer assegurar que os acordos regionais busquem liberalizar o comércio ainda mais do que o previsto em seu próprio âmbito e não desviar o comércio. Sendo assim, o Protocolo de Montevidéu supera o GATS em níveis de liberalização propriamente e facilitação do comércio.

Ilustra esse princípio, o compromisso entre os países-membros de se incentivar instituições públicas e privadas a conformarem acordos de reconhecimento mútuo e de requisitos para o exercício de profissões. Essa equiparação revela uma maior integração do bloco.

O problema de assimetria entre os marcos regulatórios dos países-membros do Mercosul

Referindo à proposta original de se construir no âmbito do Mercosul uma harmonização de regras sobre serviços para os países do Cone Sul, pode-se dizer que isso não foi possível em razão das especificidades de alguns setores, como o setor de serviços financeiros. Esse setor requer uma infraestrutura adequada que propicie a movimentação do capital. Para isso, os setores precisam ser mais desenvolvidos e menos sujeitos a controles. Isso não se verifica entre os países-membros do Mercosul. Na verdade, o que se verifica é uma expressiva assimetria com relação às legislações e às estruturas reguladoras.

No rol de diferenças entre esses países, em relação aos sistemas financeiros, até 2001, cabe destaque primeiramente a política cambial. A Argentina mantinha sua moeda atrelada ao dólar norte-americano desde 1992.

No Brasil, e nos demais países do Mercosul, a moeda não esteve rigidamente atrelada ao dólar, mantendo-se um sistema de flutuação próprio. O Banco Central do Brasil atua no mercado com base na política monetária do Governo, buscando equilibrar as reservas cambiais, comprando e vendendo dólar, e o balanço de pagamentos.

Na Argentina, devido à dolarização da economia no período em destaque, os investimentos financeiros tornaram-se pouco atraentes no mercado local, pois a população em geral preferia investir na própria moeda estrangeira em detrimento de outros ativos financeiros. Isso era uma resposta às incertezas decorrentes da crise inflacionária. O setor financeiro uruguaio é menor ainda do que o argentino. O Paraguai também mantém um setor pouco desenvolvido e não apresenta uma regulação prudencial tida como adequada. Em contraste, o setor financeiro brasileiro é considerado maior, mais diversificado e complexo (Alves, 1996, p.192).

A abertura financeira, tanto interna como externa, de todos esses países também apresenta diferenças grandes. A Argentina aboliu todas as barreiras existentes em 1994 para a participação do capital externo no mercado doméstico. O Paraguai também permite o acesso do capital externo. No Uruguai, apesar de se limitar a participação estrangeira no total dos bancos existentes, a maioria absoluta dos ativos desses bancos sempre esteve em dólar e os detentores desses ativos são em grande parte não residentes (Alves, op. cit., p.193). Além disso, havia diferenças em termos de concepção de risco da atividade financeira. O limite de endividamento no Brasil é maior (p.202).

A liberalização dos fluxos de capitais, uma questão de extrema sensibilidade para o Brasil e que sempre obedeceu a controles, nos demais países sempre esteve livre. Também guardam diferenças entre esses países, as estruturas tributárias do mercado acionário e do mercado de títulos.

Sobre o setor de seguros, as principais dificuldades recaíam sobre a questão do monopólio do resseguro no Brasil (IRB) e sobre a reserva de mercado no Uruguai. À exceção do Paraguai, também os demais países não concedem liberalização incondicional para o estabelecimento de novas seguradoras estrangeiras. No Brasil, as exigências para o estabelecimento de instituições seguradoras são mais rígidas em comparação com os demais (Alves, 1996, p.206).

A partir de 2007, conforme já se observou, o setor de seguros no Brasil deu um passo significativo em termos de abertura com a abolição do monopólio do resseguro, que era exercido pelo IRB. Sob a Lei n.126, de 15.01.2007, as companhias estrangeiras de resseguro terão permissão para operar no mercado nacional.

E existem, ainda, grandes disparidades entre os sistemas de previdência social, o que, segundo os especialistas da área de seguros, dificultaria a uniformização dos programas de atendimento em seguros de saúde, vida e previdência. Há também as assimetrias dos regimes fiscais em exercício, que podem levar à migração das receitas de prêmios entre os países.

Assim, por ser um bloco de países com sistemas financeiros tão diferentes em termos de regulamentação e prática, o Anexo sobre Serviços Financeiros do Protocolo de Montevidéu, diferentemente do que foi previamente pensado, seguiu o mesmo delineamento do Anexo sobre Serviços Financeiros do GATS/OMC, isto é, não foi concebido nos moldes da União Europeia. Foram adotadas no Protocolo de Montevidéu as mesmas definições, princípios de transparência, acordos de reciprocidade e harmonização nas regulamentações prudenciais, mecanismos de supervisão consolidada e troca de informações, que foram adotados na OMC para o setor de Serviços Financeiros (Mercosul, 1997).

A oferta brasileira: a base para o acordo no Mercosul

Um elemento importante dessa negociação é o fato de que, tendo a Argentina assumido compromissos bastante abrangentes no GATS/OMC e não dado nenhuma preferência ao Mercosul, foi a oferta brasileira que condicionou a formalização do acordo no âmbito do Mercosul, pois o Brasil queria evitar, com isso, o acesso de terceiros ao mercado brasileiro, por meio do acesso preferencial ao setor de Serviços Financeiros da Argentina, ou mesmo em menor grau, do Paraguai e do Uruguai. O Brasil ponderou que não seria possível controlar a origem dos fluxos de capitais.

Mesmo com as mudanças ocorridas na Argentina, após a crise de 2001, em termos de controle e regulamentação dos serviços financeiros, é fato que ainda existe um considerável nível de assimetria em termos de liberalização financeira entre os membros do Mercosul.

A Argentina, até 2001, tinha conta de capital aberta e plena conversibilidade da moeda. Especificamente sobre o setor de serviços bancários, o país se comprometeu a garantir total liberdade de acesso a seu mercado interno no Modo 3 – Investimento direto ou presença comercial, com exceção do setor de seguros. O consumo de serviços bancários no exterior, que é proibido no Brasil, também era livre de qualquer limitação (Baer, Macedo Cintra, Mendonça de Barros e Silva, 2004, p.60).

O Uruguai também tem conta de capital aberto, que vem desde 1970. Isso fez que o Brasil condicionasse as negociações intraMercosul tendo como base as suas próprias posições, isto é, a oferta do Brasil aos membros do Mercosul foi relativamente restrita. Assim, a consolidação da abertura financeira em âmbito regional seguiu balizada pelas posições brasileiras no contexto do GATS/OMC (Baer, Macedo Cintra, Mendonça de Barros e Silva, 2004, p.60).

Os Anexos 4 e 5 retratam os compromissos assumidos pelo Brasil no âmbito do Protocolo de Montevidéu sobre Comércio de Serviços do Mercosul e já internalizados pelo Decreto n.6.480 de 11.06.2008.

Conforme se avalia, o Protocolo de Montevidéu representa um desenvolvido conjunto de normas, estruturas e mecanismos, porém sua implementação só veio a ocorrer recentemente.

A consolidação dos compromissos específicos em serviços financeiros no Mercosul

Conforme se verifica, os compromissos assumidos pelo Brasil junto ao Mercosul no que se refere a Serviços Financeiros são semelhantes àqueles oferecidos na LCE relativa ao Quinto Protocolo do GATS/OMC.

Aqui, diferentemente do que ocorre na OMC, os compromissos foram consolidados, isto é, o acordo foi aprovado pelo Congresso Nacional e já foi internalizado de acordo com a legislação brasileira (Decreto n.6.480 de 11.06.2008).

Diferentemente das demais negociações, as negociações no âmbito do Mercosul são de caráter predominantemente integrativo, isto é, cooperativo. Apesar dos conflitos de interesse existentes entre as partes, podem se verificar também muitos interesses mútuos. Isso fez que as partes tendessem à cooperação, conformando mais facilmente o acordo.

Outro fator que contribuiu para a aprovação do acordo foi a resolução anterior da questão normativa interna referente à abolição do monopólio estatal em resseguros. Na medida em que esse entrave deixou de existir, a aprovação pareceu mais próxima.

No entanto, as questões relativas à preocupação com a preservação do *policy space* e com a estabilidade macroeconômica indicam ter contribuído para configurar um acordo relativamente restrito em matéria de acesso a mercados e tratamento nacional referentes a serviços financeiros.

10
O Brasil nas negociações do setor de serviços financeiros: Mercosul-UE

As negociações para a conformação do que vem sendo chamado de a maior zona de livre comércio do mundo, têm como fundamento os termos do Acordo Quadro de Cooperação Inter-regional, que foi assinado pelas partes em Madri, em dezembro de 1995. A negociação foi oficialmente lançada na primeira Cúpula de Presidentes e Chefes de Estado da UE, da América Latina e do Caribe, em junho de 1999. Nesse evento, ficou acordado que a negociação sobre a liberalização do comércio de serviços seria iniciada em julho de 2001.

Portanto, durante a Quinta Reunião do Comitê de Negociações Birregional (CNB), realizada em Montevidéu, entre os dias 2 e 6 de julho de 2001, a UE apresentou, juntamente com sua oferta tarifária para bens, sua proposta para os textos da negociação de bens, serviços e compras governamentais. O Mercosul, entretanto, só veio a apresentar sua proposta sobre tarifas e o texto para serviços na Sexta Reunião, ocorrida em Bruxelas, em outubro de 2001.

Um ponto convergente que se destaca entre Mercosul e UE sobre as negociações para a conformação de um acordo de livre comércio é traduzido no objetivo do capítulo sobre serviços, qual seja, a liberalização recíproca de comércio de serviços. Percebe-se ainda que o GATS/OMC serviu em grande medida de parâmetro, não só em termos de princípios norteadores, como também nas definições e terminologias a serem adotados no possível acordo.

Similarmente ao GATS/OMC, investimentos relacionados a serviços ficam inseridos no capítulo correspondente a serviços, no âmbito do Modo 3 (Presença Comercial). E também conforme o GATS/OMC, o texto dispõe sobre alguns setores que se caracterizam por especificidades merecendo, portanto, tratamento diferenciado. São eles: serviços financeiros, telecomunicações e transporte marítimo internacional.

Em serviços financeiros, pode-se notar a preocupação das partes com o direito de aplicar medidas prudenciais e o mútuo reconhecimento dessas medidas; além das observações com os casos de exceção, como seguridade social, as atividades próprias do Banco Central e demais autoridades governamentais de assuntos monetários.

Outro aspecto de relevância no texto é a disposição em se preservar a transparência nas regulamentações sobre serviços financeiros; para tanto, os membros estarão dispostos a perseguir padrões internacionais de regulação e controle, além de observar princípios para a troca de informações e consultas relativas ao setor financeiro.[1] Esse é um ponto de grande interesse da UE. Vale ainda observar que as partes preveem a possibilidade de estender o acordo a novos serviços financeiros que surgirem no futuro.

POSIÇÕES, INTERESSES, ESTRATÉGIAS E TÁTICAS DO MERCOSUL X DA UE

Mais assertividade do que colaboração

Apesar do interesse declarado pelas partes em estabelecer um acordo, essas negociações também são permeadas por muitos conflitos. Assim como se verifica na OMC e na ALCA, nessas negociações também há uma distância considerável entre as posições e interesses das partes.

Em especial no que diz respeito ao setor de serviços, a posição da UE tem sido a de perseguir um acordo geral que seja abrangente, com base nas disposições do GATS/OMC.

A UE tem interesse na área de serviços, assim como em investimentos, compras governamentais (também conhecido como concorrência pública), propriedade intelectual, além do interesse de chegar a um acordo sobre regras de origem; portanto, há de fato uma pressão muito grande por parte de seus representantes, para ofertas expressivas nessas áreas.

O Mercosul, como a ALCA, tem interesse em questões de acesso a mercados, que na prática quer dizer redução ou eliminação das tarifas de importação, principalmente de bens agrícolas. Teoricamente, as negociações poderiam avançar, se as partes fizessem concessões mútuas, cada um na área

---

[1] As normas internacionais a que se referem são: Comitê da Basileia – Princípios Básicos para Supervisão Bancária Efetiva; Associação Internacional de Supervisores de Seguros – Princípios Básicos de Seguro; Organização Internacional de Comissões de Seguros – Objetivos e Princípios de Regulação de Seguros; *Financial Action Task Force* – Quarenta Recomendações Contra Lavagem de Dinheiro; Ministério das Finanças das Nações do G7 – Dez Princípios-Chave para Troca de Informação (Mercosur-European Union, 2004).

de especial interesse da contraparte; porém, as negociações são bastante complexas e essas são áreas de extrema sensibilidade para ambos os lados. Como as negociações estão sendo conduzidas entre dois blocos de países, desafios ainda maiores são impostos. É imprescindível que haja um esforço conjunto de coordenar as posições entre os membros intrabloco antes de apresentá-las ao outro bloco.

O Mercosul acena com possíveis concessões, mas não abre mão da demanda pela abertura do mercado agrícola da Europa. Já o código de regras de origem é um tema bastante espinhoso para o Mercosul, pois prevê a existência do mecanismo de solução de controvérsias. A implicação de um entendimento sobre regras é que as partes se sujeitam a questões que não são comerciais, como, por exemplo, desenvolvimento sustentável, e que, eventualmente, ao não serem cumpridas podem ocasionar uma retaliação comercial.

O Mercosul também tem interesse na eliminação dos testes de necessidade econômica, que aparecem inscritos em vários setores da Lista de Compromissos Específicos da UE. Esses testes são percebidos como um tipo de barreira ao acesso a mercados de serviços (*GM*, 11 jul. 2003).

Na rodada de negociação ocorrida entre os dois blocos, em outubro de 2003, o Mercosul foi criticado pela oferta em serviços (apesar das críticas terem sido mais incisivas em relação à oferta sobre o setor automotivo). O Brasil ofereceu benefícios em telecomunicações e serviços financeiros, mas esteve distante de atingir a ambição dos europeus (Mercosur-European Union, 2003).

Em maio de 2004, saiu um texto consolidado das propostas da UE e do Mercosul para serviços, onde se dispõem compromissos gerais (Mercosur-European Union, 2004). Nota-se, pelo conteúdo do texto, o especial interesse dos países da UE por maior acesso a mercado em alguns setores. São eles: serviços financeiros, telecomunicações, energia elétrica, saneamento. Esse interesse tanto é pelo Modo 1, como pelo Modo 3. A oferta do Mercosul, entretanto, está centralizada em seguro de transporte marítimo e serviços como distribuição, franquia, tecnologia da informação.

Regis Arslanian, diretor do departamento de negociações internacionais do Ministério das Relações Exteriores, criticou as ofertas apresentadas pela UE. Segundo ele, a última oferta apresentada pelos europeus era "reduzida e cheia de condicionalidades" (*VE*, 02 fev. 2006, p.A3). E isso acabou gerando dúvidas nos negociadores brasileiros sobre as possibilidades concretas de a UE se comprometer com a abertura do setor agrícola. Aliás, dúvidas e falta de confiança há entre as partes dessa negociação, e já não é de hoje. Nas rodadas de negociação ocorridas em 2004 já se demonstrava isso. Conforme declaração de Amorim: "Só mesmo falta de confiança pode explicar o mistério dos sucessivos desencontros em uma negociação que as duas partes dizem ser estratégica" (*FSP*, 13 ago. 2004, p.B4).

Não há um entendimento nem mesmo sobre a ordem de prioridade das questões entre os dois blocos. Uma boa ideia dessas dificuldades foi o ocorrido em uma das reuniões das partes (reunião de 14 abr. 2005, em Bruxelas) em que não se alcançou nenhum progresso.

O Mercosul achava que os ministros deviam se reunir para depois orientar os técnicos sobre as estratégias a serem seguidas; entretanto, a UE queria que as partes já trocassem as ofertas melhoradas em bens (agrícolas e não agrícolas), serviços, investimentos e compras governamentais, juntamente com o compromisso de término das negociações no futuro próximo (*VE*, 15,16,17 abr. 2005, p.A5).

Depois, Celso Amorim em mensagem pública deu a entender que todas essas indefinições, em parte, devem-se também às indefinições que cercam a Rodada Doha de Negociações Multilaterais. Nos termos do Ministro: "Quando tivermos mais clareza sobre o formato global do acordo da OMC, vai ser mais fácil (para o Mercosul) negociar com a União Europeia" (*GM*, 02 mar. 2006, p.A10).

Mas não são só essas questões, como a falta de clareza sobre os interesses, a ordem inversa de prioridade, que afetam o andamento das negociações entre os dois blocos. Assim como na ALCA, percebe-se nesse fórum uma disputa bastante acirrada entre as partes. Há depoimentos dos dois lados evidenciando esse clima.

Em julho de 2004, o Ministro Celso Amorim, ao se lamentar sobre as novas propostas apresentadas pela UE, disse que as negociações para a formação desse bloco eram estratégicas, mas que deviam ter um mínimo de equilíbrio, o que não era possível com o que fora apresentado (*GM*, 23, 24 e 25 jul. 2004, p.A13).

Depois, um representante do Mercosul afirmou: "A UE não abre seu mercado, quer é exportar o que pode" (*VE*, 22 mar. 2006, p.B12).

Quando a distância entre as partes para encontrar opções de ganho mútuo se alarga, a estratégia adotada tem sido a saída temporária. Em julho de 2004, o Mercosul suspendeu as negociações com a UE, buscando com isso forçá-la a melhorar sua oferta agrícola, pois a UE propôs parcelar a liberalização ao longo de um período de dez anos.

Para o Mercosul, isso era inaceitável. Conforme Arslanian, "A oferta agrícola é que justifica essa negociação. O parcelamento das cotas tornaria a proposta agrícola praticamente inexistente" (*FSP*, 22 jul. 2004, p.B1).

Essa saída temporária, uma vez que as partes deixaram claro que não se tratava de ruptura total da negociação, caracteriza uma estratégia de se evitar o conflito em um momento específico.

Demandas ambiciosas da UE

No setor de Serviços Financeiros, a UE quer que não haja restrições – como a autorização presidencial (Decreto Presidencial) para o estabelecimento de instituições financeiras no país –; quer que haja a possibilidade de operar com moeda estrangeira no mercado doméstico e maior flexibilidade para a saída de recursos de longo prazo, como fundos de pensão, para que possam ser administrados por instituições financeiras diretamente de seus estabelecimentos de origem.

Em relação ao primeiro ponto, a UE diz que está solicitando um marco regulatório mais estável e transparente, menos sujeito a voluntariedade e dúbias interpretações. Para as instituições financeiras privadas de origem europeia, esse tratamento é fundamental, na medida em que dá maior margem de segurança aos investidores.

Conforme já se viu no âmbito da OMC, o *lobby* das instituições financeiras privadas da Europa é intenso. Pascal Kerneis, representante do Fórum de Serviços Europeu, atua na base do corpo a corpo para encaminhar suas demandas. Ele afirmou que os agentes econômicos querem, sobretudo, que o Brasil se comprometa formalmente com a abertura já feita para tranquilizar os investidores (*VE*, 13 dez. 2005, p. A).

Estratégia competitiva do Brasil

O Brasil responde às demandas, alegando restrições de ordem jurídica interna. Entretanto, os negociadores europeus contra-atacam. Segundo Julien Guerrier, negociador europeu, "restrições constitucionais, instrumento com o qual o Brasil vem se defendendo contra demandas mais ambiciosas, não podem servir de 'desculpa'" (*FSP*, 27 nov. 2005, p.B13).

Depois, o Brasil acenou com possibilidades de "melhoras substantivas" nas ofertas no setor de serviços, desde que isso se converta em barganhas significativas nas áreas de interesse do Brasil. Conforme publicou Clóvis Rossi, jornalista que acompanha há tempos as negociações comerciais internacionais:

> O Brasil está pronto para pôr à mesa "soluções criativas" na liberalização do setor de serviços, em troca de uma oferta realmente suculenta da União Europeia (UE) para reduzir seu protecionismo agrícola (*FSP*, 07 mar. 2006, p.B6)

Mas, o que significa especificamente "melhoras substantivas" e "soluções criativas"? O Brasil e os demais membros do Mercosul as mantêm ainda fora do alcance do público, uma vez que ainda estão em discussão entre eles, para depois serem apresentadas à UE.

Para Amorim, é bem possível que as negociações com a UE avancem, conforme demandam agentes de vários setores, inclusive parte do setor financeiro, mas esses agentes querem que se avance rapidamente fazendo concessões nos setores dos outros (*FSP*, 10 jan. 2005, p.A10).

Essa afirmação pretende passar a mensagem de que os setores internos estão divididos. O que, em última instância, significa que não se poderá fazer concessões ilimitadas, que a negociação interna será difícil, diminuindo, portanto, a margem de manobra na mesa de negociação internacional.

Segundo outros representantes do MRE, haverá uma oferta que deve atender às expectativas da UE; entretanto, observam, as melhorias no padrão de concessões da oferta brasileira estarão limitadas ao que reza a Constituição (*FSP*, 07 mar. 2006, p.B6).

Em suma, há a tendência em se afirmar que as ofertas do Brasil dependerão da disposição da UE em abrir seu mercado agrícola e discutir questões não tarifárias, como as questões de defesa comercial; caso isso ocorra, é possível que o Brasil avance na direção da abertura do setor de Serviços Financeiros, como resultado de uma troca de concessões em áreas de maior interesse dos dois blocos. Deve-se ressalvar, entretanto, que essa possível abertura deverá estar condicionada em boa parte às negociações ocorridas na OMC.

Conforme se verifica, as negociações Mercosul-UE são também de caráter competitivo. As partes fazem uma marcação ponto a ponto. Qualquer oferta substancial dependerá primeiramente do movimento da UE nos setores de maior interesse do Brasil.

A análise que se faz é que o nível das propostas por parte do Brasil deve seguir o padrão das ofertas sinalizadas no âmbito da OMC; as mesmas condicionalidades verificadas nos demais fóruns de negociações devem se repetir aqui.

Considerações finais

Essa parte da análise buscou examinar as posições, os interesses, as estratégias, as táticas do Brasil e das respectivas contrapartes nas negociações do setor de Serviços Financeiros, nos diversos fóruns comerciais internacionais, em especial na OMC, na ALCA, no Mercosul e no Mercosul-UE.

O que se verificou é que o compromisso de liberalização apresentado pelo Brasil nesses fóruns está desalinhado da perspectiva comparada às demandas internacionais e também da perspectiva do que se observa na prática em termos de abertura financeira no Brasil.

Conforme verificado na Parte 3 deste livro, o nível de abertura do País é significativo, e isso é fundamentalmente fruto de uma decisão tomada, unilateralmente, pelo Brasil, em um contexto de profunda crise econômico-financeira interna e no contexto internacional de expansão das grandes instituições financeiras. Entretanto, nas negociações comerciais internacionais, o Brasil não consolidou essa abertura.

Em Serviços Financeiros, o Modo 1 – Prestação Transfronteiriça – engloba, entre outros: empréstimos; aquisição de apólices de seguro; compra de títulos estrangeiros; compra de moedas estrangeiras. E o Modo 2, que é efetuado por meio do consumo no exterior, o que exige, portanto, a mobilidade do consumidor até o território do fornecedor, é caracterizado pela compra de um serviço financeiro, por um turista ou por um profissional, durante uma viagem ao exterior.

Analisando as ofertas dos membros da OMC e os estudos comparativos, o que se verifica é que cerca de 94% das ofertas brasileiras, para o Modo 1, estão na categoria *unbound* (não consolidado). Vale observar que esse é um percentual bem acima da média geral dos países que apresentaram ofertas *unbound* para o Modo 1, que são de 54%. Mas um índice de 54% como média geral também não é baixo (*FSB*, 2004).

Como analisado, a situação real demonstra, contudo, que é possível o Brasil efetuar operações típicas dos Modos 1 e 2. As transferências internacionais de recursos, inclusive, as efetuadas por meio das contas CC-5; os serviços de *private banking*; os escritórios de representação; e a compra de apólices de seguros no exterior são exemplos dessas modalidades.

O Modo 3, que envolve a presença comercial do fornecedor dos serviços, é uma realidade e foi consolidado no âmbito do Mercosul, mas nos demais fóruns, o Brasil apenas propôs essa consolidação (observando algumas restrições). De acordo com os estudos comparativos, no Modo 3, o Brasil não está distante do posicionamento da União Europeia e dos países do NAFTA, assim como mantém posição bastante semelhante à da China (FSB, 2004). Mas, como nos países do NAFTA, o Brasil também mantém restrições de liberalização, isto é, apresenta uma oferta de consolidação da liberalização, desde que se observem algumas restrições.

Acontece que há uma significativa insatisfação, por parte dos estrangeiros, quanto à restrição, por exemplo, da exigência de se obter aprovação (Decreto Presidencial), caso a caso, para entrada e expansão do capital estrangeiro no setor de Serviços Financeiros. Na realidade, em geral o Brasil tem aprovado as requisições de entrada no mercado doméstico ou de expansão de operações existentes das instituições financeiras, inclusive, por meio de filiais ou aquisição de instituições financeiras nacionais que se encontram com problemas. Mas essa é uma restrição que aparece na lista de oferta, e as demais partes envolvidas nas negociações percebem isso como falta de estabilidade e falta de transparência nas regulamentações.

O Modo 4 – Movimento Temporário de Pessoas Físicas –, que se caracteriza por meio da presença de pessoas naturais que se deslocam de seu país de origem para prestarem serviços em outro país, não foi consolidado, exceto o determinado por compromissos horizontais.

No que se refere a seguros e atividades relacionadas a seguros, os compromissos do Brasil no Modo 1 e no Modo 2 não foram consolidados. Entretanto, o Modo 3 foi consolidado no Mercosul mediante algumas restrições e foi oferecido nesses mesmos termos na OMC, que servirá de padrões nos demais fóruns. Os serviços de resseguro e retrocessão são os mais liberalizados pelos outros países na OMC. O Brasil não os consolidou nos Modos 1 e 2. No Modo 3, no Mercosul, entretanto, o Brasil prevê o seguinte: "Regulação futura permitirá o provimento por instituições privadas. Enquanto isso, é da competência exclusiva do Instituto de Resseguros do Brasil (IRB) aceitar resseguros obrigatórios ou facultativos no Brasil ou no exterior, assim como distribuir resseguros que não retém". Previu, portanto, a quebra do monopólio estatal de resseguros, o que ocorreu em 2007.

É interessante destacar, também, a posição do Brasil em relação à posição dos demais membros do Mercosul diante das negociações na OMC e na ALCA. No Modo 1, a posição brasileira está relativamente próxima à média verificada entre os membros do Mercosul; entretanto, no que se refere ao Modo 3, há diferenças significativas. A Argentina é bem mais liberalizada do que os demais (75% de compromissos sem restrições); Paraguai e Uruguai não o são, pelo menos não em termos de consolidação, o que traz a média do bloco para 40% de posições não consolidadas (FSB, 2004).

Em relação à Índia, que tradicionalmente divide com o Brasil a liderança nas coalizões de oposição aos países desenvolvidos, vale também fazer algumas colocações. No Modo 1, esta adota uma posição bastante próxima à brasileira, portanto igualmente restritiva; já em relação ao Modo 3, a Índia adota um posicionamento bem mais restritivo, pois o nível de ofertas *unbound* é bem mais alto, quando comparado às ofertas brasileiras. Uma possível explicação é que o setor de Serviços Financeiros, no geral, ainda conta com a forte presença estatal na Índia.

A propósito, nas análises de Velasco e Cruz (2005, p.42), a globalização financeira não parece ter desenvolvido papel significativo no caso indiano. Desde o início das reformas colocadas em prática, na Índia, o setor financeiro interno caracterizava-se pela forte presença do Estado e pela existência de rígidos mecanismos de controle sobre o câmbio e sobre os fluxos de capital.

Nos outros dois fóruns – ALCA e Mercosul-UE –, pelo que se pôde inferir das declarações públicas dos representantes do MRE e de outros representantes do Governo, as ofertas deverão seguir esse mesmo padrão, isto é, terão como parâmetro o ofertado no âmbito da OMC.

Com exceção das negociações intrabloco Mercosul, pode-se afirmar que, em parte, a "pouca ambição" do Brasil em serviços financeiros está condicionada a falta de ambição por parte dos países desenvolvidos nas questões de maior interesse do Brasil, por exemplo, a questão agrícola.

Assim como na Rodada Uruguai, a atual Rodada da OMC é marcada por uma acirrada disputa. De um lado, os países em desenvolvimento, cobrando por concessões já devidas pelos países desenvolvidos; de outro, estes, que não percebem as coisas exatamente desse modo, isto é, que os países em desenvolvimento têm direito a crédito na negociação.

Há uma demanda explícita do governo brasileiro de que se permita que se expressem os interesses legítimos de cada parte, mesmo que sejam interesses concorrentes. Pelas evidências mostradas aqui, o Brasil não pretende sacrificar seus interesses, em benefício apenas dos outros.

O Brasil, na verdade, tem sérias desconfianças das intenções dos países desenvolvidos na Rodada Doha. Por maior que seja uma concessão do Brasil, isso pode não ser suficiente para satisfazer os interesses dos países desenvolvidos. Levando-se em conta os resultados já alcançados por eles na Rodada Uruguai e os problemas de resistência interna, nesses países, diante de uma abertura do setor agrícola, qualquer oferta dos países em desenvolvimento pode não ser suficiente para trazer os europeus e norte-americanos para a negociação de fato.

Além da questão estratégico-tática do Brasil, de responder às demandas das contrapartes no mesmo tom que esses respondem às suas demandas, há especial preocupação com o impacto da liberalização do comércio de Serviços Financeiros sobre a liberalização da conta de capital, e o consequente impacto sobre o desequilíbrio das contas externas, fator ainda extremamente sensível para o Brasil.

O País está menos vulnerável econômica e politicamente no momento do que já esteve no passado. As contas externas estão mais equilibradas, não há uma ameaça de forças políticas de ruptura. Mas o governo brasileiro, sobretudo a equipe econômico-financeira, está longe de achar que pode relaxar os controles.

A propósito, em um ambiente externo de instabilidade econômico-financeira, o que será explorado no capítulo subsequente, o receio torna-se ainda mais pertinente. E quando o Brasil diz que não consolida o Modo 1, em especial, devido a receios com as consequências negativas de uma maior abertura da conta de capital, há uma indicação clara de que está tentando proteger o sistema financeiro e a economia do País. Aliás, uma preocupação legítima, inclusive porque pressupõe-se que haja interesses comuns em se reduzir a instabilidade mundial.

Ademais, há restrições de ordem jurídica interna. Para reduzir esse obstáculo, o Governo teria de desconstitucionalizar algumas normas que regem o Sistema Financeiro Nacional, o que não é fácil e, mesmo que seja aprovado pelo Congresso, pode estar sujeito a questionamento da Suprema Corte.

O conteúdo das propostas brasileiras nessas negociações reflete ainda a preocupação com o aspecto de "invasividade" nos campos decisório e normativo do País. Os compromissos assumidos no âmbito das negociações comerciais tendem a retirar dos países espaço e autonomia para que estes utilizem políticas ativas e instrumentos que possam promover sua capacidade de fornecimento de bens e, sobretudo, de serviços em padrões de competitividade.

Para além da questão de preservação do *policy space*, há a questão dos marcos regulatórios. Marcos regulatórios que levem em conta as especificidades do mercado nacional. Conforme costumam dizer os especialistas jurídicos, as normas jurídicas que regem as economias nacionais não diferem na essência, mas guardam peculiaridades relativas à cultura e ao desenvolvimento de cada um dos países. São elas que distinguem a legislação de cada um na busca de maior proteção para seus interesses.

De acordo com a percepção do Governo e de especialistas, o Brasil carece mais do que nunca de marcos regulatórios sólidos e de instituições também mais sólidas, como, por exemplo, leis de falência mais severas, regulamentos claros para investimentos estrangeiros. Existem ainda normas em aberto; portanto, está mais sujeito a ataques especulativos em maior grau do que os países desenvolvidos.

A cobrança nas negociações é para que cada país apresente quais setores estão livres de legislações restritivas e que barreiras pretendem abolir. O problema é que no Brasil, em vários subsetores de serviços, não existe qualquer regulamentação.

O risco é que diante de fortes pressões das outras partes, em especial nos casos das negociações que exigem grande cautela, como é o caso da ALCA, o País, ao ser obrigado a consolidar a situação regulatória, o fará em condições desfavoráveis.

PARTE 5

AS NEGOCIAÇÕES COMERCIAIS INTERNACIONAIS DO SETOR DE SERVIÇOS FINANCEIROS NO CONTEXTO DA CRISE FINANCEIRA

11
A CRISE DO SISTEMA FINANCEIRO INTERNACIONAL DE 2008

A NATUREZA DA ATUAL CRISE FINANCEIRA

Compreender a natureza da atual crise financeira, cujo surgimento se deu nos países industrializados, sobretudo nos EUA, não é nada trivial para o senso comum.

A crise que está sendo chamada *a crise do século* iniciou-se com a inadimplência das hipotecas norte-americanas de alto risco, isto é, sem garantias reais suficientes, e a desvalorização dos imóveis e dos ativos lastreados em hipotecas. A perda de valor das garantias (valor dos imóveis) desencadeia um círculo vicioso de desconfiança, provocando queda nos preços dos ativos e uma corrida para a venda desses ativos, o que provoca uma maior queda em seus preços. Nessa situação, a queda inicial do preço do ativo, ao invés de diminuir a oferta do bem, tende a aumentá-la, depreciando ainda mais o valor do bem em um mercado de demanda já bastante contraída.

O colapso dos empréstimos garantidos por hipotecas habitacionais rapidamente atingiu os bancos por meio da securitização de hipotecas e transferência de riscos.[1] Os bancos, por sua vez, passam a anunciar prejuízos, desencadeando uma desconfiança sobre sua solidez e por consequência uma maior contração de crédito e uma forte queda nas Bolsas de Valores.

---

[1] Securitização pode ser definida como processo através do qual uma multiplicidade de ativos financeiros é "empacotada" na forma de títulos que podem ser vendidos aos investidores. Em outras palavras, securitizar é o processo de empacotar e revender a terceiros os valores a receber. Entre esses ativos que podem ser secutirizados, podem-se citar os empréstimos hipotecários, financiamento de automóveis, recebíveis de cartões de crédito e empréstimos educacionais.

A contração do crédito e o próprio retraimento dos consumidores acabam afetando os demais segmentos da economia.

Tudo isso foi sintetizado por Krugman nas seguintes palavras:

> O estouro da bolha imobiliária gerou imensos prejuízos para todos aqueles que adquiriram títulos lastreados em hipotecas. Esses prejuízos geraram endividamento excessivo em muitas instituições financeiras e as deixaram desprovidas do capital para fornecer o crédito que a economia precisava. As instituições em dificuldades tentaram saldar seus compromissos e reforçar seu capital pela venda de ativos, mas isso resultou em queda nos preços dos ativos, o que por sua vez diminuiu ainda mais o capital. (*FSP*, 14 out. 2008, p. B11).

A bolha imobiliária referida por Krugman, na verdade, significa a elevação insustentável dos preços dos imóveis motivada pela concessão irrestrita de crédito, sem critérios adequados ou gerenciamento de risco. Cabe observar que era possível comprar imóveis nos EUA com uma entrada de apenas 5% ou até menos do valor total do bem.

O pedido de falência do Ownit Mortgage Solutions, em 26.12.2006, é tido como um marco inaugural da crise. Depois veio a falência do Lehman Brothers que alarmou o mercado, por ser um "senhor" banco de 150 anos. A lista de instituições com graves desequilíbrios financeiros era expressiva e assustava justamente por conter instituições tidas até então como grandes e robustas o bastante para não quebrarem: Bear Stearns, Merrill Lynch, Fannie Mae e Freddie Mac (companhias de financiamento hipotecário), AIG (companhia seguradora), Citigroup, Wells Fargo, JP Morgam Chase, Bank of America, Morgan Stanley e Goldman Sachs, entre outras que figuravam nessa lista.

Os bancos de investimento Bear Sterns e Merry Lynch tiveram que ser adquiridos por bancos universais. Fannie Mae e Freddie Mac contaram com a acessão de um novo e maior sócio: o Tesouro dos EUA. E a AIG agora tem também como sócio o Federal Reserve (FED – Banco Central dos EUA). Os bancos universais tiveram que recolocar em seus balanços os ativos deslocados para os *Special Investiments Vehicles* – SIV –, que são traduzidos como veículos especiais de investimentos ou instrumentos de investimento estruturados, ou ainda, fundos de instrumentos financeiros complexos e obscuros, medida que os obrigou a realizar imensos prejuízos e a buscar novas fontes de capitalização.

Inúmeros *hedge funds,* que podem ser traduzidos como fundos de investimento que operam em multimercados, como derivativos de crédito, contratos futuros de commodities – milho, petróleo –, contabilizaram enormes perdas no ano de 2008: 350 bilhões de dólares em nível mundial, sendo que desse total 183 bilhões de dólares referem-se aos investimentos feitos na América do Norte (*VE*, 14 jan. 2009, p.D2). Esse segmento encolheu cerca de 20%. Depois de atingir um montante de 1,9 trilhão de dólares, caiu para 1,5 trilhão. Como os *hedge funds* dependem das corretoras dos bancos de investimento para tomar empréstimos e compensar negócios, os desequilíbrios desses os atingiram diretamente. Cabe observar que esse tipo de fundos de investimentos não está sujeito ao mesmo tipo de controle que as agências reguladoras exercem sobre os bancos.

O quadro atual, conforme sintetizou Martin Wolf, colunista do *Financial Times* (*VE*, 29 out. 2008, p.A11), é de uma quase desintegração do sistema bancário ocidental, de fuga rumo a ativos seguros, de aperto do crédito para a economia real, de colapso nos preços das ações, de turbulência nos mercados cambiais, de contínuas quedas acentuadas nos preços das moradias, de veloz saque de recursos dos *hedge funds* e do colapso em andamento do chamado "sistema bancário paralelo".

Uma sucessão de medidas acabaram sendo adotadas para tentar aplacar o pânico no sistema financeiro e evitar uma desintegração real do sistema financeiro. Até novembro de 2008, calcula-se que aproximadamente 5,4 trilhões de dólares dos cofres públicos norte-americanos já foram gastos ou comprometidos para socorrer as instituições financeiras deficitárias. São eventos e números que não têm precedentes históricos.

A dinâmica do sistema financeiro e a armadilha da estabilidade econômica

Muitos conceitos e fundamentos econômicos foram colocados à prova. Os analistas de mercados financeiros dos países industrializados sempre que examinavam as crises dos mercados emergentes apontavam para a visível instabilidade dos fundamentos macroeconômicos e para as inúmeras falhas desses mercados, como falha de gestão em termos gerais e, mais especificamente, falha na gestão de risco, conforme foi apontado no caso do México em 1995 (ver capítulo O Brasil no Debate sobre a Liberalização do Comércio de Serviços). Mas e os mercados industrializados que eram percebidos como mercados estáveis? Como explicar que um ciclo de crescimento, de expressiva expansão da liquidez, de taxas de juros reduzidas, sem pressão inflacionária e de estabilidade macroeconômica, culminaria em um evento drástico de tamanhas proporções como esse?

O mercado financeiro internacional surpreendeu por sua amplitude e liquidez. O estoque de ativos financeiros mundiais – depósitos bancários, títulos da dívida pública e privada e ações – que era de 12 trilhões de dólares em 1980; 43 trilhões de dólares em 1990; 94 trilhões em 2000 – passou para 196 trilhões de dólares em 2007. E a estimativa anterior era de que chegaria a duzentos trilhões de dólares em 2010 (The McKinsey Global Institute, 2008).

No entanto, parece que o período de estabilidade, assim como os períodos de turbulência, é fator de risco na economia.

Martin Wolf reafirmou a tese do economista Hyman P. Minsky, dizendo:

> O que deu errado? Em poucas palavras: Minsky estava certo. Um longo período de rápido crescimento, baixa inflação, baixas taxas de juros e estabilidade macroeconômica estimulou a complacência e uma maior disposição de assumir risco. A estabilidade levou à instabilidade. Inovação – securitização, finanças por fora do balanço e o resto – provou, como sempre, ser uma parte importante da história. Como Minsky alertou, fé indevida em mercados desregulados provou ser uma armadilha. (*FT*, 16 set. 2008)

Martin Wolf também afirma: "As crises são inevitáveis em sistemas financeiros desregulados, como terremotos em uma zona de falha. Apenas o momento é incerto" (*FT*, 16 set. 2008).

Conforme observou Cintra (*FSP*, 05 out. 2008, p.B4), a partir da releitura da "Teoria Geral do Emprego, do Juro e da Moeda", de Keynes, Minsky desenvolveu a "hipótese da instabilidade financeira". Dessa perspectiva, a instabilidade é intrínseca. Os períodos de instabilidade financeira decorrem do aumento da fragilidade das estruturas de ativos e passivos dos agentes econômicos, engendrados durante a fase de prosperidade.

Na prática, o que acontece é que os agentes de mercado, na busca por maximizar seus lucros em um ambiente de expectativas otimistas, "flexibilizam em excesso" seus critérios de alocação de crédito. Mas, como assim? E as regras estipuladas no âmbito dos acordos internacionais em matéria financeira – Acordos de Basileia – não são o bastante? É aí que entram as inovações financeiras.

Os bancos, a despeito das normas internacionais às quais estão sujeitos, encontraram algumas formas de retirar de seus balanços esses ativos que poderiam ser classificados como créditos duvidosos. Essa operação contábil permitia-lhes ampliar suas operações e os liberava das amarras dos coeficientes exigidos pelos Acordos de Basileia. Em outros termos, esse tipo de operação tornava os limites de capital irrelevantes.

Essa operação era feita por meio de diversas formas: através da emissão de títulos com rendimentos atrelados aos reembolsos devidos pelos mutuários (hipotecas, dívidas de cartão de crédito, da compra de automóveis etc.); adquirindo proteção contra esses riscos nos mercados de derivativos – um tipo de operação financeira cujas perdas e ganhos são produto da variação futura do valor de um bem, de um ativo financeiro ou de um índice; e criando distintos *Special Investiments Vehicles* – SIV – que, conforme já se falou, podem ser traduzidos como veículos especiais de investimentos ou instrumentos de investimento estruturados ou fundos de instrumentos financeiros complexos e obscuros.

Por outro lado, os bancos somente conseguiram passar para frente esses ativos "podres", pode-se dizer assim, porque havia agentes interessados nisso. Certamente esses agentes estavam vislumbrando um retorno proporcional ao nível do risco. Esses agentes vêm a formar o que se convencionou chamar de "sistema financeiro paralelo".

Nouriel Roubini, professor de economia da Universidade de Nova York, diz que o universo desse sistema de um modo geral é formado por corretores-operadores do mercado, *hedge funds* (fundos de investimento que operam em multimercados e que não estão sujeitos ao controle das agências reguladoras), *private equity funds* (fundos de participação em empresas), SIVs, companhias hipotecárias não bancárias, seguradoras, fundos mútuos de investimento (*FSP*, 22 set. 2008, p.B4).

Conforme observam Farhi e Cintra (*VE*, 30 set. 2008, p.A12), esses agentes financeiros, diferentemente dos bancos, eram displicentemente regulados e supervisionados, sem reservas de capital, sem acesso aos seguros de depósitos, às operações de redesconto e às linhas de crédito de última instância dos bancos centrais.

É interessante observar que a despeito de toda essa falta de garantias a que estavam sujeitos, esses agentes captavam recursos no curto prazo e investiam em ativos de longo prazo e ilíquidos, sem contar que operavam altamente alavancados, isto é, endividados. Calcula-se que a alavancagem era de trinta, cinquenta e até cem vezes o montante de recursos próprios. O problema da alavancagem é que, como o ativo financeiro foi adquirido com dinheiro majoritariamente emprestado, a queda do preço do ativo representa uma perda enorme em relação ao capital investido. Para efeito de ilustração, uma perda média de 5% nas operações financeiras de uma instituição alavancada trinta vezes resulta na perda de 150% do capital.

Os *hedge funds* operavam tomando empréstimos a taxas reduzidas de juros em determinados mercados financeiros, como Japão, Suíça, e adquirindo ativos em outros mercados que proporcionavam maiores rendimentos, como Brasil. A propósito, no Brasil não é permitido que os *hedge funds* tomem dinheiro emprestado para fazer os investimentos. Pelas regras vigentes no Brasil, eles operam com recursos dos próprios cotistas.

Os *private equities funds*, tomaram volumosos empréstimos para adquirir empresas, reestruturá-las e depois vendê-las com ganhos de capital. Em relação ainda ao espectro das inovações, merecem destaque também os *Pik Toggles*, acordos que davam às empresas o direito de pagar juros na forma de novas promissórias em vez de dinheiro vivo (Macedo Cintra e Cagnin, 2007).

Com a alavancagem, os agentes ficam vulneráveis às oscilações no mercado, como no fluxo de caixa, nas taxas de juros e de câmbio. Nesse caso, a alavancagem excessiva resultou em grandes perdas, que desencadearam a insolvência de muitas das maiores instituições financeiras em várias economias. Além do problema da insolvência, soma-se a crise de confiança, caracterizada pelo fato de que diante de qualquer sinal de reversão das expectativas, os bancos saem em busca de ativos mais líquidos, como títulos de dívida pública.

Esse movimento todo vai afetar não só o sistema bancário paralelo, como também todo o sistema financeiro, o que inclui os bancos, envolvendo uma expressiva contração de crédito que, por sua vez, vai comprometer toda a economia.

REGULAÇÃO: O INSTRUMENTO DE CONTENÇÃO DA INSTABILIDADE FINANCEIRA INTRÍNSECA

Diante do quadro atual de instabilidade financeira têm surgido inúmeras discussões a respeito da melhor forma de contê-la no futuro. Para muitos acadêmicos, comentaristas políticos e econômicos, a solução estaria na regulamentação e efetiva supervisão do mercado financeiro.

A partir da década de 1980, pode-se assistir a uma mudança radical no sistema financeiro norte-americano em matéria de regulação. Foi nesse período que se consolidou a redução das barreiras que limitavam os bancos a operarem em outros estados que não o de sua sede.

Alan Greespan, no comando do Federal Reserve – FED – Banco Central dos EUA, no período de 1987 a 2006, promoveu um amplo grau de liberdade para as operações no sistema financeiro. Ficou conhecido como o "regulador" que acreditava na regulação do mercado pelo próprio mercado. Sob sua administração, adotou-se um critério em que a autoridade monitorava e, se o banco estivesse perdendo muito capital, ele mesmo se reajustaria. Argumentava que a melhor forma de fiscalizar uma instituição era por meio da concorrência.

No final da década de 1990, período em que o comando do Tesouro dos EUA estava sob a responsabilidade de Robert R. Rubin cai a Lei Glass-Steagall, que tornava obrigatória a separação entre bancos comerciais e bancos de investimento, criando os bancos universais, os quais se envolveriam tanto com as atividades de tomar e emprestar dinheiro, como com as atividades de organizar e vender ações, títulos e outros serviços financeiros.

Essa Lei fora elaborada após a Grande Depressão – década de 1930 – para impedir os exageros que estavam sendo cometidos pelos agentes daquele tempo, incluindo graves conflitos de interesses. A cultura de banco de investimento predominou sobre o sistema financeiro desde então. Houve uma busca incessante por altos rendimentos que poderiam ser obtidos apenas através de altas alavancas e riscos. Para ilustrar esse grau de alavancagem e risco das instituições financeiras, o Goldman Sachs tinha 25 dólares aplicados para cada um dólar de caixa. Conforme observou Eduardo Giannetti (*FSP*, 29 set. 2008, p.B5), a participação do lucro dos bancos na economia passou de 10% no início da década de 1980 para 40% hoje. É um crescimento espantoso, mas que se revelou inflado, artificial.

A desregulamentação é apontada pela maioria, até mesmo pelos mais favoráveis à desregulamentação, ao Estado mínimo, como a principal causa da crise. E a necessidade de uma nova regulamentação soa como a única solução.

Há pouco tempo, o então secretário do Tesouro dos EUA, Henry Paulson, que é na verdade é ex-CEO do Goldman Sachs, ao defender maior grau de liberalização, argumentava que as regulamentações excessivas oneravam o setor financeiro norte-americano diante da concorrência internacional mais acirrada (*VE*, 22 set. 2008, p.C8). Diante da crise, no entanto, à frente do Tesouro, teve que fornecer liquidez, estatizar instituições financeiras e recorrer à regulação.

Alan Greenspan fez uma mea-culpa, diz que estava parcialmente errado ao se opor à regulamentação do mercado de derivativos e reconheceu que as instituições financeiras não protegeram seus investidores e aplicações tão bem quanto ele previa (*VE*, 24, 25 e 26 set. 2008, p.C7).

Richard Sylla, historiador financeiro da Universidade de Nova York, faz a seguinte observação:

> Nos últimos vinte anos as pessoas estavam, na verdade, expressando a ideia de que o governo deveria tirar as mãos do mercado. Tínhamos essa crença do livre mercado: o governo não é uma solução, o governo é o problema, de Reagan. Agora as pessoas estão dizendo: o mercado é o problema. O governo é a solução. (*VE*, 22 set. 2008, p.C8)

Christopher Cox, presidente da Securities and Exhange Commission (a comissão de valores mobiliários dos EUA), em audiência no Senado citou a existência de um

> buraco regulatório (referindo-se às operações com títulos de créditos em *default*, os chamados CDS) que precisa ser imediatamente tapado e solicitou que Washington possa fazer a fiscalização de uma série de instrumentos financeiros exóticos que não eram antes regulamentados. (*VE*, 24 set. 2008, p.C3)

Para Wolf,

> é impossível proteger a economia real de um colapso do sistema financeiro. Por esse motivo, os governos não podem prometer de forma crível lavar as mãos em um colapso financeiro. Essa é a lição de pelo menos um século de história financeira. (*FT*, 16 set. 2008).

George Soros, tido como um guru do mercado financeiro norte-americano, atribuiu parte da culpa pela crise à ampla liberdade dada pelo FED, aos promotores da inovação financeira. Para ele, Alan Greenspan é culpado tanto por ter reduzido e mantido as taxas de juros baixas demais, por um longo período, como por considerar que o mundo das finanças tinha mais a ganhar com a inovação financeira do que a perder.

Nos termos de Soros,

> Alan Greenspan (o antigo dirigente do FED) tem lá sua parte de responsabilidade em tudo isso, sim, porque ele reduziu e manteve as taxas de juros baixas demais, por um período excessivo; e também porque ele deu ampla liberdade para os promotores da inovação financeira, considerando que o mundo das finanças tinha mais a ganhar com isso do que a perder.
>
> As autoridades de controle também são responsáveis pela crise, por terem dado uma liberdade excessiva aos atores dos mercados, e por terem deixado se desenvolver um mercado de crédito monstruosamente extenso. Vejam só o tamanho do mercado dos derivativos de créditos! As quantias que ele movimenta são calculadas em milhares de bilhões de dólares. O resultado dessa política é uma crise financeira que mergulha no sofrimento, inúmeras vítimas inocentes. (*Le Monde*, 20 set. 2008)

E o próprio Soros afirma que o sistema financeiro americano precisaria ser regulado:

> O sistema financeiro americano como um todo precisa ser repensado. Os bancos de investimentos deverão contar com a ajuda dos bancos de depósitos. Vai ser preciso implantar novas formas de *regulação* (grifo meu). A missão das autoridades consiste em impedir a formação de bolhas financeiras. Para tanto, elas têm instrumentos à sua disposição e elas deverão utilizá-los. O crédito precisa ser regulado, da mesma maneira que o mercado monetário. É preciso exigir dos bancos que eles acumulem fundos próprios em maior quantidade. (*Le Monde*, 20 set. 2008)

Da mesma opinião partilha Seth Waugh, presidente do Deutsche Bank para as Américas (incluindo os EUA). Para ele, os bancos foram longe demais na direção errada e, por conta disso, acha inevitável uma regulação mais apertada.

> O sistema financeiro falhou, as instituições falharam, foi uma vergonha para nós. Na conversa com Geithner, ele disse que os EUA querem continuar a ser o centro financeiro e para isso é preciso ser exigente, mas não a ponto de perder competitividade. (*OESP*, 29 mar. 2009, p.B5)

O discurso da presidente do Congresso, a democrata Nancy Pelosi, condenou a as políticas do tipo "vale tudo", sem regulação, sem supervisão, sem disciplina no sistema. Nos termos de Pelosi: "Os democratas acreditam em livre mercado, que pode criar e cria empregos, riqueza e capital, mas deixado a seu próprio comando só criou o caos" (*FSP*, 30 set. 2008, p.B4).

Além dos EUA, outros países da OCDE também já ponderaram sobre o fator regulamentação. Nicholas Sarkozy, o atual presidente francês, durante debate sobre a crise financeira no Parlamento Europeu, em Estrasburgo (França), evidenciou apoio a uma maior regulamentação. Nos termos de Sarkozy: "Os *hedge funds* não podem continuar operando como o fazem; paraísos fiscais, tampouco; instituições financeiras que não estão sob controle regulatório não são mais aceitáveis" (*FSP*, 22 out. 2008, p.B9).

Acompanhando essas discussões e baseando-se no pensamento de Minsky, aqui no Brasil, alguns analistas também se puseram a refletir.

Cintra observa que:

> A fim de conter essa instabilidade intrínseca, faz-se necessário a adoção de regras para os mercados financeiros, tais como limites à alavancagem dos bancos, à interpenetração patrimonial entre os agentes financeiros e não financeiros, à exposição a determinados setores e investidores etc. (*FSP*, 05 out. 2008, p.B4).

Nas análises de Farhi e Cintra,

> a fragilidade da lógica de funcionamento dessa arquitetura financeira, assim como os elevados custos de resgate, parecem indicar que os sobreviventes deverão se curvar a uma supervisão e regulação mais estrita. (*VE*, 30 set. 2008, p.A12).

Conforme observou Belluzzo (*FSP*, 21 set. 2008), diante dos últimos acontecimentos, até mesmo "figuras de proa do *establishment* financeiro norte-americano", como Nicholas Brady, Eugene A. Ludwig e Paul Volker,[2] reconhecem que o sistema financeiro norte-americano exige uma reestruturação fundamental que o habilite a funcionar de maneira adequada futuramente.

Dentre os próprios agentes do sistema financeiro aqui no Brasil, encontra-se apoio às medidas de regulamentação propostas recentemente. As análises de Oswaldo de Assis, do Banco UBS Pactual, liquidez e regulação têm que seguir juntas:

> O papel da regulação não é exatamente o de impedir que operações sejam realizadas, mas o de garantir para o mercado e para a economia que os que as realizaram têm cacife para bancar suas apostas e eventuais perdas. Enfim, a regra existe para reduzir o risco de crise sistêmica e para dar maior visibilidade e transparência aos negócios realizados. (*VE*, 24, 25 e 26 out. 2008, Eu&Fim de Semana, p.7)

Os fatos e as decorrentes expressões de opiniões parecem convergir para a ideia de que a máxima que o mercado se autoajusta, isto é, de que a

---

[2] Paul Volcker foi presidente do FED de 1979 a 1987, passando pelos governos de Jimmy Carter e Ronald Reagan. É atribuído a ele a responsabilidade pela marca histórica da alta dos juros nos EUA (19%), o que teria desencadeado a crise em série na América Latina. Nicholas F. Brady, conhecido como o pai do Plano Brady, foi secretário do Tesouro dos EUA de 1988 a 1993, passando pelos governos de Ronald Reagan e George Bush. Foi um grande defensor da promoção dos acordos de livre comércio. Eugene A. Ludwig foi responsável pelo Escritório da Controladoria da Moeda dos EUA, órgão responsável por supervisionar muitos bancos norte-americanos.

melhor receita para o desenvolvimento e a prosperidade é liberar os mercados financeiros para alocar capital, assumir riscos, contabilizar lucros e prejuízos, não se sustenta, não se verifica na prática.

Sendo assim, um maior controle governamental do sistema financeiro daqui para frente tende a surgir. As perguntas, entretanto, que emergem são: regulação em que medida? Que caráter terá essa regulação? Até que ponto essa regulação será observada de fato pelo mercado? Reinará até quando?

Essas são perguntas para as quais ainda não se tem resposta. Contudo, espera-se que o espectro da nova regulação abarque as instituições financeiras que hoje se encontram fora do alcance das leis aplicadas aos bancos. Conforme observou Ron Chernow, historiador financeiro norte-americano,

> o que houve foi uma falha reguladora geral durante a última década que levou a essa bolha imobiliária. Quando há regras insuficientes supervisionando a arena financeira, detonam-se crises que ironicamente e muito paradoxalmente requerem intervenções mais profundas do que se tivesse havido supervisão e regulamentação adequadas o tempo todo. (*FSP*, 22 set. 2008, p.A18)

Ben Bernanke, presidente do FED, admitiu a necessidade de regulação das instituições financeiras, desde que "não limite iniciativas inovadoras". Para Bernanke, o alvo principal da regulação devem ser instituições como Fannie Mae e Freddie Mac, AIG, as que são consideradas "grandes demais para falir". Para ele, elas devem permitir supervisão mais profunda sobre o nível de risco assumido (*FSP*, 14 jan. 2009, p.B8).

Uma medida que os EUA tendem a apoiar em termos de nova regulação é a criação de um sistema de "câmara de compensação", para controlar os riscos e padronizar operações em mercados de derivativos e outras operações consideradas hoje como de alto risco. Há muitos contratos de derivativos negociados em mercado de balcão, por isso não se pode medir a magnitude e extensão dos riscos envolvidos.

A câmara de compensação na verdade é um sistema que coordena as posições compradas com as vendidas de modo a sustentar o cumprimento das obrigações contratuais assumidas nos mercados financeiros. A câmara teria a responsabilidade de fazer cumprir os contratos. Esse sistema fundamenta-se sobre um processo de salvaguardas.

Timothy Geithner, no papel de secretário do Tesouro dos EUA, apresentou ao Congresso um plano para controlar de forma mais ampla o sistema financeiro. Isso abrangeria instituições financeiras que até então estavam fora dos controles aplicados aos bancos normalmente e outras instituições sob o controle da SEC (Comissão de Valores Mobiliários dos EUA). Essas instituições são seguradoras e unidades de negócios financeiros de empresas como General Electric e GM (*FSP*, 27 mar. 2009, B12).

O novo plano também prevê a criação de um órgão que seria responsável por controlar as atividades dos *hedge funds* e outros investimentos financeiros. Segundo Geithner, essa reforma seria abrangente. Esse órgão também seria responsável pela "estabilidade sistêmica das maiores instituições financeiras" (*FSP*, 27 mar. 2009, p.B12).

Como se verifica, governos, agentes econômicos, acadêmicos parecem convergir sobre a ideia da necessidade de um outro padrão de regulação. Alguns países, como a França, por exemplo, defendem a necessidade de se impor um marco regulatório global, isto é, a necessidade de se estabelecer regras mais rígidas de controle e supervisão do sistema financeiro internacional e as instituições que a regulam. Responsabilidade que caberia ao Fórum de Estabilidade Financeira com sede na Basileia. Os EUA, entretanto, indicaram certa preferência por regulações individualizadas (*OESP*, 29 mar. 2009, p.B4).

12
A CRISE FINANCEIRA E OS ACORDOS COMERCIAIS INTERNACIONAIS

Falou-se até agora a respeito da natureza da crise, das falhas do sistema e das necessárias medidas para sanar o problema e prevenir eventos futuros, como um novo arcabouço regulatório; mas, o que isso tem a ver com os acordos comerciais internacionais?

Até junho de 2008, o teor das propostas apresentadas nas negociações referentes ao setor de serviços no âmbito da OMC revela que os países desenvolvidos, de um modo geral, não pretendem abrir mão das demandas em relação à consolidação da abertura já verificada na prática, isto é, da liberalização já existente.

Conforme informa o Ministério das Relações Exteriores do Brasil, os países desenvolvidos insistem em que as ofertas devam contemplar a consolidação dos regimes regulatórios existentes e refletir as práticas efetivas de Acesso a Mercados e Tratamento Nacional (*Carta de Genebra*, ano vii, n.1, 2008).

> Os países desenvolvidos reiteram a indicação de que as ofertas devam contemplar a consolidação dos regimes regulatórios existentes e novo acesso a mercado. (*Carta de Genebra*, ano vii, n.2, 2008)

Em relação ao setor de serviços financeiros especificamente, o Brasil, nas reuniões do Comitê sobre Comércio de Serviços Financeiros da OMC continua sendo alvo de insistentes cobranças para ratificar o Quinto Protocolo. E o Brasil, como de costume, tem respondido que o Acordo encontra-se pendente de ratificação junto ao Congresso Nacional (WTO, 2008b).

Essa situação gera defensiva, na medida em que os demais países, que já assinaram o Acordo, pressionam para que o Brasil não só cumpra os termos e condições acordadas nas negociações anteriores, como também se coloque nas mesmas condições dos demais que fizeram uma ampla liberalização.

A questão da crise tem sido usada pelos dois lados para defender posições opostas. Os países demandantes de maior liberalização colocam que isso se justificaria sobretudo para conter maiores impactos da crise. E os países contrários, como o Brasil, colocam que é justamente diante da crise que se requer moderação na liberalização financeira.

Pode-se dizer que a resistência do Brasil às pressões para a consolidação da abertura financeira antes mesmo dessa grande crise, pelo receio de se comprometer com a abertura em um cenário de instabilidade macroeconômica interna, acabou poupando-o de um verdadeiro desastre. E isso acaba reforçando a percepção de que a opção de manter o *status quo* é melhor do que o acordo. A *Best Alternative to Negotiated Agreement* (BATNA) do Brasil, nesse caso, é manter o estado das coisas, isto é, não avançar com a liberação no âmbito das comerciais internacionais de Serviços Financeiros.

A despeito de o Brasil não ter escapado incólume a essa crise, como se verificou inicialmente reflexos na alta do dólar, na queda das bolsas, na contração do crédito e na atuação direta do Banco Central (BACEN) para deter os desequilíbrios nas instituições financeiras menores (provocados pela rápida contração do crédito interbancário), o contágio da crise pela dimensão financeira está sendo menor em função de uma maior regulação e supervisão bancária em nível nacional. Decorrências como essa reforçam a ideia de que a melhor coisa é manter o *policy space*, é manter a possibilidade de fazer a abertura administrada.

Depois da crise bancária interna do final da década de 1990, o Sistema Financeiro Nacional (SFN) sofreu mudanças e passou a prever alguns mecanismos de garantia. Os bancos aqui no Brasil estavam sujeitos a uma taxa de compulsório relativamente alto e não estavam envolvidos com operações de alto risco no exterior. No Brasil, de acordo com a legislação, os *hedge funds* não podem tomar dinheiro emprestado para investir. Isso em certa medida evitou consequências mais drásticas, como o estrangulamento de todo o sistema. Caso o Brasil tivesse consolidado a abertura, essa possibilidade poderia estar comprometida.

O Brasil temia que a desregulamentação em um nível mais aprofundado do sistema financeiro geraria uma situação de complexidade e de interdependência que exigiria uma ampla compreensão de sua dinâmica, pré-requisito difícil de ser cumprido, além de uma maior robustez da economia, como processos produtivos desenvolvidos, tecnologia e outros elementos para garantir um eventual desequilíbrio. Essa vivência tende a ser recordada a cada decisão futura.

A percepção do outro lado, entretanto, contraria as expectativas do Brasil de que a crise abalaria a crença de que com maior liberalização haveria menor vulnerabilidade à instabilidade financeira sistêmica, por causa da pulverização do risco entre muitos agentes do mercado. Os argumentos para pressionar o Brasil a favor da maior liberalização do comércio de serviços financeiros ainda se baseiam na ideia de que a desregulamentação da economia e a não interferência do Governo permitem que as inovações surjam e beneficiem o crescimento econômico.

Quando o Brasil menciona o problema das incertezas, dizendo que os riscos não podem ser mensuráveis e não há, na prática, como se proteger deles, os demandantes novamente se apoiam na ideia de que os acordos preveem medidas prudenciais.

Conforme a crise evidenciou, o sistema financeiro está repleto de lacunas regulatórias. Dentre outras, podem-se citar a flexibilidade que permitiu aos bancos securitizarem ativos, especificamente operações de crédito, por meio de instrumentos financeiros fora de seus balanços contábeis, os chamados instrumentos *off-balance* (operações fora do balanço contábil). Além disso, verificam-se falhas no processo de supervisão bancária: escopo restrito, negligência na gestão do risco de crédito e de liquidez, excesso de confiança na estabilidade do sistema. Os contratos com derivativos de crédito baseados em operações no mercado imobiliário foram realizados no mercado de balcão, isto é, entre comprador e vendedor somente. Não havia o mecanismo de registro e garantia para esses contratos por uma câmara de compensação como a que existe na BM&FBovespa. Nem mesmo os EUA tinham isso, estão tentando criar agora.

Em resumo, as estratégias e táticas de negociações, tanto por parte do Brasil quanto por parte dos demais, continuam predominantemente competitivas. Os dois lados continuam defendendo suas respectivas posições, as quais supõem-se corretas. Entretanto, mais do que antes a postura competitiva do Brasil parece legítima, na medida em que se percebe ser essa uma questão vital para o bem-estar do País e os negociadores brasileiros parecem seguros do que estão fazendo.

NECESSIDADE DE MAIS REGULAÇÃO X DEMANDA PARA NOVAS LIBERALIZAÇÕES NOS FÓRUNS COMERCIAIS INTERNACIONAIS

É interessante notar a incoerência existente entre duas demandas que surgem concomitantemente. Em um fórum, no G-20 (Financeiro),[1] os países se reúnem para discutir os efeitos e as causas da crise e tentam chegar a um

[1] O G-20 (Financeiro), denominado assim aqui para se destacar do G-20 mencionado primeiramente, é um fórum de cooperação e consulta relativo à matéria financeira especificamente Esse fórum foi criado em 1999 e reúne as 19 economias mais desenvolvidas mais a União Europeia, que entra representando todos os países que fazem parte do Bloco.

mínimo denominador comum, no caso a necessidade de mais regulamentação, de maiores restrições aos agentes econômico-financeiros; em outro, na OMC, os mesmos países põem-se a discutir sobre a necessidade de mais liberalização ou de consolidação da liberalização ocorrida na prática.

Conforme já abordado desde o capítulo Negociações nos Fóruns Comerciais Internacionais, os acordos conformados nos diversos fóruns comerciais implicam cessão de *policy space*. Os governos, ao assinarem esses acordos, cedem autonomia, soberania, portanto, à OMC ou à outras organizações internacionais. No entanto, as propostas que têm sido discutidas no âmbito da Cúpula do G-20 (Financeiro) para combater os efeitos arrasadores da crise sugerem necessidade de retomar esse *policy space*.

Muitas das medidas paliativas que estão sendo discutidas nessas reuniões confrontam com o que já foi acordado na OMC ou, no caso dos EUA, Canadá e México, com aquele acordado no âmbito do NAFTA. Isso significa que medidas para combater a crise e evitar outras de tamanha dimensão requerem mudanças significativas nos termos e condições do GATS e outros acordos já aprovados entre os países.

Seria de se esperar que as autoridades financeiras dos diversos países voltassem a discutir no âmbito da OMC, se o GATS de fato contempla as necessidades do sistema financeiro e não que as negociações seguissem com a agenda ambiciosa estipulada há dez anos. Conforme já se falou anteriormente, liberalizar serviços vai muito além do comércio transfronteiriço. Há questões de acesso a mercado, investimentos, regulamentação.

Os países estão primeiramente preocupados em reestruturar os respectivos sistema financeiro e economia. Significa dizer que os países precisam, em um primeiro momento, se voltar para um processo de mudança das regulamentações internas. As diversas opiniões dentro dos EUA e outros países desenvolvidos a favor de um novo marco regulatório, vistas no capítulo A Crise do Sistema Financeiro Internacional de 2008, tendem a reforçar essa hipótese. No entanto, os compromissos assumidos pelos EUA em 1997 na OMC os proíbem de retroceder com a liberalização consolidada.

Na acepção dos termos e condições acordados internacionalmente, os EUA e qualquer outro país que tenha assumido tais compromissos estão comprometidos em não afetar contrariamente a habilidade de qualquer fornecedor de Serviços Financeiros de qualquer outro país-membro da OMC de operar, competir ou entrar no mercado. Esses países estão comprometidos em permitir que os fornecedores de Serviços Financeiros possam oferecer em âmbito internacional qualquer novo serviço relacionado a esse setor. Pelos termos e condições dos acordos internacionais, os países que se comprometeram de forma ampla não podem proibir as operações financeiras com qualquer tipo de derivativo ou títulos "tóxicos". Por esses mesmos termos e condições, esses países não podem impor uma restrição a fim de manter em separado bancos comerciais e bancos de investimento. Esses mesmos termos e condições ainda proíbem os governos de limitarem os tamanhos das instituições financeiras, mesmo que essa limitação também seja imposta às empresas nacionais. Com a crise, a máxima do *too big to fail* foi trocada por *too big too exist*; no entanto, com as amarras dos acordos comerciais internacionais os países estariam resignados a serem os garantidores de última instância sob qualquer circunstância. Essas limitações e muitas outras configuram conflito direto com as várias propostas que estão sendo discutidas nas Cúpulas do G-20 (Financeiro), com o objetivo primordial de limitar os riscos.

Como contornar isso? Duas possibilidades surgem desse contexto que é duplamente crítico: (i) as discussões seguirão inalteradas, mesmo contraditórias, caracterizando um anacronismo e ilegitimidade dos fóruns comerciais internacionais; (ii) os países, de um modo geral, vão se dar conta dessa contradição e vão propor uma mudança radical na agenda de negociações. Em vez de proporem seguir com a liberalização e maiores compromissos no âmbito dos acordos comerciais internacionais, devem, sim, propor a renegociação dos termos e condições outrora acordados, visando reconquistar o *policy space* e poder justamente lidar com eventuais crises e problemas de ordem interna.

Considerações finais

Esta parte da análise buscou examinar a natureza da crise, a discussão sobre o instrumento mais adequado para se conter os danos da crise e evitar futuras, e o impacto tanto da crise em si como dos desdobramentos regulatórios no contexto dos acordos comerciais internacionais.

O que se verificou foi que as forças de expansão de liquidez e de crédito colocadas em ação em um contexto de desregulamentação, de liberalização, de inovações financeiras e de grandes avanços tecnológicos fizeram-se se acompanhar por maior volatilidade e instabilidade potencial.

E dessa situação decorrem várias discussões a respeito das possíveis soluções para remediar tudo isso – a essência da solução passaria pela "nova regulamentação".

Os EUA e os demais países da OCDE, além de alguns países em desenvolvimento, dentre esses o Brasil, tentam centrar na reformulação de regras internas e em articular um plano de transformação do sistema financeiro internacional, caracterizado por mecanismos de prevenção e respostas imediatas às crises e por garantias de regulação mais eficazes. O escopo dessa transformação, no entanto, é o que incita muitas especulações. A despeito de haver uma demanda por um aparato regulador global e por uma instituição multilateral para controlar as finanças mundiais, essa é uma possibilidade pouca realista.

Esse seria o caso de plena cessão de soberania. A cessão de soberania é uma questão que preocupa qualquer país, inclusive os EUA. É ilusório imaginar que os EUA estariam dispostos a fazer isso, delegando a um órgão supranacional a autonomia decisória em matéria econômico-financeira de tal magnitude.

Conforme Daniel Price, assessor do ex-presidente George W. Bush, havia afirmado: "Não sei de nenhum lugar que tenha dado algum apoio para constituir uma autoridade global única para regular os mercados financeiros" (*VE*, 13.11.2008, p.C5). Há expectativas e algumas ações na administração de Barack Obama no sentido de promover mudanças na regulamentação dos bancos americanos, mas dificilmente as autoridades daquele país aceitarão imposições de um órgão regulador internacional.

No entanto, enquanto representantes governamentais de alto escalão se reúnem para discutir a nova regulamentação no âmbito do G-20 (Financeiro), negociadores comerciais internacionais, que também representam os interesses desses mesmos países, reúnem-se nos fóruns comerciais para negociar novas rodadas de liberalização do comércio de serviços financeiros. A Rodada Doha de Negociações Comerciais Multilaterais traz em sua pauta propostas nesse sentido e defendidas segundo a premissa de que esse é justamente o curso de ação para contornar os efeitos da crise. Os *demandeurs* argumentam que a crise não pode ser usada para justificar o injustificável – o protecionismo.

Pode-se dizer que o sinal de alerta acionado pela crise envia mensagens trocadas para os diferentes fóruns. Enquanto no G-20 (Financeiro) a leitura é de necessidade de regulamentação ou uma nova regulamentação nos âmbitos internos, isto é, de necessidade de reapropriação do *policy space*, o que significa dizer da capacidade de implementar políticas de ordem pública, nos fóruns comerciais o sinal é de necessidade de abrir mão dessa capacidade, desistir de qualquer espaço de manobra para implementar ajustes.

Diante desse novo quadro das finanças internacionais e diante de todo o esforço despendido para se construir consenso entre os membros do G-20 (Financeiro), podia haver uma menor demanda para que o Brasil e outros países consolidassem a liberalização financeira no âmbito dos fóruns comerciais internacionais. O que não se verifica até o momento, entretanto.

O que pode ser dito em síntese é que mesmo diante de uma profunda mudança no contexto do sistema financeiro internacional, a natureza das estratégias e táticas empregadas pelos negociadores nas negociações comerciais internacionais continua sendo competitiva e a zona de possível acordo continua sendo negativa.

Conclusão

De acordo com o proposto, procurou-se examinar por que um país que se dispõe a implementar reformas profundas em sua estrutura econômica, como a verificada no plano financeiro, adota uma postura tida como conservadora nas negociações comerciais internacionais. Mais especificamente, buscou-se responder: por que a abertura financeira observada na prática no Brasil não corresponde ao grau de compromisso de liberalização apresentado pelo Brasil na OMC, no Mercosul, e nas propostas para o acordo da ALCA e para o acordo do Mercosul-UE; e ainda, por que o Brasil tem uma predileção pela abertura administrada?

Analisando a atuação do Brasil no âmbito das negociações comerciais internacionais, desde a Rodada Uruguai do GATT, passando pelas negociações do Mercosul, da ALCA e do Mercosul-UE, até a Rodada Doha de Desenvolvimento da OMC, observando inclusive as negociações no contexto da atual crise financeira, o que se constatou foi que as negociações multilaterais, por envolverem tantos membros, tantos assuntos complexos e tanta assimetria de poder, têm-se tornado um enorme desafio.

Essas negociações, normalmente, apresentam muitas questões sobre as quais as posições, os interesses, as estratégias e táticas das partes estão em competição direta. Conforme se analisou, a Rodada Uruguai de Negociações Multilaterais Comerciais se caracterizava por aspectos bastante distributivos. A questão acesso a mercados em relação aos códigos têxteis e agricultura era de grande interesse do Brasil, assim como a questão de regras para o código *antidumping*, enquanto para os países desenvolvidos, especialmente EUA e UE, essas eram questões de baixíssimo ou nenhum interesse. Entretanto, os célebres novos temas, sob os quais se agrupavam serviços, propriedade intelectual e investimentos, eram de absoluto interesse desses, enquanto para o Brasil eram praticamente nulos. Mais recentemente, na Rodada Doha e no fórum regional (ALCA) e birregional (Mercosul -UE), também, as posições se apresentavam conflitantes.

Da perspectiva teórica, como as negociações multilaterais envolvem várias questões, cujos interesses das partes também são diferentes, poderia haver concessões mútuas com base no princípio da utilidade. Então, em uma situação ideal, cada parte receberia aquilo que fosse muito importante para ela, e que ao mesmo tempo não tão importante para a outra, de forma que ao final da negociação todos os lados sairiam vencedores. O jogo seria de soma-variável.

Porém, nessas negociações multilaterais as coisas não são simples assim. Há desde uma diferença grande entre os valores atribuídos pelas partes às questões, como a própria competição, onde cada parte disputa pela maior fatia possível do resultado. Em muitas ocasiões, os fóruns são considerados verdadeiras arenas em que estão em jogo os interesses defendidos pelos principais países ou por meio de coalizões. O núcleo dessas coalizões, muitas vezes, é constituído pelos participantes maiores e mais poderosos, e são esses que determinam os termos da troca. Além disso, deve-se considerar o impacto mútuo que há entre os diferentes fóruns de negociação. Mudanças nas negociações de um desses fóruns podem afetar outras negociações, e, portanto, as estratégias também se alteram.

As negociações, aqui em foco, configuram um alto grau de competitividade, há uma acirrada disputa pela distribuição. Conforme se vê, as posições defendidas pelas partes são tão divergentes que parece pura perda de tempo insistir em se levar adiante o processo, mas, por outro lado, as partes parecem ter uma obrigação moral com os acordos. Ninguém quer ficar com o peso da responsabilidade pelo fracasso das negociações. Assim, os negociadores vão apostando na ideia de que as posições talvez possam se aproximar com rodadas sucessivas de negociação. Mas nenhuma parte de fato procura solucionar o conflito, pelo menos não do ponto de vista do equilíbrio entre assertividade e cooperação.

Como se verificou nos capítulos: O Brasil no Debate sobre a Liberalização do Comércio de Serviços, Serviços Financeiros no Sistema Multilateral, O Brasil nas Negociações do Setor de Serviços Financeiros: OMC, ALCA, Mercosul e Mercosul-UE, o Brasil, bem como os principais países desenvolvidos, em especial EUA e UE, têm adotado uma posição de resistir ou pressionar, para obter o que querem. As partes perseguem seus objetivos e, para isso, vale fazer uso de diferentes meios, como persuasão, dividir para administrar, superioridade econômica ou formar alianças que somem forças. Assim é a aproximação da UE ao G-90,[2] no âmbito da OMC, com

[2] G-90 é um grupo de países africanos e de antigas colônias europeias na África, Caribe e Pacífico, com especial interesse no fim dos subsídios ao algodão, mas sem interesse pela liberalização agrícola, pois já gozam de preferência nos mercados europeu e norte-americano.

o objetivo declarado de que está preocupada com o que um acordo, nos termos propostos pelo G-20 (o G-20 comercial formado no âmbito da OMC em 2003), poderia representar para as economias pequenas e não desenvolvidas; os EUA que vivem assediando os países menores para fazerem acordos sub-regionais e bilaterais, e vão harmonizando as regras aos poucos; e o próprio G-20, que se constituiu no momento em que os países em desenvolvimento resolveram impedir que um resultado predeterminado (por EUA e UE) prevalecesse em detrimento de seus interesses.

O Brasil se empenha em fazer valer o que acha que lhe é de direito ou, conforme a linguagem diplomática, "um justo meio", pois considera que já fez valiosas concessões, antes mesmo da Rodada Uruguai, portanto, espera a primeira iniciativa dos outros lados. Os outros, entretanto, não veem o Brasil como credor das negociações e tampouco estão a fim de ceder nas questões de seu maior interesse, pois as consideram sensíveis demais dentro de suas estruturas econômicas. Na Reunião Ministerial de Cancún, em 2003, Robert Zoellick, então Representante de Comércio dos EUA, ignorando completamente a demanda de países como o Brasil, dividiu os países em duas categorias: *want e don't want,* isto é, os que queriam e os que não queriam negociar. O Brasil figurava na segunda categoria. E, usando dessa mesma tática, Peter Mandelson, ao se referir à Reunião Ministerial de Hong Kong, afirmou: "Tudo o que posso dizer é que a Europa vai a Hong Kong pronta pra fazer negócio com outros, se os outros estiverem preparados para fazer negócio conosco" (*FSP*, 11 dez. 2005, p.B5).

Já Amorim respondeu à postura indiferente da UE, diante dos sinais do Brasil em relação a possíveis flexibilizações ao acesso de produtos e serviços europeus ao mercado interno: "Ou querem que lhes deem a lua, o que seria difícil, ou então não querem nada" (*GM*, 10 nov. 2005, p.A18).

E desse modo esses países permanecem, cada um esperando o outro tomar a iniciativa, para darem seguimento a uma negociação do tipo "toma-lá-dá-cá". E ao recorrerem simultaneamente a essa mesma estratégia, o resultado tem sido inevitavelmente o impasse. Em alguns casos, essa estratégia tem funcionado. A estratégia de veto à introdução de serviços na Rodada Uruguai, empreendida pelo G-10, até certo ponto funcionou; depois, diante do evidente risco de fragmentação e isolamento dos países, acabou sendo vencida.

No G-20, apesar dos esforços de seus membros de buscar opções que possam levar a um possível acordo, caracterizando, portanto, uma coalizão mais proativa, Amorim convocou os países em desenvolvimento a permanecerem irredutíveis na Reunião Ministerial de Hong Kong:

> Fiquem firmes. Não façam nem mesmo uma concessão adicional até que a União Europeia corte os subsídios agrícolas. É melhor deixar as negociações frustrarem e mandar os poderosos para casa sem nada nas mãos do que se deixar enganar nova-

> mente pelas hipócritas tolices europeias sobre o livre mercado quando, na verdade, seus países, liderados pela França, acreditam em livre mercado apenas quando serve a seus limitados interesses. (*OESP*, 12.11.2005)

Apesar do uso predominantemente competitivo, em alguns momentos, pode-se dizer que o Brasil até arrisca o uso da estratégia de evitar o conflito, adiando as discussões para um momento mais oportuno. Esse tipo de estratégia aparece na afirmação do presidente Lula: "[A ALCA] não é oportuna nesse momento e poderia 'atrapalhar' o andamento de negociações mais relevantes para o Brasil – as da Rodada Doha da Organização Mundial do Comércio" (*OESP*, 06 nov. 2005, p.A4).

Os EUA também têm usado esta mesma estratégia na ALCA. Em alguns momentos dão sinal de concordância sobre uma questão ou um ponto específico, mas em outros retiram o que disseram ou recomeçam uma discussão, aparentemente, já encerrada. Por exemplo, a questão de acesso a mercados, que já foi colocada em pauta pelos EUA em algum momento no passado, neste momento já não lhes interessa mais.

Na OMC, Clodoaldo Hugueney, Embaixador do Brasil, ao ser questionado sobre uma possível diminuição do grau de ambição geral na Rodada Doha, declarou: "Não (o nível de ambição da Rodada não diminuiu), o que se fez foi, não conseguindo concordar, *empurrar as coisas para frente*" (*VE*, 9,10 e 11 dez. 2005, p.A5) (grifo meu).

Este tipo de estratégia tem um componente diplomático, porque permite evitar o confronto. De acordo com algumas análises, desde as reuniões preparatórias da Reunião Ministerial de Hong Kong da OMC, o Brasil batalhou muito mais por princípios, do que por concessões, e isso teve o propósito de evitar que certas expressões diplomáticas gerassem compromissos futuros de alto custo (*GM*, 20 dez. 2005, p.A2).

Já na reunião miniministerial da OMC em julho de 2008, em Genebra, Suíça, o Brasil, diante das estratégias competitivas, principalmente de EUA, Índia e China e analisando sua alternativa – *Best alternative to Negotiated Agreement* (BATNA) – lançou mão de uma estratégia de natureza mais cooperativa para fechar o acordo sobre a questão agrícola que estava em negociação naquele momento. Conforme visto no capítulo Negociações Internacionais, pode-se dizer que o Brasil via o acordo em si como um prêmio, de acordo com o quanto dependia dele. O que acabou não surtindo resultado, em função da falta de consenso.

Em relação a Serviços Financeiros, o Brasil alega que essa é uma área especialmente sensível para o País, e as propostas apresentadas pelo Brasil na OMC, consideradas pouco ambiciosas pelos países desenvolvidos, são, em parte, reflexo das propostas igualmente pouco ambiciosas destes, seja em relação às questões de maior interesse do País (outros setores, como agricultura por exemplo), seja até mesmo em relação ao próprio setor de serviços financeiros. O Brasil argumenta que suas propostas em serviços financeiros não estão longe da dos países desenvolvidos. Conforme se verifica na prática, os EUA e, em menor grau, a UE exigem uma abertura na área financeira dos países em desenvolvimento que nem mesmo eles concedem aos estrangeiros.

Além da questão de natureza estratégica que se revelou predominantemente competitiva também por parte do Brasil, o estudo ainda revelou uma enorme preocupação do Brasil em consolidar a abertura de acordo com o alcance da estabilidade econômico-financeira do País. Como se viu, serviços financeiros é um setor estratégico, simplesmente, porque se refere à fração da economia que responde pelo funcionamento de todas as demais. A solidez e a confiança são fatores imprescindíveis; para garantir isso, requerem-se regras de conduta e, em especial, regras de prudência, além, certamente, de uma eficiente supervisão e controle por entidades governamentais.

Ao flexibilizar as restrições para a movimentação de capital e para a entrada de bancos estrangeiros, o governo brasileiro indicava acreditar que a internacionalização poderia ajudar o País a erigir um sistema financeiro mais robusto, eficiente, com qualidade, mas daí a consolidar a abertura no nível da liberalização plena da Conta de capital, já impunha um desafio maior a que o Governo em nenhum momento pareceu se inclinar. Conforme a posição do Brasil nas reuniões do Comitê sobre Serviços Financeiros da OMC, o governo brasileiro não pretende abrir mão do controle sobre a conta de capital, do poder de monitorar o fluxo de capital, e muito menos praticar a conversibilidade plena da moeda, pois, conforme argumenta, isso traria mais riscos para a estabilidade do sistema financeiro interno.

Esse receio aparece nas declarações públicas dos negociadores do governo brasileiro, o de que a liberalização do Modo 1 equivalha à abertura da conta de capital. Na percepção destes, isso, além de causar impactos negativos sobre a estratégia de atrair investimentos diretos para esse setor, pode também trazer sérias implicações para a estabilidade do sistema financeiro interno. Com efeito, o Brasil tem sido mais flexível em relação à consolidação do Modo 3. Outra evidência da preocupação do Brasil com os possíveis impactos da consolidação da abertura no âmbito dos acordos comerciais internacionais está na sua recusa em aceitar a proposição dos EUA, na ALCA, em levar o Modo 3 para um capítulo específico sobre investimento. Para o Brasil, isso deve ser compreendido como Modo 3 – Presença comercial, do capítulo sobre Serviços. A grande preocupação do Brasil é, caso se adote um conceito mais amplo sobre o que vem a ser investimento, o que incluiria investimento em *portfólio*, que isso possa interferir na política monetária, em razão de se tratar de uma economia mais vulnerável aos condicionamentos do mercado financeiro internacional; além de possíveis problemas de conflitos normativos, uma vez que haveria normas providas do Acordo e normas providas dos bancos centrais nacionais, que têm a responsabilidade de zelar pela segurança do sistema financeiro doméstico (Baer, Macedo Cintra, Mendonça de Barros e Silva, 2004, p.62).

Além da preocupação com o fator de estabilidade econômico-financeira, notou-se ainda o fator de constrangimento de ordem jurídica interna. Ter apresentado compromissos na OMC que dependiam de alterações legais que precisavam passar pelo Congresso, no caso por exemplo dos compromissos apresentados no âmbito do Quinto Protocolo, revelou um problema sério. A pressão para ratificar esse Protocolo é tão grande, que os EUA vieram checar de perto se os problemas se restringiam à morosidade do Congresso Nacional.

O problema é que o Sistema Financeiro Nacional é regido por normas constitucionais. Para reduzir este obstáculo, o Governo teria de desconstitucionalizar algumas dessas normas. Isso envolve processo político interno de votação e ainda pode estar sujeito à observância da Suprema Corte.

O Brasil, ao se comprometer com liberalizações que dependiam de reformas que passariam pelo Congresso ou que foram determinadas apenas pelo Executivo, mas que acabaram sendo questionadas internamente por força de lei, evidenciou uma expressiva limitação em seu grau de ofertas de liberalização nas negociações comerciais internacionais.

Outro fator limitador em relação ao grau de liberalização do comércio de serviços financeiros é o cuidado com a preservação do *policy space*, isto é, margem de manobra para lidar com problemas de ordem interna. Essa autonomia é de absoluta importância, tanto para desenvolver uma indústria nascente, como para estipular regras a serem observadas em um determinado setor.

O governo brasileiro, quando destaca a importância de se preservar a autonomia do País, quando reitera a preocupação com uma possível harmonização assimétrica de regras, quando diz que não pretende hipotecar o futuro do País ao se sujeitar a condicionamentos externos, em termos de política comercial, quando, a despeito da grande pressão que sofre dos vários atores sociais e econômicos, para consolidar uma ampla abertura, não o faz, está na verdade praticando uma política externa que coaduna com o princípio da soberania. Uma política que legitima a ação do Estado em impor-se à organização política interna e defender os interesses nacionais (no caso, os interesses de desenvolvimento econômico) ante os conflitos externos. Dessa perspectiva, o impacto dos compromissos dos países diante da OMC e de outros fóruns comerciais internacionais tornou-se muito mais forte na agenda política interna.

A postura do Brasil comunica que não concorda voluntariamente em se sujeitar aos mandamentos de instituições multilaterais que possam servir de constrangimento às políticas internas.

Em ambiente de crise justamente financeira, a margem de manobra revela-se fundamental. Uma vez consolidados os compromissos junto aos fóruns internacionais, tanto o Congresso, como o Executivo, veem-se limitados para impor novas regulamentações.

Vale dizer que a autoridade do Congresso para regulamentar acaba sendo sobrepujada por força dos acordos internacionais. No dia seguinte à crise conhecida como a Grande Depressão, os EUA, por exemplo, puderam impor um estrito controle sobre seu sistema financeiro de forma autônoma. No entanto, com a liberalização, a desregulamentação e a tímida supervisão verificadas ao longo das décadas de 1980 e 1990 por lá, e tudo isso consolidado no âmbito da OMC e do NAFTA, o Estado pode se vir amarrado para lidar de modo eficiente, eficaz e efetivo com a crise que impactou sua gigante economia. A escolha dos instrumentos que possam ser usados na condução da crise pode estar limitada pelo constrangimento externo das normas acordadas nos fóruns internacionais.

Em substância, o cuidado com a preservação do espaço de manobra para implementação de políticas públicas e autoridade para regulamentação vai muito além do ato de ceder direitos mediante os compromissos vinculados a acordos internacionais. É, antes, o ato de criar obrigações perante terceiros.

O estudo ainda revelou uma preocupação do Brasil sobre preservar a estabilidade econômico-financeira do País e sobre o risco que a liberalização do comércio de Serviços Financeiros representa. O Brasil indica buscar, sim, uma integração do Sistema Financeiro Nacional com o sistema internacional, entretanto, busca fazê-la de forma controlada, selecionando, na medida do possível, do pacote de liberalização as medidas que lhe parecem mais vantajosas.

Cabe dizer ainda que a crise financeira iniciada em 2008, que faz emergir um diálogo bastante intenso sobre a necessidade de mais regulamentação, revela o contrassenso por parte dos países que demandam insistentemente maior liberalização do comércio de serviços financeiros, que, a propósito, são os mesmos que se reúnem em outros fóruns, como o G-20 (Financeiro), para discutir os novos parâmetros de regulamentação.

É intrigante esse comportamento dúbio. Faz que se levantem novas hipóteses a serem corroboradas: (i) dentre em breve os países-membros da OMC e de outros fóruns comerciais internacionais sentar-se-ão para discutir significantes mudanças no GATS, mais especificamente, no Anexo sobre serviços financeiros, o que inclui o Quinto Protocolo, e outros acordos pertinentes a serviços financeiros, concedendo de volta os *policies spaces* perdidos; (ii) isso não acontecerá, e a dúvida inicial das equipes econômico-financeiras (tesouros nacionais, os bancos centrais e os Ministérios da Fazenda ou da Economia), inclusive dos países desenvolvidos, sobre a real competência da OMC e de outros fóruns comerciais para a solução de eventuais crises ou controvérsias, acerca de um tema tão específico, como o financeiro, veio a se confirmar, ainda que depois de duas décadas, retirando destes qualquer legitimidade para lidar com esse tema.

Referências bibliográficas

ABDENUR, R. A Política externa brasileira e o "sentimento de exclusão". In: FONSECA JÚNIOR, G.; CASTRO, S. H. N. (Orgs.) *Temas de Política Externa Brasileira II*. v.I. São Paulo: Paz e Terra, 1997.

ABREU, M. P. O Brasil na Rodada Uruguai do GATT: 1982-1993. In: FONSECA JÚNIOR, G.; CASTRO, S. H. N. (Orgs.) *Temas de Política Externa Brasileira II*. v.I. São Paulo: Paz e Terra, 1997.

______.; FRITSCH, W. Brazil, Latin America and the Caribbean. In: WHALLEY, J. (Org.) *Dealing with the North*: developing countries and the Global Trading System. Ontario: CSIER, 1987.

AGGARWAL, V. K. The Political Economy of Service Sector Negotiations in the Uruguay Round. *The Fletcher Forum of World Affairs*, v.16, n.1, p.35-54, Winter, 1992.

AKYÜZ, Y. Inestabilidad y Incertidumbre en los Mercados Financieros Internacionales. *Boletín del CEMLA*, v.XXXVII, n.6, nov./dez..1991.

ALVES, M. C. C. *Serviços Financeiros no Brasil*: Liberalização Multilateral e Regional. Dissertação de Mestrado. Rio de Janeiro: Pontifícia Universidade Católica do Rio de Janeiro, Instituto de Relações Internacionais, 1996.

AMORIM, C. Seminário "Negociações Internacionais", 4 out. 2004. *Comunicação Oral...* Amcham Brasil, Câmara Americana de Comércio. São Paulo, 04. out. 2004. Gravação Digital.

ARAÚJO, E. H. F. As Negociações de Serviços e Investimentos no contexto Multilateral e Regional. *Curso...* In: CURSO DE ESPECIALIZAÇÃO EM NEGOCIAÇÕES ECONÔMICAS INTERNACIONAIS. Programa de Pós-Graduação em Relações Internacionais – UNESP-UNICAMP-PUC-SP, 2004.

ARBILLA, J. M. Arranjos Institucionais e Mudança Conceitual nas Políticas Externas Argentina e Brasileira (1989-1994). *Contexto Internacional*, v.22, n.2, p.337-86, jul.-dez. 2000.

______. *Declaração Ministerial Miami*. Miami, 20 nov. 2003. Disponível em: http://www.ftaa-alca.org Acesso em: 20 nov. 2004. Disponível em: http://www.sice.oas.org. Acesso em: 25 set 2009.

______. *Proposta brasileira sobre modalidades e procedimentos negociadores na ALCA*. Grupo Negociador de Serviços da ALCA – XII Reunião, 19-22 jun. 2001.

______. *Summary of The United States Negotiating Positions in the FTAA*. FTAA Negotiating Group on Services. (17 jan. 2001).

AS AMÉRICAS. USTR esboça proposta para liberalização do Comércio de Serviços. 01. jul. 2002. Disponível em: http://livrecomercio.embaixadaamericana.org.br. Acesso em: 28 out. 2005.

A NOTÍCIA. Bradesco investe para manter liderança. Maior presença do capital estrangeiro não assusta. Joinville, 21 fev. 2000. Disponível em: http://www.an.uol.com.br/2000/fev/21. Acesso em: 10 dez. 2004.

ASSOCIAÇÃO NACIONAL DAS INSTITUIÇÕES DE MERCADO ABERTO – ANDIMA – *O Novo Perfil do Sistema Financeiro*. Relatório Econômico. Rio de Janeiro, 2001.

______. *Taxas de Juros*. Política Monetária e Gestão da Conjuntura 1998 – 2004. Rio de Janeiro: ANDIMA, 2004.

BACHA, E. L. The Brady Plan and Beyond: New debt management options for Latin American. *Texto para discussão n.257*. Rio de Janeiro: PUC-Rio, maio de 1991.

BAER, M. et al. O Mercado de Capitais Brasileiro Frente aos Desafios Impostos pelas Negociações Internacionais em Serviços Financeiros. In: *Estudos para o Desenvolvimento do Mercado de Capitais*. São Paulo: MB Associados/CBLC/Bovespa, 2004.

BAER, M.; MACEDO CINTRA, M. A. *Brasil*: Investimento Estrangeiro Direto e Estratégias Empresariais. Santiago do Chile: Comissão Econômica para América Latina (CEPAL), set. 2004.

BANCO CENTRAL DO BRASIL – BACEN. Aspectos Institucionais. Aspectos Legais. Disponível em: http://www.bcb.gov Acesso em: 31 jul. 2009.

______. Papel do Banco Central. s/d a. Disponível em: http://www.bcb.gov. Acesso em: 15 ago. 2009.

______. Sistema Financeiro Nacional. Composição e Evolução do SFN. s/d b. Disponível em: http://www.bcb.gov Acesso em: 31 jul. 2009.

______. *Relatório de Evolução do SFN*, 1997. Disponível em: http://www.bcb.gov.

______. *Relatório de Evolução do SFN*, 1998. Disponível em: http://www.bcb.gov.

______. *Relatório de Evolução do SFN*, 1999. Disponível em: http://www.bcb.gov.

______. *Relatório de Evolução do SFN*, 2000. Disponível em: http://www.bcb.gov.

______. *Relatório de Evolução do SFN*, 2001. Disponível em: http://www.bcb.gov.

______. *Relatório de Evolução do SFN*, 2002. Disponível em: http://www.bcb.gov.

______. *Relatório de Evolução do SFN*, 2003. Disponível em: http://www.bcb.gov.

______. *Relatório Consolidado de 1988 a 2000*. Sistema Financeiro Nacional – 1988 a 2000. Disponível em: http://www.bcb.gov.

______. *RMCCI*. Regulamento do Mercado de Câmbio e Capitais Internacionais. C. 3.280, 09 mar. 2005, 2005a. Disponível em: http://www.bcb.gov.

______. *Capitais Estrangeiros e Câmbio*. 2005b. Disponível em: http://www.bcb.gov

______. *Glossário*. 2005c. Disponível em: http://www.bcb.gov.

______. *Aspectos Institucionais*. 2006. Disponível em: http://www.bcb.gov.

______. *Bancos Comerciais*. Disponível em: http://www.bcb.gov. Acesso em: 10 jul. 2009.

______. *Bancos de Investimento*. Disponível em: http://www.bcb.gov. Acesso em: 10 jul. 2009.

______. *Bancos Múltiplos*. Disponível em: http://www.bcb.gov. Acesso em: 10 jul. 2009.

BASTOS, P. P. Z. A Política Comercial Estadunidense: a Estratégia de Liberalização Competitiva, os Acordos Bilaterais e a ALCA. *Economia Política Internacional*: Análise Estratégica, n.1, abr-jun, 2004.

______. *Comunicação Pessoal*. Campinas, SP: Unicamp, 09 ago. 2006.

BAZERMAN, M. H.; NEALE, M. A. *Negociando racionalmente*. São Paulo: Atlas, 2000.

BECK, R. The Volatility of Capital Flows to Emerging Markets and Financial Services Trade. *Working Paper n. 2000/11*. Frankfurt: Center for Financial Studies (CFS), Aug., 2000.

BHAGWATI, J. N. Splintering and Disembodiment of Services and Developing Nations. *The World Economy*, n.7, 1984.

______. Why Are Services Cheaper in the Poor Countries? Wealth and Poverty. In: GROSSMAN, G. *Essays in Development Economics*, v.1. Cambridge, Mass.: MIT Press, 1985.

BIANCARELI, A. M. *Liberalização financeira e política econômica no Brasil recente*: três momentos e duas visões. Fev. 2004. Disponível em: http://www.ie.ufu.br. Acesso em: 30 jan. 2006.

BODIE, Z.; MERTON, R. C. *Finance*. N J: Prentice Hall, 2000.

CALDAS, R. W. *Brazil in the Uruguay Round of the GA*. The Evolution of Brazil´s Position in the Uruguay Round, with Emphasis on the Issue of Services – (Strategics and Policies for the Global Political Economy). London: Ashgate Publishing Limited, 1998.

CAMERON, M. A.; TOMLIM, B. W. *The Making of NAFTA*: How the Deal Was Done. Ithaca: Cornell University Press, 2000.

CAMPELO JR., A.; COSTA, C. M. As estratégias que barraram o avanço dos estrangeiros. *Conjuntura econômica*, v.58, n.5, p.26-7, maio, 2004.

CARCANHOLO, M. D. *Abertura externa e liberalização financeira*: os impactos sobre o crescimento de distribuição no Brasil nos anos 90. Tese de Doutorado. Rio de Janeiro: Faculdade de Economia da Universidade Federal do Rio de Janeiro, Departamento de Economia, 2002.

CARDOSO, E.; GOLDFAJN, I. Capital Flows to Brasil: the Endogenety of Capital Controls. *IMF Working Paper*, Set. 1997.

CARDOSO, F. H. *Discurso*. Quarta Reunião Ministerial da ALCA. Belo Horizonte, Brasil, 1997.

CARTA DE GENEBRA. Informativo sobre a OMC e a Rodada Doha. Missão do Brasil em Genebra, ano 1, n.1, jan. 2002.

______. Informativo sobre a OMC e a Rodada Doha. Missão do Brasil em Genebra, ano 1, n.3, abr. 2002.

______. Informativo sobre a OMC e a Rodada Doha. Missão do Brasil em Genebra, ano 2, n.5, maio/jun. 2003.

______. Informativo sobre a OMC e a Rodada Doha. Missão do Brasil em Genebra, ano 4, n.6, set. 2005.

______. Informativo sobre a OMC e a Rodada Doha. Missão do Brasil em Genebra, ano 4, n.7, out. 2005.

______. Informativo sobre a OMC e a Rodada Doha. Missão do Brasil em Genebra, ano 5, n.2, abr. 2006.

______. Informativo sobre a OMC e a Rodada Doha. Missão do Brasil em Genebra, ano 7, n.1, fev. 2008.

______. Informativo sobre a OMC e a Rodada Doha. Missão do Brasil em Genebra, ano 7, n.2, mar. 2008.

CELLI JR., U. *Comércio de Serviços na OMC*: liberalização, condições e desafios. Curitiba: Editora Juruá, 2009.

CHANG, HA-JOON. *Chutando a escada.* A estratégia do desenvolvimento em perspectiva histórica. São Paulo: Ed. Unesp, 2003.

CHESNAIS, F. *A mundialização do capital.* São Paulo: Xamã, 1996.

COHEN, H. *Você pode negociar qualquer coisa.* São Paulo: Record, 2000.

CONSTITUIÇÃO DA REPÚBLICA FEDERATIVA DO BRASIL DE 1988. Brasília: Senado Federal, 1999.

COSTA, L. M. *Comércio exterior.* Negociações e aspectos legais. São Paulo: Campus, 2006.

DIÁRIO OFICIAL DA UNIÃO. Mercosul. Promulgação do *Protocolo de Montevideo sobre el Comercio de Servicios del Mercosur.* Decreto nº 6.480, de 12 jun. 2008.

DOBSON, W.; JACQUET, P. *Financial Services Liberalization in the WTO.* Washington, DC: Institute for International Economics, 1998.

DRAKE, W. J.; NICOLAIDIS, K. Ideas, Interests and Institutionalization: Trade in Services and the Uruguay Round. *International Organization*, v.46, n.1, Cambridge: MIT Press, 1992.

DUPONT, C. International Business Negotiations. In: KREMENYUK, V. (Ed.) *International Negotiation*: Analysis, Approaches, Issues. San Francisco: Jossey-Bass, 2002.

FEKETEKUTY, G. Trade in Services – Bringing Services into the Multilateral Trading System. In: BHAGWATI, J.; HIRSCH, M. (Eds.). *The Uruguay Round and Beyond*: Essays in Honour of Arthur Dunkel. Berlin: Springer Verlag, 1998.

FINANCIAL LEADERS WORKING GROUP – FLWG. *Third Countries Barriers to Trade in Services*: select WTO member countries, 2002/2003.

FINANCIAL TIMES. Wolf: O fim das finanças levemente reguladas está mais próximo, 16 set. 2008. Disponível em: http://www.noticias.uol.com.br. Acesso em: 21 set. 2008.

FIORI, J. L. *Estados e moedas no desenvolvimento das nações.* Petrópolis: Editora Vozes, 1999.

FISHER, R.; URY, W.; PATTON, B. *Como chegar ao sim*. A negociação de acordos sem concessões. Rio de Janeiro: Imago, 1994.

FOLHA DE S. PAULO. Lampreia questiona viabilidade da ALCA, 03 set. 1997a, p.2-3.

______. A entrada no País do HSBC vai mudar o mercado nacional. 30 mar. 1997b, p.B1.

______. Brasil critica o protecionismo dos EUA, 13 jun. 2000a, p.B1.

______. Brasil ataca e diz que EUA emperram ALCA, 14 dez. 2000b, p.B4.

______. FMI fará "pressão" pela criação da ALCA, 19 nov. 2001a, p.A13.

______. Brasil deve visar interesse próprio ao negociar ALCA, dizem analistas, 15 dez. 2001b, p.B5.

______. Banco de fora triplica participação, 12 maio 2002, p.B6

______. Assessor de Lula diz que Brasil não recuou sobre ALCA, 22 jun. 2003a, p.A8.

______. A ALCA possível, 08 jul. 2003B, p.A3.

______. MERCOSUL e UE suspendem negociação, 22 jul. 2004a, p.B1.

______. Impasses revelam falta de confiança recíproca, 13 ago. 2004b, p. B4.

______. Sem ALCA, empresas tentam 'ponte' com EUA, 05 out. 2004c, p.B11.

______. País quer acesso ao mercado americano, com ou sem ALCA, 10 jan. 2005a, p.A10.

______. Oferta "final" da EU para Doha é rejeitada, 29 out. 2005b, p.B5.

______. Brasil trava batalha do século passado na OMC, 27 nov. 2005c, p.B13.

______. País joga na defensiva em serviços, 27 nov. 2005d, p.B13.

______. Brasil será o perdedor se Hong Kong fracassar. 11 dez. 2005e, p.B5.

______. Brasil proporá abrir serviços a europeus, 07 mar. 2006a, p.B6.

______. Amorim vê líder alemã para discutir cúpula, 14 mar. 2006b, p.B6.

______. Contra EUA, Lula oferece 'pacote' ao Uruguai, 24 fev. 2007, p.B5.

______. Disputa de EUA e Índia sobre salvaguardas para agricultura dos países pobres provocou o fim. 30 jul. 2008a, p.A3

______. Luiz Gonzaga Belluzzo: Nada de novo. 21 set. 2008b. Disponível em: http://www1.folha.uol.com.br. Acesso em: 21 set. 2008.

______. Entrevista Ron Chernow: Bush tem que intervir agora porque não interveio antes, 22 set. 2008c, p.A18.

______. Nouriel Roubini: O sistema financeiro paralelo se desfaz, 22 set. 2008d, p.B4.

______. Entrevista Eduardo Giannetti: Mundo financeiro passa da embriaguez à ressaca moral, 29 set. 2008e, p.B5.

______. Republicanos e democratas se culpam, 30 set. 2008f, p.B4.

______. Crise ressuscita Minsky, 05 out. 2008g, p.B4.

______. Gordon Brown foi no cerne do problema, 14 out. 2008h, p.B11.

______. Cúpulas buscam 'capitalismo do século 21', 22 out. 2008i, p. B9.

______. Setor financeiro pode precisar de novo socorro, diz Bernanke, 14.jan. 2009a, p.B8.

______. EUA querem apertar fiscalização financeira. 27 mar. 2009b, p. B12.

FÓRUM SERVIÇOS BRASIL – FSB. *1º Relatório Setorial de Serviços Financeiros*. São Paulo: Prospectiva Consultoria Brasileira de Assuntos Internacionais, set. 2004.

FRANCO, G. H. B. Bancos estrangeiros, bancos estaduais e o pedágio. 2000. Disponível em: http://wwwusers.rdc.puc-rio.br. Acesso em: 30 maio 2005.

FREITAS, M. C. P. *Bancos brasileiros no Exterior*: expansão, crise e ajustamento. Dissertação de Mestrado. Campinas, SP, Universidade Estadual de Campinas, Instituto de Economia, 1989.

______. Abertura do sistema bancário brasileiro ao capital estrangeiro. In: FREITAS, M. C. P. (Org.). *Abertura do sistema financeiro no Brasil nos anos 90*. São Paulo: FUNDAP, FAPESP; Brasília: IPEA, 1999.

FROÉS CRUZ, H. J. M. *Autorização de funcionamento*: importância para o mercado de saúde suplementar. Dissertação de Mestrado. Rio de Janeiro, Escola Nacional de Saúde Pública da Fundação Oswaldo Cruz., 2004.

GARCIA, M. G. P.; BARCINSKY, A. Capital Flows to Brazil in the Nineties: Macro-economic Aspects and the Effectiveness of Capital Controls. *Texto para Discussão n.357*. Rio de Janeiro: PUC-Rio, jul., 1996.

GATT. *Basic Instruments and Selected Documents, v.IV*. Text of the General Agreement of 1969, Genebra, 1969.

GAZETA MERCANTIL. 23 set. 1997. In: ABBI. Disponível em: http://www.abbi.com.br. Acesso em: 07 jun. 2005.

______. Presidente diz que é mais fácil negociar com UE. 25 out. 2001, p.A5.

______. Governo vê ALCA com ceticismo, 22 maio 2003a, p.A5.

______. União Europeia pode facilitar acesso do Mercosul a serviços, 11 jul. 2003b.

______. Amorim: negociar não é se curvar às ambições alheias. 19, 20 e 21 set. 2003c, p.A6.

______. Setor de serviços dos EUA quer mais abertura no Brasil, 22 jun. 2004a, p.A10.

______. Amorim: proposta da EU decepcionou, 23, 24 e 25 jul. 2004b, p.A13.

______. Política externa brasileira tem raízes. 20 set. 2005a, p.A2.

______. Europeus querem "a lua", afirma Amorim. 10 nov. 2005b, p.A18.

______. Hong Kong, um jogo de soma zero? 20 dez. 2005c, p.A2.

______. Amorim acredita em acordo este... 02 mar. 2006, p.A10.

GILPIN, R. *A economia política das relações internacionais*. Brasília: Editora UNB, 2002.

GRIECO, J. M. *Cooperation Among Nations*: Europe, America, and Non-tariff Barriers to Trade. Ithaca: Cornell University Press, 1990.

GUILHON ALBUQUERQUE, J. A. A ALCA na política externa brasileira. *Política Externa*, v.10, n.2, set-out-nov., 2001.

______. A ALCA na política externa brasileira. IN: AMARAL JR.; SANCHEZ, M. R. (Orgs.) *O Brasil e a ALCA os desafios da integração*. São Paulo: Aduaneiras, 2003.

GUIMARÃES, F. S. *A Rodada Uruguai do GATT (1986-1994) e a política externa brasileira*: acordos assimétricos, coerção e coalizões. Dissertação de Mestrado. Campinas, SP, Universidade Estadual de Campinas, Instituto de Filosofia e Ciências Humanas, 2005.

HAGGARD, S. *Developing Nations and the Politics of Global Integration.* Washington, D.C.: The Brookings Institute, 1995.

HIRST, M.; PINHEIRO, L. A política externa do Brasil em dois tempos. *Revista Brasileira de Política Internacional,* v.38, n.1, p.5-23, 1995.

HORTA, M. H.; SOUZA, C. F.; WADDINGTON, S. C. Desempenho do setor de serviços brasileiro no mercado internacional. *Texto para discussão n.600.* Rio de Janeiro: IPEA, nov. 1998.

HOUAISS, A. *Dicionário eletrônico da língua portuguesa,* v.1.05. São Paulo: Objetiva, 2004.

INTERNATIONAL MONETARY FUND – IMF. Developments in International Exchange and Payments Systems. Washington, D.C.: IMF, 1992.

KERNEIS, P. The Voice of the European Service Industries for the GATS Negotiation. *SIMPÓSIO GLOBAL SOBRE SERVIÇOS* – A internacionalização dos serviços: estratégias para uma inserção efetiva na economia mundial. 19 out. 2004. *Resumo...* São Paulo: CEBRI; BRAZIL-US BUSINESS COUNCIL; CSI; ESF, 19 out. 2004.

KONO, M. et al. Opening Markets in Financial Services and The Role of The GATS. *WTO, Special Studies,* 1997.

KONO, M.; SCHUKNECHT, L. Financial Services Trade, Capital Flows, and Financial Stability. World Trade Organization. Economic Research and Analysis Division. *Staff Working Paper ERAD-98-12.* nov. 1998.

KRASNER, S. D. Blocos econômicos regionais e o fim da Guerra Fria. *Política Externa,* v.1, n.2, p.61-86, set. 1992.

______. *Think Again*: Sovereignty. Foreign Policy, The Carnegie Endowment for International Peace. Washington, D.C., n.121, p.20-9, Jan./Fev., 2001.

LANGONI, C. G. A Economia brasileira e a nova ordem internacional. In: BERGSTEIN, F. et al. (Orgs.) *O Brasil e a nova ordem internacional.* Rio de Janeiro: Expressão e Cultura/FGV, 1991.

LAX, D. A.; SEBENIUS, J. K. *The Manager as Negotiator*: Bargaining for Cooperation and Competitive Gain. New York: The Free Press, 1986.

LE MONDE. George Soros: "Wall Street não está afundando, Wall Street está em crise", 20 set. 2008. Disponível em: http://www.noticiasuol.com.br. Acesso em: 21 set. 2008.

LEWICKI, R. L.; SAUDERS, D. M.; MINTON, J. W. *Fundamentos da negociação.* Porto Alegre: Bookman, 2002.

LOHBAUER, C. ET AL. Acesso a mercados para bens não agrícolas. In: THORSTENSEN, V.; JANK, M. S. *O Brasil e os grandes temas do comércio internacional,* São Paulo: Aduaneiras, 2005.

MCDOWELL, S. D. India, the LDCs, and GATT Negotiations on Trade and Investment in Services. In: STUBBS, R.; UNDERHILL, G. R. D. (Eds.). *Political Economy and the changing global order.* London: Macmillan, 1994.

MACEDO CINTRA, M. A. A participação brasileira em negociações multilaterais e regionais sobre serviços financeiros. *Revista Brasileira de Política Internacional,* v.42, n.1, p.62-76, 1999.

______. A agenda de negociações internacionais em serviços financeiros. *Economia Política Internacional*: Análise Estratégica, n.1, abr./jun. 2004.

MACEDO CINTRA, M. A.; CAGNIN, R. F. A dinâmica do sistema financeiro imobiliário dos Estados Unidos. *Princípios*, v.91, p.40-46, 2007.

MARCONINI, M. *OMC Acordos regionais e o comércio de serviços*. Normativa internacional e interesse brasileiro. São Paulo: Aduaneiras, 2003.

______. O setor de serviços financeiros no contexto das negociações comerciais internacionais. *Estudos para o desenvolvimento do mercado de capitais*. São Paulo: CEBRI/CBLC/Bovespa, 2004.

MATTOO, A. *Developing Countries in the New Round of GATS Negotiations*: from a Defensive to a Proactive Role. World Bank, 1999. Mimeo.

MELLO, F. C. *O Brasil e o GATT*: análise da posição brasileira nas negociações comerciais multilaterais. Dissertação de Mestrado. Rio de Janeiro, Pontifícia Universidade Católica do Rio de Janeiro, Instituto de Relações Internacionais, 1992.

CONGRESSO NACIONAL. Mensagem ao Congresso Nacional, 2002. *Reforma do Sistema Financeiro*. Disponível em: http://www.presidencia.gov.br. Acesso em: 20 ago. 2005.

MERCOSUL. MERCOSUR/CMC/DEC.N.13/97. *Protocolo de Montevideo sobre el comercio de servicios del Mercosur*. Montevideo, 15 dez. 1997. Disponível em: http://www.mercosur.int.

MERCOSUL. *Protocolo de Montevideo sobre el comercio de servicios del Mercosur.* Lista de Compromissos Específicos do Brasil. 20 dez. 2001. Disponível em: http://www.mercosur.int.

______. *Business Forum*. Brasilia Declaration, Brasilia, October, 2003, 28, 29, 30.

______. XV BNC/EU/TG-2/125/09 jul. 2004. EU-Mercosur Negotiations TG2-Services. Consolidated Text. May 2004. Mimeo

MERTON, R. K. *Social Theory and Social Structure*. New York: Free Press, 1968.

MILLER, E. Financial Services in the Trading system: Progress and Prospects. Institute for the Integration of Latin America and the Caribbean – INTAL – and the Integration, Trade and Hemispheric Issues Division – ITD. *Ocasional Paper*, 4, Buenos Aires, 1999.

MINISTÉRIO DESENVOLVIMENTO INDÚSTRIA E COMÉRCIO. *Importância do comércio internacional de serviços*, 2008. Disponível em: http://www.desenvolvimento.gov.br. Acesso em: 08 jan. 2009.

NARLIKAR, A. *International Trade and Developing Countries*: bargaing coalitions in the GATT and WTO. London: Routledge, 2003.

NARLIKAR, A.; TUSSIE, D. O G20 e a Reunião ministerial de Cancún: os países em desenvolvimento e suas novas coalizões. *Revista Brasileira de Comércio Exterior*, n.79, São Paulo: Funcex, abr., maio, jun. 2004.

O ESTADO DE S. PAULO. Desregulamentação cambial e a conta de capitais. 19 ago. 2001. Disponível em: http://www.econ.puc-rio.br. Acesso em: 10 jul. 2009.

______. Riscos da nova estratégia brasileira na OMC. Falta agenda positiva às alianças do Brasil. 01 set. 2003, p.B2.

______. Acordo na OMC avança um pouco, 05 mar. 2005a, p.B11.

_______. Lula diz que Brasil não aceita bloco agora, 06 nov. 2005b, p.A4.

_______. Países pobres: fiquem firmes. 12 nov. 2005c, Editorial. Tradução do *The New York Times*.

_______. Países adotam alianças múltiplas. 29 mar. 2009a, p.B4.

_______. Finalmente estamos chegando lá. 29 mar. 2009b, p.B5.

ORGANISATION FOR ECONOMIC CO-OPERATION AND DEVELOPMENT – OECD. *Liberalisation of Capital Movements and Financial Services*. Paris: OECD Publications, 1990.

_______. *Science Technology Industry*: The Service Economy, Business and Industry Policy Forum Series. Paris: OECD Publications, 2000.

PHATAK, A. V.; HABIB, M. M. The Dynamics of International Business Negotiations. *Business Horizons*, n.39, 1996.

PRATES, D. M. *Abertura financeira e vulnerabilidade externa*: a economia brasileira na década de noventa. Dissertação de Mestrado. Campinas, Universidade Estadual de Campinas, Instituto de Economia, 1997.

_______. Investimentos de portfólio no mercado financeiro doméstico. IN: FREITAS, M. C. P. (Org.) *Abertura do sistema financeiro no Brasil nos anos 90*. São Paulo: FUNDAP, FAPESP; BRASÍLIA: IPEA, 1999a.

_______. A abertura financeira dos países periféricos e os determinantes dos fluxos de capitais. *Revista de Economia Política*, v.19, n.1, jan.-mar., 1999b.

_______. A inserção externa da economia brasileira no governo Lula. *Política Econômica em Foco*, n.7, nov..2005/abr. 2006.

QUARTO FORO EMPRESARIAL DAS AMÉRICAS. *Workshop 5*: Serviços. San José da Costa Rica, Mar. 1998.

RAPOPORT, A. *Two-Person Games* Ann Arbor: University of Michigan Press, 1964.

REVISTA BRASILEIRA RISCO E SEGURO. Testes de eficiência na área de seguradora, previdência privada aberta e capitalização no mercado brasileiro em relação ao período de 2000 a 2003: uma abordagem através de testes não paramétricos e modelos de lógica nebulosa. FUNENSEG: RJ, v.1, n.2, p.89-119, out./mar. 2006.

RICARDO, D. *Principles of Political Economy and Taxation*. The Works of David Ricardo. Londres: John Murray, 1871 (1817).

RODRIGUES DE PAULA, L. F. Tamanho, dimensão e concentração do sistema bancário no contexto de alta e baixa inflação no Brasil. *Nova Economia*, v.8, n.1, jul./dez. 1998.

_______. Determinantes e impactos da recente entrada de bancos europeus no Brasil. *Revista de Economia*, Editora UFPR, v.30, n.2, p.35-77, jul./dez./ 2004.

RUBIN, J. Z.; PRUITT, D. G.; KIM, S. H. *Social Conflict*: Escalation, Stalemate, and Settlement. New York: McGraw-Hill, 1994.

RUGGIERO, R. From Vision to Reality: The Multilateral trading System at Fifty. *Brooking Institution Forum* – The Global Trading System: a GATT 50th Anniversary Forum. Washington, DC, 04 de mar. 1998.

SALACUSE, J. W. *Making Deals in Strange Places*: a Beginners´s Guide to International Business Negotiations. *Negotiation Journal*, n.4, 1988.

SANER, R. *O negociador experiente*: estratégias, táticas, motivação, comportamento, liderança. São Paulo: Senac, 2002.

SHELL, R. G. *Negociar é preciso*: estratégias de negociação para pessoas de bom senso. São Paulo: Negócio Editora, 2001.

SINKEY JR., J. F. *Commercial Bank Financial Management*. New Jersey: Prentice Hall, 1998.

SMITH, A. *A riqueza das nações, investigação sobre sua natureza e suas causas*. São Paulo: Abril Cultural, 1983. v.2.

SNAPE, R.; SAMPSON, G. Identifying the Issues in Trade in Services. *The World Economy*, n.8, p.171-81, jun.1985.

STEINBERG, R. In The Shadow of Law or Power? Consensus-Based Bargaing and Outcomes in the GATT/WTO. *International Organization*, 56, 2, Cambridge: MIT Press, 2002.

STIGLITZ, J.; JARAMILLO-VALLEJO, J; PARK, Y.C. *The Role of the State in Financial Markets*. World Bank Research Observer. Annual Conference on Development Economics. Supplement, 1993.

SJÖSTEDT, G. Negotiating the Uruguay Round of the General Agreement on Tariffs and Trade. In: ZARTMAN, I. W. (Ed.). *International Multilateral Negotiation*: Approaches to the Management of Complexity. San Francisco: Jossy-Bass Publishers, 1994.

TAMIRISA, N. T. Trade in Financial Services and Capital Movements. *IMF. Working Paper, 99/89*, 1999.

THE MCKINSEY GLOBAL INSTITUTE – MGI. *Mapping Global Capital Markets*: Fifth Annual Report, out. 2008.

THOMAS, K. W.; KILMANN, R. H. *Thomas-Kilmann conflict mode survey*. Tuxedo, NY: Xicom, 1974.

THOMPSON, L. *The Mind and Hearth of The Negotiator*. Upper Saddle River. New Jersey: Prentice Hall, 2001.

THORSTENSEN, V. *OMC Organização Mundial do Comércio*: As regras do comércio internacional e a nova rodada de negociações multilaterais. São Paulo: Aduaneiras, 2005.

THORSTENSEN, V.; JANK, M. S. *O Brasil e os Grandes Temas do Comércio Internacional*. São Paulo: Aduaneiras, 2005.

TUSSIE, D. The Uruguay Round and the Trading System in the Balance: dilemmas for Developing Countries. In: AGOSIN, M. R.; TUSSIE, D. (Eds.) *Trade and Growth*: New Dilemmas in Trade Policy. London: St. Martin´s Press, 1993.

UNCTAD & BIRD. *Liberalizing International Transactions in Services*: New York and Geneva: United Nations, 1994.

UNITED NATIONS CONFERENCE ON TRADE AND DEVELOPMENT – UNCTAD. *Report on Trade and Development, United Nations Conference on Trade and Development*, 2001.

______. *Trade and Development Report 2007*. Regional Cooperation for Development, 2007.

VALOR ECONÔMICO. Fracassa tentativa de retomar UE-Mercosul. 15, 16, 17 abr. 2005a, p.A5.

______. Doha acaba se UE não fizer outra oferta, diz Hugueney. 9, 10 e 11 dez. 2005b, p.A5.

______. Livre comércio contra a pobreza – I, 12 dez. 2005c p.A11.

______. EUA e UE pressionam por abertura em serviços, 13 dez. 2005d, p.A.

______. Impasse em negociação vira troca de acusações, 15 dez. 2005e, p.A4.

______. "Vocês estão se juntando para me dar uma surra", 19 dez. 2005f, p.A6.

______. Acordos bilaterais dos EUA podem trazer problemas para a ALCA, 21 dez. 2005g, p.A5.

______. Mercosul quer retomar negociação com UE, 02 fev. 2006a, p.A3.

______. Europeus fazem promoção de seus produtos agrícolas, 22 mar. 2006b, p.B12.

______. David Wessel: Crise coloca em xeque os pilares do capitalismo, 22 set. 2008a, p.C8.

______. Pacote de resgate dos EUA aumenta pressões por mais regulamentação, 24 set. 2008b, p.C3.

______. Réquiem para o *shadow banking system,* 30 set. 2008c, p.A12.

______. Greenspan o capítulo final, 24, 25 e 26 out. 2008d, Eu& Fim de Semana, p.7.

______. Estava "parcialmente" errado, diz Greenspan, 24, 25 e 26 out. 2008e, p.C7.

______. Martin Wolf: Prioridade é evitar um colapso global, 29 out. 2008f, p.A11.

______. Falta de consenso esvazia o G-20, 13 nov. 2008g, p.C5.

______. "Hedge funds" têm perdas de US$350 bi em 2008, 14 jan. 2009, p.D2.

VASCONCELOS, M. R.; STRACHMAN, E.; FUCIDJI, J. R. Liberalização e desregulamentação bancária: motivações, consequências e adaptações. *Nova Economia,* v.13, n.1, p.101-40, Belo Horizonte, 2003.

VASTINE, J. R. Mobilizando interesses no mais importante mercado de serviços do mundo. Simpósio Global sobre Serviços – *A internacionalização dos serviços*: estratégias para uma inserção efetiva na economia mundial. *Conferência...* São Paulo: CEBRI; BRAZIL-US BUSINESS COUNCIL; CSI; ESF, 19 out. 2004.

VAZ, A. C. *Cooperação, integração e processo negociador*: a construção do Mercosul. Brasília: IPRI, 2002.

VELASCO E CRUZ, S. C. Situações conjuntura, empresários/trabalhadores e ALCA. *Primeira Versão,* n.85. Campinas: IFCH/UNICAMP, jun. 1999.

______. *Organizações internacionais e reformas neoliberais*: reflexões a partir do tema da propriedade intelectual. Campinas: IFCH/UNICAMP, ago. 2002. Mimeo.

______. Reformas econômicas em perspectiva comparada: o caso indiano. *Cadernos CEDEC* – Centro de Estudos de Cultura Contemporânea, n.78. São Paulo: CEDEC, set., 2005.

VIGEVANI, T.; MARIANO, M. P. A ALCA *light* e o governo brasileiro. *Política Externa,* São Paulo, v.13, n.2, ago./set./out./2004.

______.; ______. *ALCA*: o gigante e os anões. São Paulo: Editora Senac, 2003.

WALL STREET JOURNAL. The Real Cancún, 25 set. 2003, p.A18.

WOOLCOCK, S. *Liberalization of Financial Services.* London: European Policy Forum, 1997.

WORLD TRADE ORGANIZATION. Uruguay Round – Group of Negotiations on Services – Services Sectoral Classification List – Note by the Secretariat. MTN. GNS/W/120. 10 jul. 1991. Disponível em: http://www.docsonline.wto.org.

______. The General Agreements on Tariffs and Trade (GATT 1947). LT/UR/A-1A/1/GATT/2. 15 abr. 1994a. Disponível em: http://www.docsonline.wto.org.

______. General Agreement on Trade in Services. LT/UR/A-1B/S/1. 15 abr. 1994b. Disponível em: http://www.docsonline.wto.org.

______. Marrakesh Agreement Establishing the World Trade Organization LT/UR/A/2. 15 abr. 1994c. Disponível em: http://www.docsonline.wto.org.

______. Brazil Schedule of Specific Commitments. GATS/SC/13. 15 abr. 1994d. Disponível em: http://www.docsonline.wto.org.

______. Brazil Schedule of Specific Commitments – Supplement. GATS/SC/13/SUPPL.1. 28 jul. 1995a. Disponível em: http://www.docsonline.wto.org.

______. Brazil Schedule of Specific Commitments 1 – Revision. GATS/SC/13/SUPPL.1/REV.1. 04 out. 1995b. Disponível em: http://www.docsonline.wto.org.

______. *Fifth Protocol to the General Agreement on Trade in Services.* S/L/45. 03 dez. 1997a. Disponível em: http://www.docsonline.wto.org.

______. Committee on Trade in Financial Services – Communication from Brazil – Conditional Offer on Financial Services – Adendum. GATS/S/FIN/W/12/ADD.46. 08 dez. 1997b. Disponível em: http://www.docsonline.wto.org.

______. Committee on Trade in Financial Services. Communication from Brazil – Revised Conditional Offer on Financial Services – Revision. GATS/S/FIN/W/12/ADD.46./REV.1. 12 dez. 1997c. Disponível em: http://www.docsonline.wto.org.

______. Brazil Schedule of Specific Commitments – Supplement 3. GATS/SC/13/SUPPL.3. 26 fev. 1998. Disponível em: http://www.docsonline.wto.org.

______. United States – Sections 301-310 of The Trade Act of 1974. Report of the Panel. WT/DS152/R. 22 dez. 1999. Disponível em http://www.docsoline.wto.org. Acesso em: 31 set. 2009.

______. Council for Trade in Services –- Guidelines and Procedures for the Negotiations on Trade in Services – Adopted by the Special Session of the Council for Trade in Service on 28 March 2001a. S/L/93. Disponível em: http://www.docsonline.wto.org.

______. Ministerial Conference – Fourth session – Doha, 9-14 November 2001b – Ministerial Declaration – Adopted on 14 nov. 2001. WT/MIN(01)/dec/1. Disponível em: http://www.docsonline.wto.org.

______. *Committee on Trade in Financial Services,* Report of the Meeting Held on December, 2, 2002 – Note by the Secretariat. S/FIN/M/38. Disponível em: http://www.docsonline.wto.org.

______. *Committee on Trade in Financial Services,* Report of the Meeting Held on 26 February 2003 – Note by the Secretariat. S/FIN/M/39. Disponível em: http://www.docsonline.wto.org.

______. *Committee on Trade in Financial Services,* Report of the Meeting Held on February, 10, 2005a. – Note by the Secretariat. S/FIN/M/48. Disponível em: http://www.docsonline.wto.org.

______. *Committee on Trade in Financial Services*, Report of the Meeting Held on 23 June 2005b – Note by the Secretariat. S/FIN/M/49. Disponível em: http://www.docsonline.wto.org.

______. *Committee on Trade in Financial Services*, Report of the Meeting Held on September, 19, 2005c – Note by the Secretariat. S/FIN/M/50. Disponível em: http://www.docsonline.wto.org.

______. *International Trade Statistics*, 2008a. Disponível em: http://www.wto.org. Acesso em: 10 jan. 2009.

______. Committee on Trade in Financial Services, Report of the Meeting Held on 1 December 2008b – Note by the Secretariat. S/FIN/M/57. Disponível em: http://www.docsonline.wto.org.

______. *Regional Trade Agreements*. (s/d a) Disponível em: http://www.wto.org. Acesso em: 04 jan. 2009.

______. *Services*: Sector by Sector. Financial Services. (s/d b). Disponível em: http://www.wto.org. Acesso em: 09 jul. 2008.

______. *Understanding The WTO*: Basics. The GATT Years: From Havana to Marrakesh. (s/d c). Disponível em: http://www.wto.org. Acesso em: 04 jan. 2009.

______. *Understanding The WTO*: Basics. What is the World Trade Organization? (s/d d). Disponível em: http://www.wto.org. Acesso em: 08 jan. 2009.

______. *Understanding The WTO*: The Agreements. Services: Rules for Growth and Investment. (s/d e). Disponível em: http://www.wto.org. Acesso em: 08 jan. 2009.

______. Understanding The WTO: Basics. Principles of the Trading System. (s/d f). Disponível em: http://www.wto.org Acesso em: 03 ago. 2009.

______. Understanding The WTO: Settling Disputes. (s/d g). Disponível em: http://www.wto.org Acesso em: 03 ago. 2009.

ZARTMAN, I. W. (ED.) *The 50% Solution*: How to Bargain Successfully with Hijackers, Strikers, Bosses, Oil Magnates, Arabs, Russians, and Other Worthy Opponents in This Modern World. New Haven: Yale University Press, 1987.

______. (ED.). *International Multilateral Negotiation*: Approaches to the Management of Complexity. San Francisco: Jossy-Bass Publishers, 1994.

______. The Structure of Negotiation. In: KREMENYUK, V. (Ed.) *International Negotiation*: Analysis, Approaches, Issues. San Francisco: Jossey-Bass, 2002.

Anexos

ANEXO 1 – BRASIL – LCE GATS/SC/13

Modos de Prestação: (1) Transfronteiriço (2) Movimento de Consumidores
(3) Presença Comercial (4) Movimento de Pessoas Naturais

Compromissos Horizontais

Setor ou Subsetor	Limitações ao acesso a mercados	Limitações ao tratamento nacional	Compromissos Adicionais
Todos os setores incluídos na Lista	Movimento de pessoas naturais 4) Não consolidado, exceto para medidas relativas a técnicos especializados, profissionais altamente qualificados, gerentes e diretores. Técnicos especializados estrangeiros e profissionais altamente qualificados devem trabalhar mediante contrato temporário com entidades legais estabelecidas no Brasil de capital nacional ou de estrangeiro. O contrato pertinente deve ser aprovado pelo Ministro do Trabalho. A aprovação dos contratos especializados de técnicos especializados e de profissionais especializados leva em conta a compatibilidade de suas qualificações com a área de negócios em que a companhia está inserida. A companhia deve justificar a necessidade de contratação desses profissionais e técnicos em relação à disponibilidade de profissionais e técnicos similares no Brasil. As pessoas jurídicas que atuam nas seguintes áreas: comunicação; transporte terrestre; comércio em geral; escritórios comerciais; seguro; publicidade; hotéis e restaurantes; devem obedecer a proporcionalidade de pelo menos dois brasileiros para cada três funcionários. Gerentes e Diretores designados para assumirem posições em empresas estrangeiras estabelecidas no Brasil poderão assumir suas funções mediante as seguintes condições: indicação para a posição com pleno poder de decisão; existência da vaga; existência de vínculo societário entre o prestador de serviços	4) Não consolidado, exceto o que está indicado na coluna de acesso ao mercado.	

Setor ou Subsetor	Limitações ao acesso a mercados	Limitações ao tratamento nacional	Compromissos Adicionais
	em território brasileiro e sua matriz no exterior; prova de que o gerente ou o diretor está desempenhando suas funções após ter recebido o competente visto a ser apresentado pelo prestador de serviços. A indicação de tais gerentes ou diretores deve estar relacionada com a implantação de nova tecnologia, com o aumento de produtividade ou com um valor mínimo de investimento de 200 mil dólares no Brasil (esse valor está sujeito a ajustes no futuro correspondente ao valor do US$ em 1993). Todos os demais requisitos, leis e regulamentos relativos a entrada, estada e trabalho continuam em vigor.		
Todos os setores incluídos na Lista	**Investimento** 3) De acordo com as leis e regulamentos sobre investimentos estrangeiros, todo o capital estrangeiro investido no Brasil deve ser registrado no Banco Central do Brasil para ser elegível a futuras remessas. O Banco Central estabelece os procedimentos relativos às remessas e transferências de fundos para o exterior.	3) Nenhuma.	
	Presença comercial 3) Os prestadores de serviços estrangeiros desejando prestar o serviço como pessoa jurídica devem se constituir como uma entidade legal de acordo com as formas previstas em lei brasileira. A lei brasileira distingue pessoa jurídica das pessoas físicas que a controlam, conferindo, portanto, existência independente à pessoa jurídica. Consequentemente, uma pessoa jurídica exerce plenos direitos e obrigações em relação ao seu patrimônio. Uma entidade adquire a condição de pessoa jurídica de direito privado ao registrar o respectivo contrato social (Estatuto e/ou Contrato) junto ao Registro Público (RP) competente. É indispensável que os assentamentos do RP contenham os seguintes dados sobre a pessoa jurídica: – denominação, objeto social e endereço da sede; – descrição de sua administração, incluindo representação passiva, ativa e extrajudicial;	3) Nenhuma.	

	– o processo de alteração dos dispositivos de administração; – dispositivos sobre as responsabilidades dos administradores sobre os atos que pratiquem; – os dispositivos sobre a sua dissolução da entidade, incluindo a destinação de seus ativos. As pessoas jurídicas denominadas "propriedade exclusiva" e de "parceria" de acordo com Art. XXVIII, Item (1) do Acordo Geral sobre Serviços não estão previstas na lei brasileira. Uma *joint venture* pode ser estabelecida por associação de capitais através da constituição de qualquer forma de sociedade comercial prevista em lei brasileira (Sociedade Privada de Responsabilidade Limitada ou uma Sociedade Anônima). Uma *joint venture* também pode ser estabelecida através de consórcio, que não é nem pessoa jurídica, nem um tipo de associação de capital. Um consórcio é usado principalmente em grandes contratos de prestação de serviços. É um contrato entre duas ou mais empresas para realização conjunta de um compromisso específico. Cada sócio de um consórcio mantém sua respectiva estrutura organizacional.		
	Subsídios 1); 2); 3); 4). Não consolidado.	1); 2); 3); 4). Não consolidado para subsídios para Pesquisa e Desenvolvimento.	

ANEXO 2 – BRASIL – LCE GATS/SC/13/SUPPL.1/REV.1

Modos de Prestação: (1) Transfronteiriço (2) Movimento de Consumidores
(3) Presença Comercial (4) Movimento de Pessoas Naturais

Compromissos Setoriais

A. Todos os serviços de seguros e relacionados com seguros			
Seguros de transporte	1) Importações só podem ser asseguradas com empresas estabelecidas. 2) Não consolidado. 3) Exige-se a constituição de pessoas jurídicas em forma de sociedade anônima com ações nominativas. Não se permite o estabelecimento de novas filiais e subsidiárias de empresas estrangeiras de seguros, assim como o aumento na participação acionária de pessoas e empresas estrangeiras no capital de instituições brasileiras de seguros que tenham sua sede no Brasil. 4) Não consolidado, exceto o indicado nos compromissos horizontais.	1) Não consolidado. 2) Não consolidado. 3) Nenhuma. 4) Não consolidado, exceto o indicado nos compromissos horizontais	Brasil introduzirá em sua Lista de Compromissos relativos à participação de capital estrangeiro no mercado de seguros brasileiro dentro dos dois anos seguintes à adoção pelo Congresso Nacional da legislação permitindo tal participação.
Seguros de vida	1) Não consolidado. 2) Não consolidado. 3) As mesmas condições estipuladas para os seguros de transporte. 4) Não consolidado, exceto o indicado nos compromissos horizontais.	1) Não consolidado. 2) Não consolidado. 3) Nenhuma. 4) Não consolidado, exceto o indicado nos compromissos horizontais.	

Seguros de assistência médica	1) Não consolidado. 2) Não consolidado. 3) As mesmas condições estipuladas para os seguros de frete. 4) Não consolidado, exceto o indicado nos compromissos horizontais.	1) Não consolidado. 2) Não consolidado. 3) Nenhuma. 4) Não consolidado, exceto o indicado nos compromissos horizontais.	
Seguros de propriedade	1) Não consolidado. 2) Não consolidado. 3) As mesmas condições estipuladas para os seguros de frete. 4) Não consolidado, exceto o indicado nos compromissos horizontais.	1) Não consolidado. 2) Não consolidado. 3) Nenhuma. 4) Não consolidado, exceto o indicado nos compromissos horizontais.	
Seguros de responsabilidade	1) Não consolidado. 2) Não consolidado. 3) As mesmas condições estipuladas para os seguros de frete. 4) Não consolidado, exceto o indicado nos compromissos horizontais.	1) Não consolidado. 2) Não consolidado. 3) Nenhuma. 4) Não consolidado, exceto o indicado nos compromissos horizontais.	
Serviços de resseguro e retrocessão	1) Não consolidado. 2) Não consolidado. 3) Compete ao Instituto Brasileiro de Resseguro (IRB) a aceitação no Brasil ou no exterior, dos resseguros obrigatórios ou voluntários. Também lhe compete a distribuição por instituições seguradoras de partes de resseguros não retidos pelo IRB. 4) Não consolidado, exceto o indicado nos compromissos horizontais.	1) Não consolidado. 2) Não consolidado. 3) Não consolidado. 4) Não consolidado.	Brasil introduzirá em sua Lista de Compromissos relativos à participação de capital estrangeiro no mercado de seguros brasileiro dentro dos dois anos seguintes à adoção pelo Congresso Nacional da legislação permitindo tal participação.

Serviços auxiliares de seguros – agências e corretores	1) Não consolidado. 2) Não consolidado. 3) Os cidadãos estrangeiros poderão se estabelecer como corretores de seguros. Não obstante, a presença do capital estrangeiro nas empresas corretoras está limitada, direta ou indiretamente a 50% do capital total da empresa nacional e um terço do seu capital com direito a voto. Essa norma não se aplica às empresas estabelecidas antes de 3/07/1986. 4) Não consolidado, exceto o indicado nos compromissos horizontais.	1) Não consolidado. 2) Não consolidado. 3) Nenhuma. 4) Não consolidado, exceto o indicado nos compromissos horizontais.	Brasil introduzirá em sua Lista de Compromissos relativos à participação de capital estrangeiro no mercado de seguros brasileiro dentro dos dois anos seguintes à adoção pelo Congresso Nacional da legislação permitindo tal participação.
B. Serviços bancários e outros serviços financeiros Esses compromissos englobam unicamente as atividades de instituições financeiras classificadas como bancos múltiplos, bancos comerciais, bancos de investimentos, sociedades de crédito, financiamento e investimento, sociedades de crédito imobiliário, sociedades de arrendamento mercantil, sociedades corretoras e sociedades instituições distribuidoras, e cada uma dessas instituições somente pode realizar as atividades autorizadas pelo Conselho Monetário Nacional, pelo Banco Central do Brasil e/ou pela Comissão de Valores Mobiliários. Bancos múltiplos podem constituir-se com duas das seguintes carteiras, como mínimo, cada uma das quais deve corresponder a um banco comercial, a um banco de investimento, a uma instituição financeira de crédito, financiamento e investimento a uma instituição financeira de crédito imobiliário, ou a uma instituição financeira de arrendamento mercantil, e uma delas deve corresponder a um banco comercial ou a um banco de investimentos. Quando se registram instrumentos financeiros como títulos, futuros e opções para serem negociados em bolsas, tais instrumentos não podem ser negociados em um mercado de balcão. Todos os administradores dos prestadores de serviços financeiros devem residir no Brasil.			
Recebimento dos seguintes fundos do público: (i) depósitos à vista; (ii) depósitos a prazo; (iii) depósitos de poupança destinados a financiamento habitacional.	1) Não consolidado. 2) Não consolidado.	1) Não consolidado. 2) Não consolidado.	Brasil introduzirá em sua lista compromissos relacionados com a participação do capital estrangeiro nas instituições financeiras brasileiras, dentro dos dois anos seguintes à adoção pelo Congresso Nacional da legislação permitindo tal participação.

Empréstimo de todos os tipos por instituições financeiras, incluindo: (i) crédito ao consumidor; (ii) crédito hipotecário; (iii) financiamento de transações comerciais. – Arrendamento Mercantil Financeiro. – Serviços de pagamento e transferência de dinheiro operados por instituições financeiras. – Garantias e Compromissos. – Negociações, por conta própria ou de clientes, em bolsa ou em mercado de balcão dos seguintes: (i) instrumentos de mercado monetário; (ii) câmbio; (iii) futuros e opções; (iv) instrumentos referenciados em taxa de câmbio ou de juros; (v) títulos e valores mobiliários transferíveis; (vi) outros instrumentos e ativos financeiros negociáveis, incluindo ouro. – Participação em ofertas públicas de títulos e valores mobiliários, incluindo *underwriting* e colocação, como agente e provisão de serviços relacionados com essas ofertas. – Corretagem de câmbio. – Administração de investimentos coletivos e serviços de custódia e depósito. – Pesquisa e assessoramento sobre investimentos e carteiras.	3) O estabelecimento de novas agências e subsidiárias de instituições financeiras estrangeiras, assim como o aumento de participação acionária de cidadãos e instituições estrangeiras no capital de instituições financeiras brasileiras não é permitido, exceto o que estiver relacionado com o programa de privatização das instituições financeiras do setor público. O número de filiais no Brasil de todos os bancos estrangeiros e de bancos controlados por cidadãos e instituições estrangeiras é atualmente limitado ao número existente em 05/10/1988, exceto para as subsidiárias de bancos privatizados, que não estão sujeitas a esta limitação. 4) Não consolidado, exceto o indicado nos compromissos horizontais.	3) Nenhuma. 4) Não consolidado, exceto o indicado nos compromissos horizontais.	Se ortogará o tratamento nacional aos prestadores, estabelecidos no Brasil, de serviços listados no Anexo de Serviços Financeiros que não fornecidos por instituições financeiras e não são reconhecidos como serviços financeiros de acordo com as regulamentações domésticas, até o momento em que esses serviços estejam sujeitos a uma legislação concreta aprovada pelo Congresso Nacional que as classifique como serviços financeiros.

Anexo 3 – Brasil – LCE GATS/SC/13/Suppl.3

Modos de Prestação: (1) Transfronteiriço (2) Movimento de Consumidores
(3) Presença Comercial (4) Movimento de Pessoas Naturais

Compromissos Setoriais

A. Todos os serviços de seguros e relacionados com seguros			
Seguros de vida Seguros de transporte Seguros de propriedade Seguros de assistência médica Seguros de responsabilidade Seguros de casco, máquinas e responsabilidade civil de embarcações	1) Não consolidado exceto para: – Seguros de Transporte: nenhuma. Entretanto, requer-se presença comercial para contratos de importação de bens, assim como para qualquer responsabilidade derivada da importação. – Seguros de: casco, máquinas e responsabilidade civil podem ser autorizados para embarcações registradas no Registro Especial Brasileiro (REB), dependendo das condições oferecidas internamente. 2) Não consolidado.	1) Nenhuma para: – Seguros de Transporte exceto para contratos de importação de bens e responsabilidade derivada da importação. – Seguros de: casco, máquinas e responsabilidade civil podem ser autorizadas para embarcações registradas no Registro Especial Brasileiro (REB). Não consolidado para outros serviços. 2) Não consolidado.	

	3) Incorporação segundo a lei brasileira, na forma de sociedade anônima, e Decreto Presidencial são requeridos. 4) Não consolidado exceto conforme indicado na seção horizontal.	3) Nenhuma. 4) Não consolidado, exceto conforme indicado na seção horizontal.	
Seguro de acidente de trabalho	1) Não consolidado. 2) Não consolidado. 3) Instituto Nacional de Seguro Social é o único fornecedor autorizado. 4) Não consolidado exceto pelo indicado na seção horizontal.	1) Não consolidado. 2) Não consolidado. 3) Não consolidado. 4) Não consolidado.	Brasil irá assumir compromissos relacionados com a presença comercial no mercado de Seguro de Acidente de Trabalho dentro dos dois anos seguintes à adoção pelo Congresso Nacional da legislação regulando tal presença.
Serviços de resseguro e retrocessão	1) Não consolidado. 2) Não consolidado. 3) Futura regulamentação irá permitir o fornecimento por instituições privadas. Enquanto isso, será de exclusiva competência do Instituto Brasileiro de Resseguro (IRB) a aceitação no Brasil ou no exterior, dos resseguros obrigatórios ou voluntários, assim como a distribuição dos resseguros que não retém. 4) Não consolidado, exceto o indicado na seção horizontal.	1) Não consolidado. 2) Não consolidado. 3) Não consolidado. 4) Não consolidado.	Brasil irá assumir compromissos relacionados com a presença comercial no mercado de Resseguros e Retrocessão dentro dos dois anos seguintes à adoção pelo Congresso Nacional da legislação regulando tal presença.
Serviços auxiliares de seguros – agências e corretores	1) Não consolidado. 2) Não consolidado. 3) Para pessoas jurídicas, incorporação de acordo com o previsto pela lei brasileira.	1) Não consolidado. 2) Não consolidado. 3) Nenhuma.	

	4) Não consolidado, exceto o indicado nos compromissos horizontais.	4) Não consolidado, exceto o indicado nos compromissos horizontais.	
B. Serviços bancários e outros serviços financeiros			
Para os propósitos desses compromissos, instituições financeiras são definidas como bancos múltiplos, bancos comerciais, bancos de investimentos, sociedades de crédito, financiamento e investimento, sociedades de crédito imobiliário, sociedades de arrendamento mercantil, sociedades corretoras e sociedades distribuidoras, e cada uma dessas instituições somente pode realizar as atividades autorizadas pelo Conselho Monetário Nacional, pelo Banco Central do Brasil e ou pela Comissão de Valores Mobiliários. Quando se registram instrumentos financeiros como títulos, futuros e opções para serem negociados em bolsas, tais instrumentos não podem ser negociados em um mercado de balcão. Todos os administradores dos prestadores de serviços financeiros devem ser residentes permanentes no Brasil. Escritórios de representação não podem exercer atividades comerciais.			
B.1) Serviços fornecidos por instituições financeiras: Recebimento dos seguintes fundos do público: (i) depósitos à vista; (ii) depósitos a prazo; (iii) depósitos de poupança destinados a financiamento habitacional. Empréstimo de todos os tipos, incluindo: (i) crédito ao consumidor; (ii) crédito hipotecário; (iii) financiamento de transações comerciais. Arrendamento Mercantil financeiro. Serviços de pagamento e de transferência de dinheiro (excluindo cartões de crédito e de débito). Garantias e Compromissos. Negociações, por conta própria ou de clientes, operado em bolsa ou em mercado de balcão dos seguintes: (i) instrumentos de mercado monetário; (ii) câmbio; (iii) futuros, opções e *swaps* referenciados em ouro e em índices de preços; (iv) instrumentos referenciados em taxas de câmbio e de juros, incluindo *swaps*; (v) títulos e valores mobiliários transferíveis; (vi) outros	1) Não consolidado. 2) Não consolidado. 3) O estabelecimento de novas agências e subsidiárias de instituições financeiras estrangeiras, assim como o aumento de participação acionária de pessoas estrangeiras no capital de instituições financeiras incorporadas de acordo com a lei brasileira, somente são permitidos quando sujeito a autorização caso a caso pelo Poder Executivo por meio de Decreto Presidencial. Condições específicas podem ser requeridas aos investidores interessados. Pessoas estrangeiras	1) Não consolidado. 2) Não consolidado. 3) Nenhuma.	Para os serviços de cartão de crédito e *factoring*, tratamento nacional deve ser concedido mediante presença comercial, se esses serviços forem definidos como serviços financeiros em legislação futura adotada pelo Congresso Nacional.

instrumentos negociáveis e ativos financeiros negociáveis, incluindo ouro. Participação em ofertas públicas de títulos e valores mobiliários, incluindo *underwriting* e colocação, como agente, e provisão de serviços relacionados a estas ofertas. Intermediação de recursos monetários. Administração de ativos, administração de investimentos coletivos e serviços de depósito e custódia. Serviços de liquidação e compensação de títulos e valores mobiliários e derivativos. Serviços de consultoria, pesquisa e assessoria referentes a investimentos e carteiras e análise de crédito.	podem participar do programa de privatização das instituições financeiras do setor público e em cada caso presença comercial será concedida, também por meio de Decreto Presidencial. Em outras situações, a presença comercial não é permitida. Para os bancos estabelecidos no Brasil antes de 5 de outubro de 1988, o número de agências é limitado ao existente naquela data. Para aqueles bancos autorizados a operar no Brasil depois daquela data, o número de agências está sujeito às condições determinadas, em cada caso, à época em que a autorização é concedida. Instituições financeiras, a menos que de outra forma especificada, serão constituídas sob a forma de sociedade anônima quando incorporadas segundo a lei brasileira. 4) Não consolidado, exceto o indicado nos compromissos horizontais.	4) Não consolidado, exceto o indicado nos compromissos horizontais.	

B.2) Serviços fornecidos por instituições não financeiras: i) Negociações por conta própria ou de clientes, se pela bolsa ou em mercado regulamentado de balcão, de títulos e derivativos. ii) Serviços de compensação e liquidação de valores mobiliários e derivativos. iii) Oferta pública de títulos em mercado regulamentado de balcão. Os títulos e derivativos definidos nos três subsetores listados antes são os seguintes: – ações, debêntures e partes beneficiárias, os cupões desses títulos e os bônus de subscrição; – certificados de depósitos de valores mobiliários; – índices representativos de carteira de ações; – opções de títulos contratos a termo e a futuro; – notas promissórias emitidas por sociedade por ações destinada à oferta pública, exceto de instituições financeiras, de sociedades corretoras e distribuidoras e de empresas de arrendamento mercantil; – direitos de subscrição de títulos; – recibos de subscrição de títulos. – certificados de depósitos de ações; – quotas de fundos de investimento imobiliário; – opções não padronizadas (*warranties*); – certificados de investimento de audiovisual. iv) Serviços de consultoria, pesquisa e assessoria relativos a investimentos e carteiras e análise de crédito. v) Administração de aplicações de fundos de investimento sujeitos à regulação da Comissão de Valores Mobiliários.	1) Não consolidado. 2) Não consolidado. 3) Nenhuma, exceto que: – pessoas jurídicas devem ser constituídas de acordo com a lei brasileira; – somente pessoas jurídicas podem fornecer os serviços listados nos itens ii e iii; – serviços de liquidação e compensação devem ser providos por sociedades anônimas. 4) Não consolidado, exceto conforme indicado na seção horizontal.	1) Não consolidado. 2) Não consolidado. 3) Nenhuma. 4) Não consolidado, exceto conforme indicado na seção horizontal.	

Anexo 4 – Protocolo de Montevidéu – Lista dos Compromissos Específicos da República Federativa do Brasil – Compromissos Horizontais

Modos de Prestação: (1) Transfronteiriço (2) Movimento de Consumidores
(3) Presença Comercial (4) Movimento de Pessoas Naturais

Setor ou subsetor	Limitações ao acesso a mercados	Limitações ao tratamento nacional	Compromissos adicionais
Todos os setores estão sujeitos a estas normas	Movimento de pessoas naturais 4) Não consolidado, com exceção de técnicos especializados, profissionais altamente qualificados, gerentes e diretores. Técnicos especializados e profissionais altamente qualificados estrangeiros podem trabalhar sob contrato temporário com entidades legais estabelecidas no Brasil de capital nacional ou de estrangeiro. Nenhuma proporcionalidade se aplica a pessoas físicas oriundas dos demais Estados-Partes do Mercosul que exerçam funções técnicas especializadas mediante prova de necessidade econômica administrada pelo Ministério do Trabalho. A proporção de pelo menos dois brasileiros para cada três empregados deve ser observada pelas pessoas jurídicas que atuem nas seguintes áreas, arroladas nesta lista: comunicações, transporte terrestre, estabelecimentos comerciais em geral, escritórios comerciais, seguros, publicidade, hotéis e restaurantes. São as seguintes as condições sob as quais poderão assumir suas funções os gerentes e diretores designados para filiais de empresas estrangeiras estabelecidas	4) Não consolidado, com exceção do indicado na coluna de acesso ao mercado.	O governo brasileiro se compromete a, no contexto de reforma da legislação trabalhista que seja submetida ao Congresso, contemplar, entre outros avanços, proporcionalidade inferior àquela mencionada no item 4 dos compromissos horizontais, para pessoas físicas oriundas dos demais Estados-Partes do Mercosul, mediante

	no Brasil: indicação para a posição com pleno poder de decisão; existência da vaga nesse cargo; existência de vínculo societário entre o prestador de serviços em território brasileiro e sua matriz no exterior; prova de que o gerente ou o diretor está desempenhando suas funções após ter recebido o competente visto, a ser apresentado pelo prestador de serviços. A designação de tais gerentes ou diretores deve estar relacionada com a implantação de nova tecnologia, aumento de produtividade ou a empresa deverá ter investido no Brasil a quantia mínima de 200 mil dólares (esse montante poderá ser corrigido no futuro para ajustar-se em US$ estabelecido em 1993). Todos os outros requisitos, leis e regulamentos relativos à entrada, estada e trabalho permanecem em vigor.		prova de necessidade econômica administrada pelo Ministério do Trabalho. O Governo brasileiro buscará além disso, trabalhar com os demais países do Mercosul na flexibilização da legislação de outras medidas incluídas no item 4 dos compromissos horizontais.
Todos os setores estão sujeitos a estas normas	**Investimento** 3) De acordo com as leis que regulam os investimentos estrangeiros, todo capital estrangeiro aplicado no Brasil deve ser registrado no Banco Central do Brasil para habilitar-se a futuras remessas. O Banco Central estabelece os procedimentos relativos às remessas e transferências de fundos para o exterior.		
	Presença comercial 3) Os prestadores de serviços estrangeiros que desejam prestar serviços como pessoa jurídica deverão organizar-se sob uma das formas societárias previstas em lei no Brasil. A lei brasileira estabelece distinção entre a pessoa jurídica e as pessoas físicas que a controlam, o que, consequentemente, confere vida independente à pessoa jurídica. Disso resulta que a pessoa jurídica tem plenos direitos e, responsabilidades, sob seu patrimônio e suas obrigações. Uma sociedade adquire a condição de pessoa jurídica de direito privado ao registrar o respectivo contrato social (Estatuto e/ou Contrato) junto ao Registro Público (RP) competente. É indispensável que os assentamentos do RP: contenham as seguintes informações sobre a pessoa jurídica: i. denominação, objeto social e localização de sede;		

	ii. descrição de sua administração, que inclui representação ativa e passiva, judicial e extrajudicial; iii. o processo de alteração dos dispositivos de administração; iv. disposições relativas à responsabilidade dos administradores dos atos que pratiquem; e v. disposições relativas à sua dissolução, que incluam o destino que terão seus ativos. Não são consideradas pessoas jurídicas pela lei brasileira a "propriedade exclusiva" e a "parceria" assim designadas no Artigo XXVIII, Item (1) do Acordo Geral sobre o Comércio de Serviços. Poder-se-á estabelecer uma *joint venture* por associação de capitais mediante a constituição de qualquer tipo de sociedade comercial prevista na lei brasileira (geralmente uma Sociedade Privada de Responsabilidade Limitada ou uma Sociedade Anônima). Também se pode estabelecer uma *joint venture* por meio de consórcio, que não é nem pessoa jurídica, nem um tipo de associação de capital. O consórcio é utilizado sobretudo em grandes contratos de prestação de serviços. Trata-se da associação de duas ou mais empresas para realização conjunta de uma finalidade específica. Cada associado do consórcio mantém sua própria estrutura organizacional.		

Fonte: Diário Oficial da União, 12 jun. 2008.

ANEXO 5 – PROTOCOLO DE MONTEVIDÉU – LISTA DOS COMPROMISSOS ESPECÍFICOS DA REPÚBLICA FEDERATIVA DO BRASIL – COMPROMISSOS SETORIAIS

Modos de Prestação: (1) Transfronteiriço (2) Movimento de Consumidores
(3) Presença Comercial (4) Movimento de Pessoas Naturais

A. Todos os serviços de seguros e relacionados com seguros			
Seguro de vida Seguro de transporte Seguro de propriedade Seguro de assistência médica Seguro de responsabilidade Seguros de casco, máquinas e responsabilidade civil de embarcações	1) Não consolidado exceto para: – Seguro de Transporte: nenhuma. No entanto, presença comercial é requerida para contrato de importação de bens, assim como para qualquer obrigação derivada de importação. – Seguro de casco, máquinas e obrigações civis podem ser autorizados para as embarcações registradas no Registro Especial Brasileiro (REB), dependendo das condições oferecidas internamente. 2) Não consolidado. 3) Incorporação segundo a lei brasileira, na forma de "sociedade anônima", e Decreto Presidencial são requeridos.	1) Nenhuma para: – Seguro de Transporte exceto para contrato de importação de bens, assim como para qualquer obrigação derivada de importação. – Casco, máquinas e obrigações civis podem ser autorizadas para embarcações registradas no Registro Especial Brasileiro (REB). Não consolidado para outros serviços. 2) Não consolidado. 3) Nenhuma.	

	4) Não consolidado, exceto conforme indicado na seção horizontal.	4) Não consolidado, exceto conforme indicado na seção horizontal.	
Seguro de acidente de trabalho	1) Não consolidado. 2) Não consolidado. 3) Instituto Nacional de Seguro Social é o único provedor autorizado. 4) Não consolidado, exceto pelo indicado na seção horizontal.	1) Não consolidado. 2) Não consolidado. 3) Não consolidado. 4) Não consolidado.	Brasil adotará compromissos relacionados com a presença comercial no mercado de Seguros de Acidente de Trabalho em até dois anos da adoção pelo Congresso Nacional da legislação regulando tal participação.
Serviços de resseguro e retrocessão	1) Não consolidado. 2) Não consolidado. 3) Regulamentação futura permitirá o provimento por instituições privadas. Enquanto isso, é de competência exclusiva do Instituto Brasileiro de Resseguro (IRB) aceitar resseguros obrigatórios ou facultativos no Brasil ou no exterior, assim como a distribuir resseguros que não retém. 4) Não consolidado, exceto como indicado na seção horizontal.	1) Não consolidado. 2) Não consolidado. 3) Não consolidado. 4) Não consolidado.	Brasil adotará compromissos relacionados com a presença comercial no mercado de Resseguros e Retrocessão em menos de dois anos da adoção pelo Congresso Nacional da legislação regulando tal participação.
Serviços auxiliares – agências e corretores	1) Não consolidado. 2) Não consolidado.	1) Não consolidado. 2) Não consolidado.	

	3) Para pessoas jurídicas, incorporação segundo a lei brasileira é requerida. 4) Não consolidado, exceto o indicado na seção horizontal.	3) Nenhuma. 4) Não consolidado, exceto como indicado na seção horizontal.	
B. Serviços bancários e outros serviços financeiros Para os propósitos desses compromissos, instituições financeiras são definidas como bancos múltiplos, bancos comerciais, bancos de investimentos, sociedades de crédito, financiamento e investimento, sociedades de crédito imobiliário, sociedades de arrendamento mercantil, sociedades corretoras e sociedades distribuidoras. Cada qual pode exercer somente aquelas atividades permitidas pelo Conselho Monetário Nacional, pelo Banco Central do Brasil e/ou pela Comissão de Valores Mobiliários. Instrumentos financeiros tais como títulos e valores mobiliários, futuros e opções quando registrados para negociação em bolsa, não podem ser negociados em um mercado de balcão. Todos os administradores dos prestadores de serviços financeiros devem ser residentes permanentes no Brasil. Escritórios de representação não podem exercer atividades comerciais.			
B.1) Serviços providos por instituições financeiras: – Recebimento dos seguintes fundos do público: (i) depósitos à vista; (ii) depósitos a prazo; (iii) depósitos de poupança destinados a financiamento habitacional. – Empréstimo de todos os tipos, incluindo: (i) crédito ao consumidor; (ii) crédito hipotecário; (iii) financiamento de transações comerciais. – Arrendamento Mercantil financeiro. – Serviços de pagamento e transferência de dinheiro inclusive cartões de crédito e de débito.	1) Não consolidado. 2) Não consolidado. 3) O estabelecimento de novas agências e subsidiárias de instituições financeiras estrangeiras, assim como o aumento de participação de pessoas estrangeiras no capital de instituições financeiras incorporadas segundo a lei brasileira, são somente permitidas quando	1) Não consolidado. 2) Não consolidado. 3) Nenhuma.	Para os serviços de cartão de crédito e *factoring*, tratamento nacional será concedido para presença comercial, se esses serviços forem definidos como serviços financeiros em legislação futura adotada pelo Congresso Nacional.

<table>
<tr>
<td>– Garantias e Compromissos.

– Negociações, por conta própria ou de clientes, em bolsa ou em mercado de balcão de:
(i) instrumentos de mercado monetário; (ii) câmbio; (iii) futuros, opções e "swaps" referenciados em ouro e em índices de preços; (iv) instrumentos referenciados em taxas de câmbio e de juros, incluindo "swaps"; (v) títulos e valores mobiliários transferíveis; (vi) outros instrumentos e ativos financeiros negociáveis, incluindo ouro.

– Participação em ofertas públicas de títulos e valores mobiliários, incluindo underwriting e colocação, como agente, e provisão de serviços relacionados com essas ofertas.

– Intermediação de recursos monetários.

– Administração de ativos, administração de investimentos coletivos e serviços de custódia e depósito.

– Serviços de liquidação e compensação de títulos e valores mobiliários e derivativos.

– Serviços de consultoria, pesquisa e assessoria referentes a investimentos e carteiras e análise de crédito.</td>
<td>quando sujeitos à autorização caso a caso pelo Poder Executivo por meio de Decreto Presidencial. Condições específicas podem ser requeridas aos investidores interessados. Pessoas estrangeiras podem participar do programa de privatização das instituições financeiras do setor público e em cada caso presença comercial será concedida, também, por meio de Decreto Presidencial. Em outras situações, a presença comercial não é permitida.
Para os bancos estabelecidos no Brasil antes de 5 de outubro de 1988, o número de agregado de agências é limitado ao existente naquela data. Para aqueles bancos autorizados a operar no Brasil depois daquela data, o número de agências</td>
<td></td>
<td></td>
</tr>
</table>

	está sujeito às condições determinadas, em cada caso, à época em que a autorização é concedida. Instituições financeiras, a menos que de outra forma especificado, serão constituídas sob a forma de sociedade anônima quando incorporadas segundo a lei brasileira. 4) Não consolidado, exceto o indicado na seção horizontal.	4) Não consolidado, exceto o indicado na seção horizontal.	
B.2) Serviços providos por instituições não financeiras: i) Negociações por conta própria ou de terceiros, em bolsa ou em mercado regulamentado de balcão, de valores mobiliários e derivativos. ii) Serviços de compensação e de valores mobiliários e derivativos. iii) Oferta pública de valores mobiliários em mercado regulamentado de balcão. Os valores mobiliários e derivativos definidos nos três subsetores listados acima são os seguintes: – ações, debêntures e partes beneficiárias, os cupons desses títulos e os bônus de subscrição; – certificados de valores mobiliários;	1) Não consolidado. 2) Não consolidado. 3) Nenhuma, exceto que: – pessoas jurídicas devem ser incorporadas segundo a lei brasileira; – somente pessoas jurídicas podem prover os serviços listados nos itens ii e iii;	1) Não consolidado. 2) Não consolidado. 3) Nenhuma.	

– índices representativos de carteira de ações; – opções de valores mobiliários, contratos a termo e a futuro; – notas promissórias emitidas por sociedade por ações destinada à oferta pública, exceto de instituições financeiras, de sociedades corretoras e distribuidoras e de companhias de *leasing*; – direitos de subscrição de valores mobiliários; – recibos de subscrição de valores mobiliários; – certificados de depósitos de ações; – quotas de fundos de investimento imobiliário; – opções não padronizadas (*warranties*); – certificados de investimento em obras audiovisuais.	– serviços de liquidação e compensação devem ser providos por sociedades anônimas.	4) Não consolidado, exceto conforme indicado na seção horizontal.	
iv) Serviços de consultoria, pesquisa e assessoria relativos a investimentos e carteiras e análise de crédito.			
v) Administração de carteiras de fundos de investimento sujeitos à regulação da Comissão de Valores Mobiliários.	4) Não consolidado, exceto conforme indicado na seção horizontal.		

Fonte: Diário Oficial, 12 jun. 2008.

Sobre a autora

NEUSA MARIA PEREIRA BOJIKIAN

Mestre em Relações Internacionais UNICAMP – Programa San Tiago Dantas (UNICAMP/UNESP/PUC-SP). Especialista em Negociações Econômicas Internacionais (UNESP). Especialista em Administração de Negócios com Sistemas Integrados (EAESP-FGV). Certificada em SAP R/3 Application Consultant Materials Management. Certificada em Thomas Kilmann Conflict Mode Instrument. Estudou negociação e participou de programas de treinamento pedagógico no Program Negotiation at Harvard Law School, na Kellogg Graduate School of Management e Northwestern University Law School (EUA). Graduada em Administração de Empresas (FAAP). Professora de Estratégia de Negociação e Negociações Internacionais de cursos de pós-graduação lato sensu (Especialização do Programa San Tiago Dantas; MBA em Gestão de Pessoas da Universidade Anhembi Morumbi) e graduação (FASM). Pesquisadora do OREAL (Observatório das Relações Estados Unidos e América Latina) – Núcleo de Pesquisa vinculado à UNESP. Sócia-administradora da Bojikian Consultoria e Treinamento. Já atuou na área de Contratos de Câmbio/Importação; Planejamento; Aquisições e Contratos Internacionais em empresas como Banco Sudameris; Unisys; Sharp; Digital Equipment Corporation e Compaq.

Outras obras da Coleção Estudos Internacionais

Os conflitos internacionais em múltiplas dimensões

Reginaldo Mattar Nasser (org.)

Oriundo de seminário realizado na Pontifícia Universidade Católica de São Paulo, este livro traz reflexões sobre as razões que exigem o estudo dos conflitos entre as nações, os critérios teóricos e metodológicos empregados, os paradigmas tradicionalmente usados em segurança internacional e a sua validade no mundo contemporâneo, contribuindo, assim, para o aperfeiçoamento da área no Brasil.

Controle civil sobre os militares e política de defesa na Argentina, no Brasil, no Chile e no Uruguai

Héctor Luis Saint-Pierre (org.)

O militarismo é um fenômeno nascido na Europa continental do século XIX, manifestando-se com força na América Latina por meio de fórmulas que vão do caudilhismo até os golpes autoritários e ditaduras dos anos 1960 e 70 com a finalidade de proteger interesses particulares ou de grupo.
Esta obra, empregando o método comparativo, propõe estudos de caso das transições políticas do Cone Sul – Argentina, Brasil, Chile e Uruguai – em seu componente militar.

Como já há transcurso temporal suficiente para isolar os elementos principais, identificar constantes, assinalar o núcleo do problema e despojá-lo de seus vínculos menos definidos, os estudos aqui reunidos são capazes de bem delinear o contexto atual da região e sua projeção no futuro.

Novas lideranças políticas e alternativas de governo na América do Sul

LUIS FERNANDO AYERBE (ORG.)

Para onde vai a América do Sul, no que se refere às suas principais lideranças políticas, neste princípio de século? Até que ponto são semelhantes entre si as experiências por que passam países do continente?

Este livro analisa seis experiências nacionais nas quais se esboça um complexo cenário, dividido entre o esgotamento de um ciclo econômico marcado pela liberalização dos mercados, a ascensão de governos dispostos a agir pela recuperação do protagonismo do Estado e a emergência de novas forças políticas e movimentos sociais. Os textos que constituem o volume procuram contemplar a convergência em torno dessa temática central, preservando, ao mesmo tempo, a diversidade de perspectiva dos autores.

Petróleo e poder: o envolvimento militar dos Estados Unidos no Golfo Pérsico

IGOR FUSER

Neste livro, Igor Fuser analisa em profundidade o papel do petróleo na definição da política norte-americana para o Golfo Pérsico entre 1945 e 2003, com ênfase na relação entre o aumento da dependência dos Estados Unidos em relação aos combustíveis importados e seu crescente intervencionismo na região.

O autor demonstra que, para entender os motivos da invasão do Iraque pelos Estados Unidos, é preciso ir muito além de temas como terrorismo, armas de destruição em massa e o suposto interesse norte-americano na promoção da democracia. A postura unilateral e belicosa adotada pelo presidente George W. Bush após os atentados de 11 de setembro, sem dúvida, ajuda a explicar a polêmica iniciativa militar. Ainda assim, a história da política dos Estados Unidos no Oriente Médio nos últimos sessenta anos revela uma notável continuidade entre a agressão militar ao Iraque e a conduta dos governos anteriores – republicanos ou democratas. Entre os objetivos permanentes que a maior potência do planeta persegue naquela região, destaca-se, em primeiro plano, o controle de suas imensas reservas de petróleo.

Trajetórias: capitalismo neoliberal e reformas econômicas nos países da periferia

Sebastião Carlos Velasco e Cruz

O projeto neoliberal está sendo desafiado, intelectual e politicamente, de vários lados. Embora insuficiente para abalar as bases estruturais da ordem que ele chegou a plasmar, esse desafio pode atenuar os aspectos mais perversos das políticas que provêm dessa matriz e abrir espaço para políticas de natureza diversa.

Este livro, que se origina do Projeto Temático Reestruturação Econômica Mundial e Reformas Liberalizantes nos Países em Desenvolvimento (2003-2007), examina as experiências de reforma econômica nos países periféricos, em suas similitudes e diferenças, como aspectos do processo envolvente de reestruturação da economia mundial.

SOBRE O LIVRO

Formato: 16 x 23
Mancha: 26 x 48,6 paicas
Tipologia: StempelSchneidler 10,5/12,6
Papel: Off-set 75 g/m² (miolo)
Supremo 250 g/m² (capa)

1ª edição: 2009

EQUIPE DE REALIZAÇÃO

Capa
Andrea Yanaguita

Edição de Texto
Gabriela Mori (Copidesque)
Geisa Mathias de Oliveira (Preparação de original)
Guilherme Laurito Summa (Revisão)

Editoração Eletrônica
Eduardo Seiji Seki

Impressão e Acabamento
FARBE DRUCK
gráfica e editora ltda.